JN097093

石﨑祥之
Ishizaki Yoshiyuki
廣岡裕一
Hirooka Yuichi
大島知典
Oshima Tomonori

編著

変化する 宿泊 ビジネス

文理閣

はじめに

　観光産業を構成するパートの中でも主要な部分である宿泊ビジネスは、インバウンドが急激に伸長する中でその量的不足が叫ばれ注目を集めることとなった。その後のコロナ禍によって状況は一転するなど、激変する環境に翻弄されている。

　しかし、長期的に見れば、この産業の成長は確実視され、産業としての期待も高まっている。そのような中で、この産業を経営の視点から包括的にとらえた書籍は著しく少なかったといえよう。そこで、本書は、宿泊ビジネスの概要をつかんでもらうことを目的として編纂されたものである。

　例えばホテル業においては、外資系ホテルの進出が全国的に進み、都市部では従来の欧米系のホテルに加え、アジア系ホテルのチェーン展開も目立つようになっている。これらのホテルは建物や施設の一層のグレードアップを進めることで、日本のホテルの弱点とされてきた「富裕層」を受け入れに十分対応できるまさに「超高級」の名にふさわしいサービスを提供しようとしている。

　また、より身近なビジネスホテルでも大手チェーンが積極的な出店攻勢をかけることによって全国の一定規模以上の都市には必ずこれらのホテルが特に駅前などを中心に目立つようになってきた。それ以外にも、鉄道系のホテルなども沿線立地をはるかに超えた全国的なチェーン展開を見せるようになり、さまざまなサービス合戦も繰り広げられている。

　伝統的な宿泊施設である旅館に目を向けると、ホテルの軒数が増加傾向にあるのに対して、旅館は減少傾向にある。また、伝統的な温泉街などでは廃業したり、大手チェーンの傘下に入る旅館も多く、構造的な転換期を迎えているように思われる。

　地方経済において重要な意味を持つ旅館を再生させ、地域を再活性化する

ことは重要な課題であるがそのためにも旅館経営の特徴を再整理し、今後の展開方向を探ってゆくことが今こそ求められている。

　本書の執筆グループの問題認識は、宿泊産業全体を俯瞰し、経営的に分析することであり、これは観光庁の問題意識とも共通している。したがって、編著者の一人である廣岡が、和歌山大学在籍時に代表者として事業実施した平成28年度及び29年度の観光庁事業「産学連携による観光産業の中核人材育成・強化事業」を通じて得られた知見は本書に反映されており、そのほかにこの事業に参加した大島、井村、宮口の原稿もその成果の一部である。この意味において、宿泊産業や宿泊機関に対する研究、調査の機会を与えていただいた観光庁に対して、ここに感謝の意を示す次第である。

　なお本書の執筆にあたっては、インタビューなどの実施にあたって各施設の関係者の方にご協力をいただくとともに、内容の公表を快く許可いただいたことに執筆者一同より御礼申し上げたい。

　最後になったが、出版事情の厳しい中、本書の刊行に積極的な賛意をいただき、ご助力をいただいた文理閣の黒川代表と山下編集長に御礼申し上げる次第である。

　　2022年1月

　　　　　　　　　　　　　　　　　　　　　　編著者

　　　　　　　　　　　　　　　　　　　　　　石﨑祥之

　　　　　　　　　　　　　　　　　　　　　　廣岡裕一

　　　　　　　　　　　　　　　　　　　　　　大島知典

目　　次

第1章
宿泊ビジネスの特徴と課題

1. 宿泊業の定義と区分

1）旅館業法による定義と区分

　厚生労働省が所管する旅館業法では、「寝具を使用して施設を利用することを宿泊とし、宿泊料を受けて、人を宿泊させる営業」を「旅館業」と定義している。旅館業は営業種別によって、「旅館・ホテル営業」「簡易宿所営業」「下宿営業」に区分されている。

・旅館・ホテル営業

　簡易宿所営業および下宿営業以外で、施設を設け、宿泊料を受けて、人を宿泊させる営業とされている。本来、和式の構造及び設備を主とする施設の場合は「旅館営業」、洋式の構造及び設備を主とする施設の場合は「ホテル営業」に分類されていたが、2018年の旅館業法の一部改正によって「旅館・ホテル営業」に統合された。

・簡易宿所営業

　下宿営業以外で、宿泊する場所を多数人で共用する構造及び設備を主とする施設を設け、宿泊料を受けて、人を宿泊させる営業とされている。

・下宿営業

　施設を設け、一月以上の期間を単位とする宿泊料を受けて、人を宿泊させる営業とされている。

　旅館業を営む場合には、都道府県知事（保健所を設置する市または特別区は、市長または区長）の許可を受けなければならず、営業種別ごとに定められた構造設備の基準を満たす必要がある。ちなみに、営業種別は申請しなけ

ればならないが、営業施設の名称（屋号）については規定がないため、事業者は営業種別に関わらず自由に名称を付けているのが実情である。

2) 日本標準産業分類による定義と区分

　日本標準産業分類では、宿泊業を「一般大衆、特定の会員に対して宿泊を提供する事業所」と定義しており、「旅館・ホテル」「簡易宿所」「下宿」「その他の宿泊業」に分類している。

- 旅館・ホテル

　主として短期間（通例、日を単位とする）宿泊等を一般公衆に提供する営利的な事業所とし、旅館・ホテルの他に国民宿舎、ペンション、簡易宿所に該当しない民宿などがある。

- 簡易宿所

　宿泊する場所が主として多数人で共用する構造及び設備であって宿泊等を一般公衆に提供する営利的な事業所とし、簡易宿泊所、ベッドハウス、山小屋、カプセルホテル、ユースホステル、民宿がある。

- 下宿

　主として長期間（通例、月を単位とする）食事付きで宿泊を提供する事業所または寝具を提供して宿泊させる事業所としているが、生活の本拠を置くような場合、例えばアパート業や貸家業は含まれない。

- その他の宿泊業

　会社・団体の宿泊所、リゾートクラブ、他に分類されない宿泊業に分類されている。

　会社・団体の宿泊所は、主として短期間（通例、日を単位とする）会社・団体の所属員など、特定の対象のみに宿泊を提供する事業所であって、会員宿泊所、共済組合宿泊所、保養所、ユースホステルがある。リゾートクラブは、主として預託金制、共有制により利用権を取得した会員に宿泊施設または宿泊施設を核とするリゾート施設を提供する事業所である。他に分類されない宿泊業には、合宿所、会社の寄宿舎、会社の独身寮、学生寮、キャンプ場などがある。

2.　宿泊業の業態

　宿泊業は、顧客の利用目的、機能、立地、規模、料金水準、資本形態など により分類されるが、業界でも統一された業態区分というものはなく、必要 に応じてさまざまな基準で分類されている。とくに近年では宿泊業を取り巻 く環境変化や宿泊ニーズの多様化・高度化により、新たな業態が次々と誕生 しており、宿泊業の細分化が進んでいる。また、日本と海外では分類の方法 や業態の呼び方が異なる場合も多くある。

1）旅館の業態

　旅館には、観光地や温泉地の周辺に立地し、観光旅行での宿泊や滞在その もの目的に利用される「観光旅館」と、駅周辺や中心市街地に立地し、出張 など商用旅行での宿泊を目的に利用される「商用旅館」がある。観光旅館に は、さまざまな規模や価格帯のものがあり、宿泊ニーズの多様化・高度化を 反映して、コンセプトもバラエティに富んでいる。一方、商用旅館は、機能 的なサービスとリーズナブルな価格帯が特徴であるが、現代ではそのほとん どがビジネスホテルに業態転換している。ちなみに、観光旅館には都市に立 地する「都市旅館」もあるが、一部を除いてそのほとんどが1970年代まで にビジネスホテルやシティホテルに業態転換している。しかし、近年、大都 市の市街地に立地する外資系ホテルチェーンの高級ブランドが、富裕層やビ ジネスエグゼクティブの訪日外国人観光客をターゲットに、和食、大浴場、 温泉スパ等の日本文化を表現して魅力を高め、館内全てを和で統一した旅館 タイプのホテルを展開している（大野、2019、167頁）。

　また、旅館には、温泉入浴機能を備えた「温泉旅館」、料亭・割烹が宿泊 機能を備えた「料理旅館」などがある。近年、人気を集めているのが独立性 の高い客室で構成される「離れの宿」であり、別当や戸建ての「離れ」とそ こでの露天風呂、および部屋食提供により、チェックイン・アウトも含めた 滞在生活のすべてがプライベート空間（客室）で完結することが価値となっ

ており、貴族の接待文化を訴求するタイプ（数寄屋造り・懐石料理、和服の仲居）、田園ライフを訴求するタイプ（茅葺き屋根や農家風の外回り、田舎風の料理等）、和モダンの施設に洋食やエスニック料理等を組み合わせたデザイナーズ旅館タイプがある（大野、2019、174 頁）。

2）ホテルの業態

　ホテルは、宿泊機能のみならず、料飲機能や宴会機能を備えた「フルサービスホテル」と、付帯施設を最低限に抑えて宿泊サービスの提供に特化した「リミテッドサービスホテル」に大別される。ちなみに、日本のリミテッドサービスホテルには、付帯設備とサービスを必要最低限に絞り込んだ「宿泊特化型ホテル」と、ターゲット顧客のニーズに応じて集中的に経営資源を投下して付帯施設とサービスを充実させた「宿泊主体型ホテル」がある。

　また、施設とサービスのグレードに応じて、高級価格帯の「ラグジュアリーホテル」、上級価格帯の「アップスケールホテル」、中級価格帯の「ミッドプライスホテル」、徳用価格帯の「エコノミーホテル」、格安価格帯の「バジェットホテル」に分類される。ホテルのポジショニングは、こうした機能と価格の 2 つの分類の組み合わせによって決まるが、その他にも立地、利用形態、利用目的、資本系列で分類される。

　立地による分類では、都市中心街に立地する都市型ホテルと、観光地や保養地に立地する「リゾートホテル」に大別される。都市型ホテルには、利用客のさまざまなニーズに対応できる大規模、高級価格帯、フルサービスの「シティホテル」と、ビジネス客の出張利用に特化し、低価格帯、リミテッドサービスの「ビジネスホテル」がある。とりわけ日本の大都市圏のシティホテルは多機能面が進化し、商業施設、文化・健康施設、医療・生活サービス施設など「街としての機能」を備えたシティホテルも珍しくない（仲谷他、2016、2 頁）。リゾートホテルは、海辺、高原、湖畔、温泉地など自然環境に優れたリゾートに立地するホテルであり、レストラン、プール、プライベートビーチ、スパ、エステ、スポーツ施設を備えた高級価格帯のフルサービスホテルである。ちなみに、ホテルの役割や消費者のニーズでニーズが多

様化している現代、宿泊やレストランだけを備えたシティホテルでは差別化が困難なことから、リゾートホテルの機能を備えた「アーバンリゾートホテル」が増加している。その他にも、空港周辺に立地する「エアポートホテル」、郊外のハイウェイ沿いに立地する「モーテル」、テーマパークに併設された「テーマパークホテル」などがある。

　利用形態による分類では、すべての客室がリビングと寝室に分割されたスィートで構成された「オールスィートホテル」、キッチンなどの生活機能を兼ね備えた「長期滞在型ホテル」、複数のホテルを年間利用できる会員権を購入して利用する「タイムシェアホテル」がある。利用目的による分類では、国内外の諸団体が主催する会議や大会に使用する大規模の「コンベンションホテル」がある（仲谷他、2016、3 頁）。また、日本では資本系列、すなわちホテルを開発・経営する企業の経営母体によって「専業系・独立系」「鉄道・航空会社系」「航空会社系」「不動産・ディベロッパー系」「外資系」などに分類される。

3）簡易宿所の業態

　簡易宿所にも様々な業態が存在し、料飲サービスを提供する「民宿」「ペンション」、ドミトリールーム（相部屋）で構成される「ユースホステル」「ゲストハウス」、宿泊特化型の「バケーションレンタル」「カプセルホテル」などがある。

　民宿は、5 〜 10 室前後の客室と共用の食堂、浴場、洗面所で構成された小規模宿泊施設で、中山間地域や海水浴場周辺など、季節変動が大きく専業の宿泊施設が成立しない観光地に立地し、農家や漁家などが家族経営で兼業として期間限定で営業するものが多い。民宿が和式の構造及び施設を主とするのに対し、ペンションは、欧米の山岳・高原の住宅を模したコンセプトで、主に高原観光地や海浜観光地に立地し、専業として通年で営業するものも多い（大野、2019、176 頁）。なお、イギリスをはじめ英語圏に多く存在し、宿泊と朝食を比較的低価格で提供する家族経営の小規模宿泊施設「B&B（Bed & Breakfast）」がある。

　ユースホステルは、青少年少女の旅行者に安全かつ安価な宿泊場所を提供する主旨で誕生した宿泊施設で、2段ベッドを設置した相部屋と共用のラウンジ、キッチン、シャワー、トイレで構成され、セルフサービスを基本としている。しかし、日本ではユースホステルは知名度低下により減少傾向にあり、近年では外国人旅行者の増加を受けてゲストハウスが相次いで開業している。

　バケーションレンタルは、戸建住宅あるいは集合住宅の全部又は一部を活用して宿泊サービスを提供することであり、日本では貸別荘や民泊とも呼ばれ、簡易宿所営業の許可が必要となる。戸建住宅型のバケーションレンタルには、木造りのログハウス、複数の部屋があるロッジ、電気や水道のあるキャビン、室内設備のないバンガロー、トイレやキッチンなど生活ができる設備のあるコテージがある（仲谷他、2016、16-17頁）。集合住宅型のバケーションレンタルは、いずれも生活ができる設備のある中長期滞在向け宿泊施設を指すが、リゾートではコンドミニアム[1]、都市部ではサービスアパートメント、ハイクラスなものはレジデンスと呼ばれていることが多い。「カプセルホテル」は、男女別の大部屋に2段に積まれたカプセル状の簡易ベッドが設置され、男女別のパブリックスペースと共用の洗面室、トイレ、浴場、シャワーブースが併設されたビジネスホテルよりも低価格の宿泊施設で、ホテル営業ではなく簡易宿所営業である。

3. 宿泊業の特徴と事業形態

1）資本集約・労働集約型産業としての特徴と経営課題

　宿泊業は、サービスを生産するための施設や設備を要し、大規模な初期投資を長期間にわたって回収する資本集約型産業としての特性を有している。唯一無二の立地により同条件の物件は2つとないことから、宿泊施設は不動産投資の対象となっている。他の不動産投資と同様に、移設が困難であることから立地選定が極めて重要である。地価や建設費といったコントロール不可能な不動産市況が初期投資額に大きく影響し、初期投資額に基づく長期借

入金の金利や返済等のコストは長期にわたる固定費となって経営、とりわけ財務に影響を与える。また、資産に占める固定資産の割合が大きく、インフレに強くデフレに弱いという財務特性がある。

　しかし、宿泊施設への投資はオフィスビルや商業施設といった他の不動産投資と大きく異なっている。オフィスビルや商業施設は、長期のリースと比較的シンプルな運営モデル（従業員を抱えず、さらなるマーケティングや販売の努力、あるいはイールドマネジメントを必要とせず、飲料部門なども持たない）で成り立っており、事業運営のリスクや短期間でのキャッシュフローの面で、単純なアセットマネジメント[2]しか求められていない（デントン他、2014、4頁）。一方、宿泊業はサービスの生産において人間の労働力に対する依存度が高い労働集約型産業としての特性を有している。土地・建物に対する設備投資や、繁忙期の対応に備えた従業員配置によって固定費比率が高く、損益分岐点が高くなるという財務特性がある。損益分岐点を超えた場合の収益性は飛躍的に向上するため、オフィスビルや商業施設に比べ、経営手腕の巧拙によるアップサイドの余地が大きい。

　オペレーションによる収益向上というメリットから、宿泊施設は他の収益不動産への投資よりも高い水準のリターンが期待あるいは要求されている。収益不動産投資におけるキャップレート[3]は、住宅用アパート5.79%、オフィス（ビジネス中心地）6.63%、商業施設（ショッピングセンター）7.13%、ホテル（ラグジュアリー／アッパー）、ホテル（フルサービス）8.33%、ホテル（エコノミー／リミテッドサービス）9.58%、ホテル（中長期滞在型）10.75%となっている。（デントン他、2014、5頁）。具体的な数字に置き換えると、ビジネス街の中心に位置するオフィスビルに1,000万ドルを投資する投資家は、年間で66万3,000ドルのリターンを期待する（663,000ドル÷6.63%=1,000万ドル）が、同じレベルのリターンを期待する投資家は、フルサービスホテルの場合には796万ドルの投資しか（663,000ドル÷8.33%=796万ドル）必要としないことになる。ちなみに、業態によってホテルのキャップレートにはばらつきがあり、人的サービスの付加価値が低く参入が容易な業態、あるいは需要変動が大きく資本生産性が低い立地ほどハイリターンが求められている

（大野、2019、22頁）。

　宿泊業はキャッシュフローが不安定で、収容力により成長性に限界がある
だけでなく、老朽化・陳腐化への対応として継続的な設備投資を要し、一度
投資をすると戦略変更に多くの追加投資が伴うというリスクがある。そのた
め、オペレーションによる収益向上というリターンが期待されるが、同時に
収益悪化というリスクも加味される。したがって、宿泊業は単純な不動産投
資事業とは異なり、緻密な事業計画や投資計画、高度なオペレーションが要
求される。

2）サービスの特性に由来する経営課題

　主に宿泊にかかわるサービスを提供する宿泊業では、サービスの特性に由
来する経営課題がオペレーションを複雑化している。サービスは、市場取引
の対象で、かつ、サービス提供者と顧客の相互作用によって生じ、人や組織
に何らかの便益をもたらす活動であると定義されている（近藤、2010、52頁）。
そして、サービスの特性には、無形性、不可分性、異質性、消滅性の4つが
あり、それらが宿泊業にさまざまな影響を及ぼしている。

　無形性とは、サービスは活動あるいはプロセスであるため、購買対象が物
理的に存在する製品とは違って、購入しても所有権の移行が生じないことを
意味する。もちろん、完全に有形のモノ、完全に無形なサービスは稀で、ほ
とんどの商品（モノおよびサービス）は有形要素と無形要素が組み合わされ
たものである。宿泊サービスにも施設・設備といった有形要素が含まれる
が、顧客が購入するのは施設・設備を一定期間利用する権利である。そし
て、サービスは無形であるために、顧客は購入前、場合によっては購入後に
すら、サービスの品質評価を困難または不可能にする。顧客は宿泊前に宿泊
サービスの品質評価をすることが困難であり、顧客は宿泊予約に先立って口
コミなど経験者の評価に依存する傾向がある。

　不可分性（同時性）とは、サービスは生産と消費が同時になされ、生産と
消費を切り離すことができないことを意味する。サービスは、サービス提供
者と顧客の相互作用によって生じ、人や組織に何らかの便益をもたらすこと

で始めてサービスとなる。そのため、顧客はサービスが提供されるその場に同時に存在しなければならず、サービスは場所に依存し、資本集約型産業で移設が困難な宿泊業ではやはり立地が重要である。

　また、宿泊業はサービス提供プロセスにおいて人的接客が重要な機能を担うホスピタリティ産業に該当し、サービス提供者の人材マネジメントが重要となる。工業化された「サービス」や、個人の顧客理解に依存する「おもてなし」だけでなく、組織全体として顧客を理解し、顧客の価値を最大化しようとする「ホスピタリティ」としての取り組みが必要とされる（小沢、2016、190頁）。さらに、宿泊サービスの生産と消費は訓練された顧客の適切な参加があって成立するため、場合によっては顧客のマネジメントもしなければならない。

　異質性（変動性）とは、サービス提供プロセスの様々な不確実性によって、サービスの品質が変動することを意味する。異質性が生じる要因には、サービス提供者、顧客、環境の3つがある。

　サービス提供プロセスにおいて、サービス提供者は積極的に役割を果たすが、サービス提供者の経験や能力・スキルによって同様のサービスであっても品質に差異が生じ、同一のサービス提供者であっても体調や気分によって同じ品質のサービスを提供できるとは限らない。また、サービスの品質は、顧客の主観的な判断により評価されるため、顧客の精神状態や個人的な状況はサービスの知覚に強い影響を及ぼす[4]。さらに、別の顧客がいることによって、もしくは別の顧客の行動によって影響を受ける場合もある。天候などの物理的環境も顧客の体験するサービスに大きな差異を生じさせる。このように、サービスは複雑であるため、提供プロセスにおけるすべての変数をコントロールすることは困難である。一貫した高い品質のサービスを提供する方法として、製造業のように品質管理を強化するサービス・マニュファクチュアリング（マニュアル化と機械化によるサービスと提供プロセスの標準化）があるが、標準化されたサービスが必ずしも顧客のニーズに合致するとは限らないという欠点がある（ローイ他、2004、20-21頁）。

　消滅性とは、サービスは無形であり、生産と消費が同時になされるため、

在庫できないという特性である。生産されたサービスは、消費されなければ価値がなくなる。宿泊業では客室の予約が入らなければ、その客室は永久に売れ残ることになり、在庫にして翌日以降に販売することもできないため、客室の価値も消滅してしまう。現実に宿泊需要が一定であることはありえず、むしろ変動しやすいものである。

　また、宿泊業は収容能力が硬直的であり、需要の変動に応じて供給を調整することができない。繁忙期に対応するために施設と人員を最大化しても、閑散期にはそれらの経営資源は無駄になってしまう。したがって、宿泊業においては、キャパシティ・マネジメント（収容能力と作業能力の管理）やレベニュー・マネジメント（需要に応じた供給と価格の管理）が重大な経営課題となる。

3）宿泊業の事業形態

　本来、宿泊業は土地・建物を所有する事業者が直接に経営・運営する一体型の事業形態であった。現在も旅館をはじめ単一もしくはごく少数の施設を展開する宿泊事業者では所有・経営・運営一体型の事業形態となっているが、ホテルをはじめチェーン展開をしている宿泊事業者では所有・経営・運営の機能を分離した事業形態が採用されている。

　そもそも、サービスを提供する宿泊業にあっては、一地点の事業所を大規模化するには限度があるため、異なる立地での新規施設の開業が事業拡大を意味し、とりわけアメリカのホテル業界においてチェーン化が進められてきた。しかし、所有・経営・運営一体型の事業形態は、所有・経営・運営という全く性質の異なる機能を担いつつ、すべてのリスクを負わなければならなかった。さらに、土地・建物の所有には膨大な初期投資が必要であるが資金調達力にも限界があり、成長スピードが鈍化するという問題があった。こうした背景から、土地・建物の所有を資本力のあるオーナーに依存し、宿泊業のノウハウを有するオペレーターが経営・運営を行うといった所有・経営・運営分離型の事業形態へと変化していったのである。

　実際、宿泊業の事業形態は、各々の事業者によって内容が異なり、類型化

することは困難である。代表的な事業形態として、「所有直営方式」「リース方式」「マネジメント・コントラクト（MC）方式」「フランチャイズ方式（FC）」がある。

・所有直営方式

　所有直営方式とは、自社で土地・建物を所有し、経営も運営もすべて社内で行う方式である。資金調達力のある宿泊事業者や、単一もしくはごく少数の施設を展開する宿泊事業者によって採用される。事業によって得られた利益はすべて自社のものとなるが、赤字になった場合はその損失もすべて自社の負担となる。また、固定資産の保有のみならず、知名度の向上や社会的信用の獲得といった無形資産が形成されるといったメリットもある。

　チェーン展開にあたっては新しい事業所が増えることを意味するが、初期投資額が大きくなることから、チェーン拡大に積極的な宿泊事業者ではほとんど採用されていない。その理由として、豊かな人材と宿泊業のノウハウが蓄積されていても、土地や資金調達力に恵まれないケースが多いことがあげられる。日本では、電鉄系や航空会社系のホテルチェーンは所有・直営方式を採用しているが、土地と資金調達能力の両面で優れているのは例外的とされる。

　所有・直営方式が採用されるケースとして、ホテル投資を単なる不動産投資として捉えて買収するケースや、フランチャイズ方式によるチェーン展開に先立って自社のノウハウを蓄積ないし誇示するケース、一部の高級ホテルなど競争力の維持にとって不可欠といったケースがある（原他、1976、198-199 頁）。

・リース方式

　リース方式とは、オペレーターが土地や建物をオーナーから賃借することにより、宿泊施設を経営・運営する方式である。土地の取得や建物の設立にかかる初期投資を抑えることができるため、資金調達能力を十分に持たない運営会社によって採用される。鉄道会社や保険会社などの大企業が保有する

不動産を、宿泊業に特化した系列子会社が賃借してグループで経営するケースも多い。

　賃貸借契約の基本的な形としては、土地や建物への投資はオーナーが負担し、オペレーターはリース料をオーナーに支払うというものである。そのため、オペレーターは内装やFF&E[5]への投資、従業員の雇用をはじめ経営・運営かかわるすべての費用を負担するが、すべての収益がオペレーターに帰属するという特徴がある。リース料には、あらかじめ決められた一定額を支払う固定制と、宿泊事業収益に応じて増減する変動制がある。固定制の場合、宿泊事業の成否に関係なく一定額のリース料が発生するため、損益が悪化した場合にオペレーターのリスクが大きくなる。変動制の場合、オーナーは賃貸収入のアップサイドが期待できるため、宿泊業の成否がオーナーとオペレーターの両者が関わることになり、共同経営的な性格が生まれることになる。

　・MC方式

　MC方式とは、リース方式と同じく土地や建物への投資はオーナーが負担するが、オペレーターは経営主体とはならずに、その管理運営だけを契約によって受託する方式で、管理運営受委託方式とも呼ばれる。オーナーが宿泊業に関する専門知識やノウハウが希薄な場合、有名ブランドの付与による集客力・運営力・ホテル価値向上を期待する場合などに採用されるケースが多い。

　リース方式との最大の違いは、収益と費用がオーナーかオペレーターのどちらに帰属するかである。リース方式では、収益と費用はオペレーターに帰属し、オーナーにはリース料が支払われるだけであった。MC方式では、オーナーが土地・建物、内装やFF&Eへの投資、従業員の雇用をはじめ経営・運営にかかわるすべての費用を負担するが、すべての収益がオーナーに帰属する。オペレーターには管理運営の手数料としてマネジメント・フィーが支払われる。

　オペレーターは、経営ノウハウ、ブランド、営業予約システムの供与、

総支配人や各部門の幹部を派遣してホテルの運営を統括し、オーナーから
GOP[6] の数％をマネジメント・フィーとして収受する。GOP が増加した場
合はオペレーターへのマネジメント・フィーは増加するが、赤字となっても
オーナーが負担するため、オペレーターのリスクは所有会社に比べて非常に
低くなる。そのため、近年、オープンした外資系高級ホテルでは、オーナー
とオペレーターがリスクを共有するべくリース方式が採用されるケースや、
MC 方式であるがオペレーターが従業員を雇用するといったケースが増加し
ている。

・FC方式

FC 方式は MC 方式と多くの点で類似しているが、MC 方式ではオペレー
ターの本部が自ら管理運営を行うのに対し、FC 方式ではチェーンの本部で
あるフランチャイザーは経営ノウハウ、ブランド、営業予約システムを供与
するにとどまる。そのため、MC 方式では総支配人や各部門の幹部が本部か
ら派遣されるのに対し、FC 方式では総支配人を含めて人材の採用は経営主
体であるフランチャイジーの責任となる（原他、1976、201 頁）。フランチャ
イジーはフランチャイザーに対して、加盟金であるフランチャイズ・フィー
と売上の数％をロイヤリティとして支払う。

4. 宿泊業を取り巻く環境変化

1）宿泊産業の動向

宿泊産業の市場規模の推移をみると、戦後からバブル経済期にかけて急速
に拡大し、1991 年には 4 兆 9,440 億円にまで達した。バブル崩壊後は主に最
も大きな内訳を占める旅館の衰退を反映して長期的な縮小傾向にあり、2011
年には 1991 年に比べて -54.8％ の 2 兆 7,110 億円にまで減少している。しか
し、訪日外国人旅行者の増加による宿泊需要の高まりを受けて回復基調が
続き、2019 年には 3 兆 2,100 億円に達した。ちなみに、市場の成長を牽引す
るのはホテル業であり、2018 年に市場規模で初めて旅館を抜いた。日本生

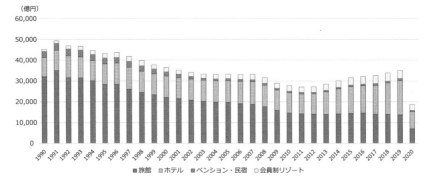

図1-1　業態別宿泊市場規模の推移

出所：㈶日本生産性本部『レジャー白書』より作成

　産性本部『レジャー白書』によると、2019年の宿泊業界の市場規模は3兆
5,020億円、うち旅館1兆3,760億円、ホテル1兆6,450億円、ペンション・
民宿990億円、会員制リゾートクラブ3,820億円であった。しかし、2020年
の新型コロナウィルスの世界的な感染拡大は宿泊産業に深刻な影響をもたら
した。

　宿泊施設の施設数と客室数の推移をみると、旅館は1950年の時点で既に
39,019施設であったが、旅行・レジャーブームによる宿泊需要の高まりを
受けて急激に増加し、1955年には54,285施設、1960年には62,194施設で
508,817室、1970年には77,439施設で763,091室、1980年には83,226施設で
964,063室に達した。しかし、施設数は1980年、客室数は1987年をピーク
に減少基調へと転じ、2014年には41,889施設と、1955年の施設数を下回っ
ている。ちなみに、旅館の客室数も減少基調にあるが、平均客室数について
は一貫して増加を続けていることから、主に小規模旅館が減少していること
が窺える。

　ホテルの施設数と客室数は、1965年には258施設で24,169室であったが、
その後は増加基調で推移し続け、1970年には454施設、40,652室、1980年
には2,039施設、178,074室、1990年には5,374施設、397,346室、2000年に
は8,220施設、622,175室、2010年には9,710施設、803,248室にまで増加した。
本来、日本の宿泊産業では旅館が施設数と客室数ともにホテルを圧倒してい

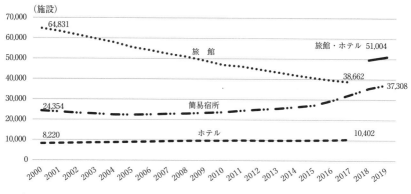

図1-2　旅館・ホテル・簡易宿所の施設数の推移

出所：厚生労働省「衛生行政報告例」より作成

たが、2009年には客室数においてホテルが旅館を上回るようになり、以降、その差は拡大し続けている。

　なお、旅館業法の改正（2018年6月15日施行）によりホテル営業と旅館営業の営業種別が統合され、2018年度より旅館・ホテル営業となった。また、近年の傾向として、インバウンド需要の増加と旅館業法の規制緩和により、簡易宿所の増加があげられる。

　客室稼働率の推移をみると、2011年はシティホテルが67.1％と最も高く、

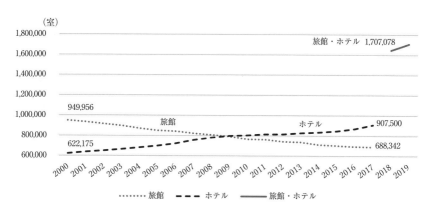

図1-3　旅館・ホテルの客室数の推移

出所：厚生労働省「衛生行政報告例」より作成

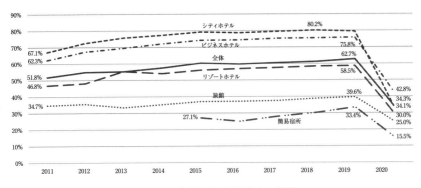

図1-4　業態別客室稼働率の推移

※簡易宿所の客室稼働率は2015年から調査が始まっている。

出典：観光庁「宿泊旅行統計調査」より作成

ビジネスホテル62.3%、リゾートホテル46.8%、旅館34.7%となっている。その後、外国人宿泊需要の増加によって、2018年にシティホテル80.2%に、2019年にビジネスホテル75.8%に達した。旅館や簡易宿所の客室稼働率も上昇してはいるものの、シティホテルやリゾートホテルを大きく下回っている。

　バブル崩壊後、旅館・ホテルの倒産件数は増加基調にあり、リーマンショックの影響を受けた2008年度と東日本大震災が発生した2011年度には倒産件数が大幅に増加している。その後、インバウンド需要の増加にとも

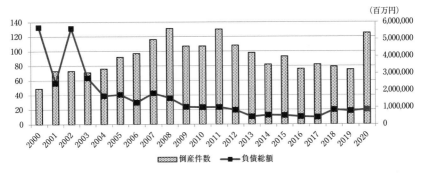

図1-5　宿泊業者の倒産件数と負債総額の推移

出所：帝国データバンク「宿泊業者の倒産動向調査」より作成

なって倒産件数と負債総額はともに減少基調で推移した。かつては、銀行からの多額の借り入れを元にした設備投資や経営計画の失敗を主な要因とする大型倒産の増加が顕著であった。しかし、近年は過去の設備投資が負担となった脆弱な財務体質に加えて、観光業界全体の不振や販売不振によって慢性的な売り上げ減少に陥った、いわゆる競争力の低い旅館・ホテルの倒産が増加している。

　2020年の宿泊業者の倒産は118件で、新型コロナウィルスを要因とした倒産は55件と全業種の中で最も高い結果となった。原因別では、「販売不振」が79件で最も多く、「既往のシワ寄せ（赤字累積）」が22件と続いた。また、「不況型倒産」（既往のシワ寄せ＋販売不振＋売掛金等回収難）が101件で9割を占めており、「団体旅行を含む国内旅行者の減少により業績が低迷していた宿泊業者がインバウンド需要による業績回復に期待を寄せていたが、コロナ禍で需要が消失したため、先行きの見通しが立たず事業継続を断念した」と分析されている[7]。

2）国内宿泊旅行市場の動向

　2003年に訪日外国人旅行者の増加を目的としたビジット・ジャパン事業が開始されて以来、リーマンショックや東日本大震災などのマイナス要因はあったものの、訪日外国人旅行者数は堅調に増加してきた。2013年に訪日外国人旅行者数が史上初めて1,000万人を達成すると、その後は円安や観光ビザ発給要件緩和の追い風もあって8年連続で過去最高を記録し、2016年には2,000万人、2018年には3,000万人を達成した。

　日本人旅行消費額は過去10年間で大きな変化はないが、訪日外国人旅行消費額は急激に増加している。観光庁「観光・旅行消費動向調査」によると、2011年の国内旅行消費額は21.8兆円、うち日本人国内宿泊旅行14.8兆円、日本人国内日帰り旅行5.9兆円、日本人海外旅行（国内分）1.2兆円、訪日外国人旅行0.8兆円であった。それに対して、2019年の国内旅行消費額は27.9兆円、うち日本人国内宿泊旅行17.2兆円、日本人国内日帰り旅行4.8兆円、日本人海外旅行（国内分）1.2兆円、訪日外国人旅行4.8兆円であった。

　インバウンド需要の増加は、国内延べ宿泊者数の増加にも寄与した。2019年の日本人1人当たりの国内宿泊旅行回数は平均1.36回、旅行1回当たり宿泊数平均2.31泊であり、訪日外国人旅行者1人当たりの宿泊数は平均8.8泊となっている。観光庁「宿泊旅行統計調査」によると、2019年の国内延べ宿泊者数は5億9,592万人泊、うち日本人延べ宿泊者数4億8,027万人泊、外国人延べ宿泊者数1億1,566万人泊であり、調査開始以降で初めて1億人泊を突破した。ここ数年で日本人延べ宿泊者数に大きな変化はないが、外国人延べ宿泊者数は2014年から2019年にかけて年平均20.9%の増加を記録した。

　業態別国内延べ宿泊者数をみると、外国人延べ宿泊者数の7割が都市部に立地するシティホテルやビジネスホテルに集中している。とりわけビジネスホテルの外国人延べ宿泊者数の増加は著しく、2012年から2019年の間の年平均増加率は28.2%で、外国人比率も2012年7.1%から2019年17.5%へと増加している。外国人延べ宿泊者数の業態別構成比は、2012年にはシティホテル42.6%、ビジネスホテル30.8%であったが、2019年にはシティホテル30.9%、ビジネスホテル41.2%となり、ビジネスホテルが最も大きな割合を占めている。

　しかし、新型コロナウィルスの影響で国内宿泊旅行市場は大きな影響を受けた。本来であれば、2020年は東京オリンピック・パラリンピック競技

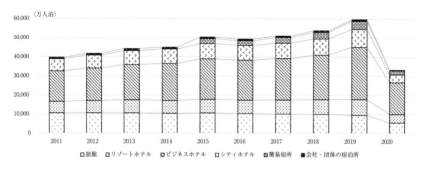

図 1-6　業態別国内延べ宿泊者数の推移

※簡易宿所は2014年以前の調査対象とはなっていない。

出典：観光庁「宿泊旅行統計調査」より作成

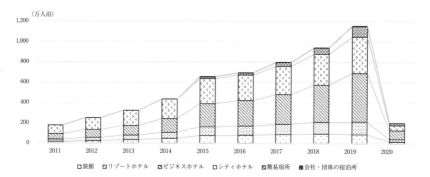

図 1-7　業態別外国人延べ宿泊者数の推移

※簡易宿所は 2014 年以前の調査対象とはなっていない。
出典：観光庁「宿泊旅行統計調査」より作成

表 1-1　業態別宿泊人数の動向（2014 年と 2019 年の比較）

	延べ宿泊者数（2019 年）				延べ宿泊者数（2014 年）				年平均増減率		
	全体 （千人）	日本人 （千人）	外国人 （千人）	外国人 比率	全体 （千人）	日本人 （千人）	外国人 （千人）	外国人 比率	全体	日本人	外国人
シティホテル	94,103	58,391	35,712	37.9%	75,473	56,355	19,118	25.3%	4.5%	0.7%	13.3%
（業態別構成比）	(15.8%)	(12.2%)	(30.9%)		(15.9%)	(14.4%)	(42.6%)				
ビジネスホテル	272,563	224,856	47,707	17.5%	194,300	180,497	13,803	7.1%	7.0%	4.5%	28.2%
（業態別構成比）	(45.7%)	(46.8%)	(41.2%)		(41.0%)	(40.9%)	(30.8%)				
リゾートホテル	83,058	70,322	12,736	15.3%	67,784	61,913	5,871	8.7%	4.1%	2.6%	16.8%
（業態別構成比）	(13.9%)	(14.6%)	(11.0%)		(14.3%)	(14.4%)	(13.1%)				
旅館	95,132	86,551	8,581	9.0%	103,391	98,935	4,456	4.3%	-1.7%	-2.6%	14.0%
（業態別構成比）	(16.0%)	(18.0%)	(7.4%)		(21.8%)	(23.1%)	(9.9%)				
簡易宿所	42,805	32,360	10,445	24.4%	-	-	-				
（業態別構成比）	(7.2%)	(6.7%)	(9.0%)								
会社・団体の宿泊所	8,009	7,650	359	4.5%	8,798	8,679	119	1.4%	-1.9%	-2.5%	24.7%
（業態別構成比）	(1.3%)	(1.6%)	(0.3%)		(1.9%)	(2.0%)	(0.3%)				
延べ宿泊者数 合計	595,921	480,265	115,656	19.4%	473,502	428,677	44,825	9.5%	4.7%	2.3%	20.9%
	(100.0%)	(100.0%)	(100.0%)		(100.0%)	(100.0%)	(100.0%)				

※ 2019 年の延べ宿泊者数合計には不詳を、2014 年の延べ宿泊者数合計には簡易宿所および不
　詳を含む。
出典：観光庁「宿泊旅行統計調査」より作成

大会が開催され、訪日外国人旅行者数 4,000 万人という目標も掲げられてい
た。しかし、入国制限や各国の渡航制限によるインバウンド需要は壊滅状態
にあり、外国人延べ宿泊者数は対前年比 -82.4% の 2,035 万人泊にまで落ち

込んだ。緊急事態宣言による不要不急の外出ならびに他都府県への往来の自粛により日本人宿泊需要も激減し、2020 年の日本人宿泊旅行消費額は対前年比 -55% の 7.8 兆円、日本人延べ宿泊者数は対前年比 -35.2% の 31,131 万人泊であった。

5. 宿泊ビジネスの課題

　宿泊ビジネスは、インバウンドブームとその後のコロナショックなど激変する環境に翻弄される一方、宿泊業界の構造的な転換にも直面しているといえよう。日本政策金融公庫が、ホテル・旅館を営む 1,602 事業者に対して実施したアンケート調査結果では、以下のように経営上の課題があげられている[8]。

1　施設・設備の老朽化（68.2%）
2　従業員の確保・育成（65.8%）
3　売上の減少（37.8%）
4　客数の減少（38.1%）
5　人件費の増加（32.8%）
6　材料費等の仕入れ単価の上昇（31.4%）
7　利用料金の低下・上昇難（28.3%）

　多くの宿泊事業者が経営上の課題としているのが「施設・設備の老朽化」である。宿泊業は事業開始時に莫大な資金が必要であることから、金融機関等からの多額の借入金を長期にわたって返済し続けるのみならず、経年劣化や故障、災害、ニーズの変化への対応で修繕・改修への追加投資もしなければならない。しかし、日本のホテル・旅館の 50% が慢性的な赤字経営に陥っているとされており、設備投資もままならい状態で老朽化・陳腐化が深刻な問題となっている。

　「従業員の確保・育成」は宿泊業界全体の課題でもある。当然、日本人の

生産年齢人口の減少による人出不足という問題もあるが、賃金が低水準であることをはじめ労働条件や職場環境が他業種に劣り、経営や実務の中核を担う人材の不足も問題となっている。人出不足・人材不足が深刻化する中で、GDP の約 7 割を占めるサービス業の生産性向上は国の重点目標となっている。とりわけ宿泊業は他の主要国の宿泊業や国内他産業と比較して生産性が低く、宿泊業の生産性向上は喫緊の課題であることから、観光庁は 2015 年に「旅館ホテル生産性向上協議会」を発足、2016 年から「宿泊業の生産性向上推進事業」を実施している。

　宿泊業の生産性向上にあたっては、マルチタスク化[9]や業務の標準化、IoT などの導入によりオペレーションを効率化し、人件費の引き下げようとする取組みが業界全体でみられる。しかし、経営の実情をみると、食材や備品などの仕入業者や仕入ルート、施設・設備のメンテナンス等の委託・発注先や契約条件の見直しによる直接費の引き下げも課題である。そもそも、どんぶり勘定が常態化し、棚卸しも粗雑で不正が行われている場合も少なくなく、会計を厳格化し、収支状況および財務状況を「見える化」することが重要であろう。

　他方、コスト削減だけでなく、売上の増加にも取り組まなければならない。一般的に「売上の減少」の原因を「客数の減少」に求める傾向があるが、むしろ「利用料金の低下・上昇難」を深刻な課題として捉えるべきである。もちろん宿泊客の減少は深刻な問題であり、その最大の要因は人口減少に伴う日本人宿泊客の減少である。日本の人口は今後も着実に減少し続けるため、インバウンド需要への対応は不可欠であるが、コロナショックからインバウンドに依存することの危険性は火を見るより明らかである。したがって、高付加価値化に取り組むことも宿泊事業者にとって重要な課題であるといえよう。

注

1)　本来、コンドミニアム（condominium）とは分譲マンションのことであるが、日本ではリゾート地の集合住宅型のバケーションレンタルや、キッチンや洗濯機など生活するための設備が備えられた宿泊施設のことをいう。一方、欧米をはじめ海外に

は、ホテル施設の所有権を客室単位等で分譲販売した上で合法的にホテルとして運用する「コンドホテル（Condo Hotel）」があり、オーナーはホテルの客室を購入し、自らが利用しない期間は一般向けの客室として貸し出し、その稼働に応じた賃料を得られる仕組みになっている。

2)　不動産の価値を最大化することを目的に不動産の所有者や投資家に代わって不動産を総合的に管理すること。

3)　不動産投資において投資物件の収益性を評価する際の指標であり、還元利回り、収益還元率、期待利回りなどを指す。

4)　顧客がサービスの品質を判断する基準には、①信頼性（約束したサービスの確実な提供）、②反応性（顧客の要求への積極的かつ迅速な対応）、③確信性（接客従業員の知識・技能と顧客への礼儀）、④共感性（顧客の個人的な問題や不安への共感）、⑤物的要素（サービスが提供される環境、サービスを生産する道具、サービスの品質を暗示する手がかり）がある（近藤、2010、148-151 頁）。

5)　Furniture Fixture & Equipment の略称で、家具、什器、備品のこと。

6)　GOP とは Gross Operating Profit の略称で、営業総利益のことを指し、売上から経費などを差し引いた収益を意味する。一般的に GOP を算出する際の経費に、人件費や料理の食材費、水道光熱費、消耗品費など売上に直接的に関連する費用は含まれるが、建物や備品などの減価償却費、金利、税金などは含まれない。

7)　東京商工リサーチ（2021.1.12）「「宿泊業の倒産動向」調査　2020 年（1-12 月）」https://www.tsr-net.co.jp/news/analysis/20210112_01.html

8)　独立行政法人中小企業基盤整備機構　経営支援情報センター（2017）「中小旅館業の経営実態調査」https://www.smrj.go.jp/doc/research_case/h28_ryokan_full.pdf

9)　1 人のスタッフがフロント、レストラン、内務等の多様な業務を担当すること。本来、宿泊業では専門職ごとの分業が一般的であり、とりわけ旅館では「中抜け勤務（朝食勤務後 6 時間休憩をはさみ、夕食勤務）」という拘束時間が長く、不規則な勤務時間が労働生産性と従業員満足の低下をもたらしていた。マルチタスク化は、中抜け勤務を廃止して拘束時間を短くし、休暇を取得しやすくすることで従業員満足を向上させるのみならず、人件費を削減せずに生産性を向上させるメリットがある。

第2章
観光の発展とホテルビジネスの変遷

1. 観光とホテルビジネス

1)「観光革命」とホテルビジネスの展開

　近年、ホテルビジネスに対する関心が急速に高まっている。現在ではコロナ禍のために世界的に「休止状態」となっている観光産業であるが、コロナ後はその反動もあって再び成長軌道に乗るものと期待されている。

　観光が世界の主要産業となることが確実視される中で、その主要セクターであるホテル産業も今後の成長が期待できるものとして大きな関心が寄せられている。

　本稿では、ホテル産業を観光の歩みと重ね合わせてその全貌を探ってゆきたい。

　表2-1は「観光革命」と呼ばれる現象を第1～4次にわたって分類したも

表 2-1　第 1 次～ 4 次観光革命

観光革命（50 年周期）	概　　要
第 1 次　1860 年代	ヨーロッパで国内観光の大衆化と有閑階級の世界旅行 ・週休制の導入　　　　　　・万国博覧会の開催 ・旅行斡旋業の成立　　　　・鉄道網整備 ・スエズ運河の開通　　　　・米大陸横断鉄道の全通
第 2 次　1910 年代	米の中産階級の欧州旅行 ・米国経済の発展による外国旅行ブーム
第 3 次　1960 年代	北の先進国の国際旅行が活性化 ・ジャンボジェット機の普及 ・我が国 1,600 万人の海外旅行
第 4 次　2010 年代	アジアでの観光需要の爆発 ・アジアでのスーパージャンボ（700 人乗り）の導入 ・アジアにおける日本観光ブーム or ジャパン・バッシング

出所：石森秀三監修、坂上英彦編著『ビジター産業に進路をとれ』日刊工業新聞社、
2001 年 19 頁より。

のである。それぞれの時期の観光革命は交通機関の発達によって裏付けられ、さらに社会情勢の変化とあいまって各時代毎に特徴的なパターンを示している。これを追いつつ、観光の変化に宿泊産業の変化を重ね合わせることによって発達の軌跡を追ってゆくこととしたい。

2) 観光革命以前の宿泊の状況

ホテルが旅人を泊めるための場所である以上、その起源は「旅」の起源と重なる。

トラベルの語源がトラブルであるように、かつての「旅」は苦難の連続であった。移動手段は徒歩か馬くらいしかなく、泊まる場所も場合によっては野宿をせざるを得ない状況の下で、それでも「旅」をしたのは、確固とした目的、例えば巡礼や戦争といった「何としても移動せざるを得ない」場合に限られていた。

そのような状況の下で、苦難にみちた旅人を善意で宿泊させる場所が登場してきた。それがホテルの語源となっている hopes であり、旅先での雨露を避けうるシェルターのような場所として街道沿いに作られたのがホテルの起源とされている。なお、hopes はホスピタルやホステルの語源でもあり、この当時の宿泊施設が営利を目的としたものではなく、困窮する旅人への「もてなし」をする場所であったことを示している（原他、1985、88頁）。

3) ホテルの起源

その後、「旅」につきものの「トラブルの種」を除去することによって、「旅」は「旅行」へと変質をとげてゆくのであるが、その最初のきっかけの一つとなったのがヨーロッパにおける「貴族の修学旅行」である「グランドツアー」の発達であった。これによってイギリスの貴族の子弟が「教養を高める」ことを目的として、フランスやイタリアといった「ヨーロッパ文明の起源」をたどる長期旅行をすることになる。

このような旅行に際して、最初は知人の屋敷を泊まり歩くことが一般的だったようだが、そのうち「旅先での我が家」というコンセプトで小規模

ではあるが豪華な「ホテル」がヨーロッパの各地に広がってゆくことになる。例えば、今でも人気の観光地であるイタリア・ベネチアにおいて最も由緒あるホテルであるダニエリについて、塩野七生はベネチアにゆかりの深い文化人である詩人バイロンなどがこのホテルに宿泊した記録のないことに疑問を持ち、調べた結果、個人の館に「寄宿」していたことを突き止めると同時に、このホテルの創業が 1822 年であり、それ以前はこのホテルは個人宅であり、まさにヨーロッパのホテルの歴史をなぞっていることを記している（塩野、1994、23-29 頁）。

　つまり、「観光革命」以前の宿泊産業は善意から始まり、その後、富裕層のような極めて限られた旅行者が「旅先での自宅」として利用したものが専業化し、ホテルという形態をとるようになってきたのである。

2. 第一次観光革命と「グランドホテル」の時代

1）セザール・リッツの貢献

　貴族の自宅の延長のような形で発達を遂げたヨーロッパのホテルであったが、その中にあってヨーロッパの現在のホテルの原型を作った人物として挙げられるのが、セザール・リッツである。彼が作ったパリのリッツホテルやロンドンのカールトンホテルは当時の最先端ホテルであり、その名を受け継ぐ形で現在の「リッツ・カールトン」のホテルブランドとして使用されており、まさにホテル史に名を残している。

　それではいかなる点でリッツのホテルは当時の最先端をいっていたのであろうか。彼はスイス人で 15 歳の時、ホテルマンとしてのキャリアをスタートさせた。弱冠 27 歳で支配人に就任するが、その際に積極的な集客を展開した。それまでのホテルは顧客が来るのを待つ「受け身の営業」が基本であり、その結果、閑散期の集客という点での問題を抱えていた。この問題を解決すべくリッツが採用したのが、現在のダイレクト・メールの送付であった。これによって顧客を閑散期に誘導し、稼働率を改善することに成功したのである（原、1985、93 頁）。

　これを手始めに、次に総支配人として赴任したモナコのモンテカルロにおいて展開したのが宿泊と食事のコラボレーションである。当時の有名シェフであったエスコフィエとコンビを組み、それまで宿泊するという機能に特化していたホテルを宿泊と同時に食事を楽しむという新たな利用法を提案し、ホテルのビジネスとしての成功に結び付けたのであった。現在では、グルメガイドとしてのミシュランが大きな影響力も持ったり、特徴のある食事をメインとして「宿泊を付随させる」小規模なホテルとしてのオーベルジュが人気を博すなど、食事に対する社会の関心が高まっているが、そのパイオニアと呼べるのがリッツであり、そのパートナーとしてのエスコフィエであるといえよう。

2) グランドホテルの時代

　この路線の成功を決定づけたのは、1889 年にロンドンに開業し、現在でもロンドンを代表する豪華ホテルであるサヴォイでの成功であった。全館に電気照明を備えた上に、エレベーターだけでも 6 基も装備するというハード面からみればまさに最先端のホテルであったサヴォイも開業当初は経営不振に陥り、その立て直しを託されたのがリッツであった。

　彼はこの優れたインフラを活用し、さらにソフト面での経営施策と組み合わせることによって、短期間のうちに経営を劇的に改善することに成功した。その成功にあたって彼が展開したのは、優れたハードを最大限活用することによって生活様式まで変えるという大胆な試みであった。

　リッツが食事を重視したことはすでに述べたが、次の段階として彼は食事の「場」を新たに作り上げることに精力を注いだ。電気の照明によって明るくなったダイニングをさらに彩るための女性の役割に注目したのである。当時のイギリスは男性にはクラブやパブといった「場」が提供されていたのに対して、女性に対してはそのような「場」が極めて少なかった。

　この点に注目したリッツは、利用の少なかった日曜日の夜を女性とともに食事を楽しむという新たな「生活提案」を行うとともに、その「主役」である「女性」がより美しく輝けることに神経を注いだ。この戦略は大きな成功

をおさめ、友人同士が女性同伴で日曜日のディナーを楽しむという新たな風習が生まれ、これに伴って「装いを披露する」華麗な舞台装置としてのホテルが女性に支持されるようになってゆくのである。

　当時のホテル経営においては、各ホテルに有力なパトロンが付き、様々な支援をすることによって経営を成り立たせるという「趣味の延長」であり、ビジネスとしての採算性は重要視されていなかった。豪華なホテルを所有するという事はオーナーの社会的地位の象徴であり、採算性よりもその方が重要だったのである。したがって、ヨーロッパにおけるホテルの経営は経済的動機を越えた形で展開された。

　その結果、現在でもそれぞれに特徴を持ったホテルが数多く残り、利用者を引き付けている。このような魅力のあるヨーロッパ型ともいうべきホテルは米国の建国初期に米国に引き継がれることになったが、その場合は豪華さと裏腹に一部の富裕層しか利用できないという弱点を抱えていたのであり、その弱点が克服され、一般人がホテルを利用できるようになるためには米国での「コマーシャルホテル」というコンセプトの確立とその実行を行ったスタットラーという人物が次に重要になってくるのである。

3.　第二次観光革命と「コマーシャルホテル」の時代

1）マス・ツーリズム時代の到来とコマーシャルホテルの出現

　リッツがグランドホテルによって成功を遂げた背景には、ヨーロッパにおけるこの時期の鉄道の発達があった。鉄道の発達によってそれまで徒歩か馬車に頼らざるを得なかった「旅」は鉄道という大量高速輸送体系の発達によって誰もが「旅行」できる「マス・ツーリズム」の時代へと変化していったのである。

　米国でも大陸横断鉄道が完成し、ビジネスでの往来が活発になることに伴って、新たな宿泊需要が生まれることとなった。これに伴って、より大衆的な「コマーシャルホテル」が誕生するのであるが、そのきっかけを作ったのがスタットラーである。

2）スタットラーによる米国型大型ホテルの建設

　スタットラーは、米国の「コマーシャルホテル」のコンセプトを確立し、ホテルの「大衆化」に貢献した人物としてホテル史上に名を残している。

　前述のリッツ同様、たたき上げのホテルマンとしてこの業界に入った（鳥羽、1971、69頁）。彼は、1901年の博覧会で最初のチャンスをつかんだ。博覧会自体は想定外の事情によって中止となり、必ずしも収益をもたらさなかったがその後のビジネス展開に多くのヒントを与えることとなった（鳥羽、1971、73頁）。

3）数値管理に基づく大衆ホテルへの発展

　スタットラーのコンセプトの基本は「1.5ドルで個室を」というものであり、それまで設備が劣悪なうえに混雑時は相部屋が「常識」とされていた業界にあって画期的な革命をもたらすものとなった。これを実現できたのは、「豪華さ」ではなく「便利さ」「快適さ」「清潔さ」「価格の妥当性」を追求したからであり、ハード面を組み合わせることによってその目的を実現することが可能となった。

　具体的には、まず多くの客室数を持つ大型ホテルを建設することによって「規模の利益」を追求した。その上でサービス面では、ヨーロッパ型の高料金・高サービス型を廃し、大衆の支持を得られるようなサービスに努めた。具体的な内容としては各部屋に水道蛇口を設け、ボーイに頼むことなく水を飲めるようにした。

　また、廊下の照明が暗く、鍵穴に鍵を差し込むのにボーイの手を煩わせないように、ドアの取手の頂点に鍵穴を設けることによって容易に開錠できるといった工夫を凝らした。さらに無料の新聞を全室に配布するなどのサービスの充実に努めることによって顧客の支持を得ることに成功したのである。

　つまり、スタットラーの功績はそれまでの限られた客層相手のビジネスから大衆相手へのビジネスへと転換させ、それによって市場の規模を大きく拡大させたことにある。

　さらにスタットラーの別の功績として、ホテルマン育成への貢献が挙げら

れる。彼の死後、遺言により遺産の一部がホテル経営の近代化のためとして
コーネル大学に寄付され、これが同大学のホテル学科の設立へとつながり、
それまでの徒弟制度による前近代的な育成システムが、科学とデータに基づ
く教育制度へと大きく変貌を遂げたのである。

4. 第三次観光革命と「チェーンホテル」の時代

1) スタットラーからヒルトンへ

　スタットラーが築き上げた「コマーシャルホテル」のコンセプトは彼の死
後、ホテルが未亡人の手によってコンラッド・ヒルトンに譲渡されたことに
よって、ヒルトンホテルチェーンとして世界へと展開されることとなった。

　1910 年代から始まった第二次観光革命により船舶を利用した米国人の欧
州訪問が広まったが、それから約半世紀後の 1960 年代には航空機、とりわ
けジェット機の発達を背景としたマス・ツーリズムが日本を含む北側工業国
で顕著となった。米国人の海外旅行需要の激増に呼応する形で、世界にその
輪を広げていったのがヒルトンやシェラトンなどの米国系ホテルチェーンで
あった。

　米国内のビジネス客需要を取り込むことに成功したこれらのチェーンホテ
ルは米国経済の国際化に伴ってビジネスマンが世界中を移動するのに歩調
を合わせてグローバル化を進めてゆくこととなった。これらのホテル専業
チェーンだけでなく、パン・アメリカン航空や TWA といった米国発の国
際線を運航する航空会社も相次いでホテル網の構築に乗り出し、パン・アメ
リカンはインターコンチネンタルホテルを就航先に次々にオープンしていっ
た。

　このような世界展開に際してポイントとなったのは、世界のどこにあって
も一定水準のサービス提供を保証することであった。世界中を旅行する米国
人ビジネスマンに本国同様のサービス内容を提供することが求められたので
ある。この目的のために有効であったのが、サービスを含む運営全般にわた
るマニュアル化であった。この目的に沿って、ヒルトンは「ブルーブック」

と呼ばれる詳細かつ膨大なマニュアルを作成し、これによれば世界のどこで
あってもホテルを建設し、開業後には本国に劣らないサービスを提供する体
制を構築したのである。

　さらに開発途上国などでみられるカントリーリスク[1]回避と急速な
チェーン展開を実現するため、ホテルの所有、経営、運営を分離し、運営に
特化するというビジネスモデルを確立したのである。このビジネスモデルを
採用することによって、土地の所有者は安定的な地代収入を確保でき、その
土地を利用して建物を建てる経営者はホテル経営の経験がなくともホテル経
営をすることが可能となった。一方でその事業を受託するホテルチェーンに
とっては大きな資金負担を必要とする土地の取得や建物の建築をすることな
く、運営に特化することでフィーを受け取り急速なチェーン展開とリスクを
最小限にする経営を可能にしたのである。

　この方式を採用したヒルトンホテル、シェラトンホテル（現・マリオット
グループ）やインターコンチネンタルホテルなどはそれぞれ 6,200 軒、6,500
軒、5,900 軒と巨大なホテルグループを世界的に展開するに至っているが、
このようなグローバルな展開の基礎はこの時期に築かれたといえよう。

2）モーテルのコンセプトとホリデイイン

　ヒルトンやマリオットのようなグローバルホテルは、航空機の発達によっ
て観光やビジネスの移動が地球規模で行われるようになった第三次観光革命
との強い関連性を見ることができるが、もう一つの重要な交通面での要因が
米国内での航空機と自動車を複合的に利用した旅行の発達である。

　これによって、米国内ではビジネスや家族旅行に対する需要が急増し、
モーテルといわれる業態に新たな変化が生じてきた。自動車の発達によっ
て、その利用を前提としたモーテルはすでに存在していたが、その質はばら
つきが大きく、リーズナブルな価格で清潔さや快適性を保証される施設が求
められるようになってきた。これに応えて急速なチェーン展開を実現したの
が、ケモンズ・ウイルソンが率いるホリデイインチェーンであった。

　ホリデイインはモータリゼーションの進展を見越し、ロードサイド立地で

利用しやすい価格を提供することによって、平日はビジネスマン、週末は家族旅行に利用されるホテルを目指した。低価格を実現するために、初期投資を抑える努力として土地代に投資する金額は総額の 10% 以下とし、ベルボーイなどは最初からおかないなど、サービスの簡素化に努める一方で、無料の製氷機や靴磨き機を設置するなど機械面でのサービスを充実させるとともに、親と同伴の 12 歳以下の子供は無料にするなどの利用しやすさを追求した。

　この結果、1952 年には 3 軒だったものがわずか 15 年余りのちの 1968 年には 1,000 軒を超えるなど急速な展開を見せた。これは利用しやすい価格や快適性や清潔さに重点をおいたサービスが広く受け入れられた結果だと言えよう。

3）日本における発展

　このように 1960 年代から 2010 年代までの第三次観光革命の時期にホテル産業は巨大化し、グローバル化する一大産業群に成長したのである。

　この間、日本においては特殊な発展形態をとることになった。前述のように国際的なチェーンホテルの場合、所有・経営・運営を分離した形態をとるのが一般的であったのに対し、日本においては、土地を所有し、そこにホテルを建設し、さらに運営も自社にておこなうという「三位一体」型の経営形態をとることが一般的であった。

　1964 年の東京オリンピックを契機として多くのホテルが東京に建設され、それらが長らく日本のホテルを代表する存在となった。「御三家」と呼ばれる「帝国ホテル」、「ホテルオークラ」そして「ホテルニューオータニ」である。

　この「御三家」のうち、帝国ホテルはこの時期に合わせて開業したのではなく、明治 23 年にはすでに完成していた。それまで横浜や東京にあったホテルの規模が 20 室程度であったのに対し、帝国ホテルは 60 室以上の規模を持つ本格的ホテルであった（村岡、1981、123 頁）。その主たる客層は外国人をターゲットとしていた。同時代に建設されていた鹿鳴館が外国人への「お

もてなし」を目的としたのと同じく、明治になって富国強兵・殖産興業の名の下に、諸外国の優れた技術などの導入を必要としていた当時の日本にとってはそれをもたらしてくれる外国人は重要であり、受け入れのための条件整備の一環としてホテルの建設が必要になったのであった。

さらに、日本に滞在する外国人が増加するにつれ、とりわけ夏の高温・多湿の厳しい条件を避けるために避暑地が必要になった。そのため、帝国ホテルより早く明治11年には箱根富士屋ホテルが開業し、その後帝国ホテルと前後して軽井沢に万平ホテルが、日光に金谷ホテルが開業し、今もクラシックホテルとしてその姿をとどめている。このように、日本においてはホテル建設の初期においては、日本人のためではなく、外国人のために建設されたという点に特徴がみられる。

1964年のオリンピックに合わせたオークラやニューオータニにしても、この時期に訪日外国人が増えることを見越して建設されたのであろうことが容易に想像できるが、オリンピック終了後は広く日本人に利用されることも期待されており、実際に生活様式の変化、例えば結婚式をホテルで挙げることなどを背景に徐々に日本人相手へとシフトしてゆくこととなった。

これによって、「ホテルの大衆化」が進むとともに、ホテルビジネスのすそ野が広がり、成長の期待できる分野としての投資が全国的に大規模に進められてゆくこととなった。

ホテルへの投資は特に初期投資において大規模なものとなるため、その投資に耐えられる信用力のある企業がこれを推進してゆくことになる。その代表例が東京プリンスホテルを皮切りにその後全国にホテル網を建設した西武鉄道系のプリンスホテルや同様に全国にチェーン展開を行った東急電鉄系の東急ホテル、東急インホテルチェーンがある。また、日本における高層ホテルの第一号となった新宿の京王プラザホテルも鉄道系であり、関西系では第一ホテルから発展した新阪急ホテルチェーンなど鉄道系の躍進が目立った。

欧米のようにホテル専業のチェーン展開ではなく、鉄道系が国内でのチェーン展開を進めたのに対し、「御三家」がこの時期にほとんどチェーン展開することなく独立の存在となった背景には日本独自の経済事情がある。

　この時期は日本経済の高度成長とその後のオイルショックによる一時的停滞からバブル経済に至るまで基本的には経済成長が継続していた。そのような状況にあって国民生活が豊かになりホテルの需要を増大させたという点ではホテル経営の追い風となったが、その一方で、経済成長率を上回るペースで不動産価格の上昇が続いた。

　このため、立地の良い広い土地を必要とするホテル建設は、とりわけ都市部においては巨額の資金を必要とすることになり、その資金調達において有利な立場にあった鉄道系のホテルはチェーン化を進めることができた一方で、「御三家」にみられるような独立系のホテルにあってはチェーン展開が進めづらい状況となった。

　つまり、高度経済成長期のホテル産業はサービス業としての側面に加えて、不動産業としての色合いも有しており、ホテルビジネスで収益を上げるというよりもホテルという不動産を所有し続けることによって「含み益」を享受する意味合いが特に鉄道系の場合は強かったというのが実情である。

　また、このような不動産価格の異常なまでの上昇は、ホテルの運営にあたっても日本独自のシステムを構築させてゆく契機となった。一般的にホテル経営は、宿泊、飲食、宴会の三部門から構成され、宿泊部門の利益率が最も高いとされている。

　しかし、土地代が高い日本にあっては、土地効率を勘案した場合、宿泊だけでは十分な収益を確保することが困難な状況にあった。そこで、労働集約的ではあるが、単位面積当たりの売り上げの大きい、飲食や宴会の部分により多くの売り上げを期待する運営における「宿泊・飲食・宴会」のこちらも「三位一体」型の経営が進められることになったのである。

　日本人の所得水準が上場するとともに、生活様式の変化が進み、旅館の布団ではなくホテルのベッドに宿泊することを好み、結婚式は式も披露宴もホテルで行うことが一般化するという「西洋化」によってホテル利用は生活の中に定着したのである。

　ホテルの大規模化と大衆化は1980年代後半のいわゆる「バブル経済」への突入を経て一つの頂点を迎える。いわゆる「リゾート法」の制定によっ

て、全国にホテル、ゴルフ場、マリーナ（もしくはスキー場）の「三点セット」を備えた「リゾート地」が全国に乱立する時代を迎えたのであった。

　この時期に建設されたホテルとして北海道洞爺湖の「エイベックス洞爺（現、ザ・ウインザーホテル洞爺）」や九州のテーマパークであるハウステンボスの中に作られたホテルヨーロッパなどがある。これらのホテルはいわゆる「金あまり」時代を反映した巨額投資による「豪華ホテル」であった。これらのホテルは地方にラグジャリーホテルを広げるきっかけとはなったが、その後の「バブル経済崩壊」と共に経営困難に直面し、リブランドなどを余儀なくされている

　そして、皮肉にもこの「バブル経済崩壊」が日本のホテルの「量」から「質」へと転換を促すきっかけとなったのである。

4）バブル経済の崩壊と外資家ホテルの台頭

　1990年代に入って「バブル経済」が崩壊するとホテル産業も大きな転換点を迎えた。土地の価格が下落するとともに「神話」や「土地本位制」とまで言われた土地信仰が落ち着きを見せるとともに、「量」ではなく「質」を追求する動きが高まった。

　それを象徴するのがホテル業界における「新・御三家」の登場である。「新・御三家」とは恵比寿のウエスティン、新宿のパークハイアット、目白のフォーシーズンズホテル椿山荘東京（現ホテル椿山荘東京）を指すが、「御三家」がいずれも国内資本であったのに対し、「新・御三家」はいずれも外資系、しかも経営システムは後者の場合、いずれも所有・経営・運営が分離したグローバルスタンダード方式であるところにその特徴を見ることができる。

　旧・御三家の場合、客室面積の平均が20㎡台後半から30㎡台であったのに対し、新御三家はいずれも50〜60㎡と広く、いずれも高層もしくは高台立地で眺望が良いこと、人的サービスが手厚いサービスが実践されていることなどが高評価の理由となっていた。これは、従来の日本のホテルが大規模化、効率化を追求するあまり手薄になっていた「隙」を突かれた形となっ

た。

　しかし、土地代のとりわけ高い東京にあってはそのような広い客室を実現したり、眺望の良い土地を入手することは不可能だったはずである。それが実現できたのは、まさにバブル経済崩壊の恩典であった。例えば、ウエスティン東京の場合、立地はビール工場の跡地であり、都心に広い土地を確保することが可能になった。パークハイアットの場合、ビルの所有者は東京ガスであり、もともとガスタンクとして使用していた土地が天然ガス転換によって用途廃止となり、跡地に高層ビルが建設されることとなった。しかし、新宿にあるとはいえ、駅からの距離は若干遠く、その立地の不利をカバーすることが必要となった。そこで高層ビルの高層階のみをホテルに利用することによってホテル利用者にとってはまさに摩天楼の風景が手に入ると同時に、ビルの所有者にとっては高層階のホテルが有名になることによってビル全体の価値が上がるという win-win 関係を構築することが可能になった。ホテルの運営のノウハウを持たない所有者とそれを持つホテル事業者がタッグを組むことによって国際水準のホテルが実現することになったのである。

　フォーシーズンズの場合はさらに興味深い。というのもこのホテルの所有者はホテル事業者である藤田観光であり、ホテルビジネスのプロ同士が組むことによって新たな可能性が開ける可能性を示唆したからである。

　藤田観光としては、事業者ではあっても超高級ホテルの運営実績は持っておらず、この点でのノウハウを必要としたという面のほかに、これらのチェーンホテルが有する顧客名簿を活用することによって継続的な集客が期待でき、ひいては安定的な経営を継続することが可能になるというメリットを期待することができた。

　バブル経済の崩壊に伴って不動産価格の低下もしくは低迷が長期化する中で、日本の不動産業的ホテル産業はようやくホテル経営を主軸とした真のホテル産業へと変化していったといえるのである。

　東京での「新・御三家」の形成をきっかけとして、その後、日本全国に国際ホテルチェーンの新設が相次いだ。その動きは都市部だけにとどまらず、

地方部へも波及した。それはいわゆる金融機関などの「不良債権処理」の動きとも呼応する形となった。不動産価格の右肩上がり構図が崩壊し、多くの不動産が不良債権化する中でそれを活用する方法としてホテルへの期待が高まったのである。例えば、ヒルトンは政府系機関が保有し運営していたことによって巨額の赤字を生んでいた施設を買収し、「ヒルトン小田原」として再生することに成功した。

　また「含み益」に依存するあまりに、不動産価格が急落する状況に直面しては、資産の処分に踏み切らざるを得なかった鉄道系のホテルが外資系のファンドなどに売却され、それらの企業から運営を受託する形をとって各地に外資系のホテルが誕生し、定着してゆくこととなった。

　日本を代表する観光地である京都に初めての外資系ホテルとして2006年に開業したハイアットリージェンシー京都はその草分けであり、地元企業が保有し経営していたホテルを外資系金融機関が買収し、改修の上、リブランディングを行い高級ホテルとして再生させることに成功した。

　2000年代に入ってからのこのような動きが活発化してゆくがそれに拍車をかけたのが2003年の観光立国政策とそれに続く、インバウンドブームという第四次観光革命の本格化であった。

5. 第四次観光革命と多様化するホテル産業

1）セグメンテーションの細分化

　第一次観光革命の主要地域は英国を中心としたヨーロッパであり、それが第二次観光革命ではヨーロッパに加え、米国が台頭してきた。第三次観光革命ではそれがさらに日本を含む先進工業国全体に広がってきたが、その動きはとどまることなくむしろ加速し、2010年代の第四次観光革命の時期を迎えるとその中心は経済成長著しいアジア全域へと拡がりをみせるに至った。

　この時期になると交通機関として伝統的な航空会社に比べて衝撃的な低運賃を提供する格安航空会社（LCC）が存在感を高めるようになった。また、インターネットやスマートフォンなどの普及に伴う情報化の進展によって、

海外旅行においても団体旅行から個人旅行へのシフトが進み、旅行需要自体が爆発的に増加するとともにニーズの多様化が進行することになった。これに対応する形で宿泊業も多様化の一途をたどることになるのである。

　グローバルチェーンでは利用目的や立地、価格帯による細かなセグメンテーションが行われるようになった。

　ハイアットを例にとれば、コアブランドとしてのハイアットリージェンシーがあり、個人の旅行客とミーティングをターゲットとするデラックスホテルをそのコンセプトとしている。これに対し、上位ブランドであるグランドハイアットはアッパーマーケットの個人客と会議・コンベンションをターゲットとしている。同じく上位ブランドではあるが、グランドハイアットとは対照的にパークハイアットは個人客を対象とした小規模ラグジュアリーシティホテルと位置付けられている。

　また、立地が郊外でリゾート地などの場合は、多様なレジャー施設を有するリゾートホテルとしてハイアットリゾーツ＆スパとなる。また、モールなどとのコンビネーションによる施設ではハイアットプレイスなどのブランドが展開されることになる。

　このようなブランドの細分化はヒルトンやマリオットなどのグローバルチェーンのいずれにも共通してみられる現象で、ホテル市場の拡大とマーケットの広がりを示すものであるといえよう。

　実際にヒルトン小田原などは、もともと政府系セクターの保養施設として建設されたものが経営困難から経営主体が変わり、ヒルトンへとリブランドされたものである。それが可能になったのは、ホテルブランドや立地が多様化したことにあり、日本においてもグローバルチェーンホテルの地方都市への展開・浸透がみられるようになってきているのである。

2）格安ホテルチェーンの出現

　第四次観光革命の出現は、1990 年代後半には 2010 年代にはアジアを中心として起こるであろうと予想され、ほぼその予想通りの展開をみせている。ただ、少し予想と異なったのは、アジア内で大量に発生する旅客を裁くため

に第三次革命の立役者となったジャンボ・ジェットをしのぐ超大型航空機が導入され、これが旅客予想の中核をになうものとされていたのに対し、実際には欧州や米国で 1990 年代以降に急速に発達した LCC の流れが、アジアにおいても発生し、これがアジア内での観光客輸送を担うようになった。LCC の登場によって旅行費用に占める交通費の割合が相対的に低下することによって、宿泊費の占める割合が高くなることになった。

　そうなるとグローバルチェーンが高級化への流れにより対応を高める中で、観光客の増加に伴ってより格安な価格でのホテルを求めるニーズも高まってきている。観光客の多い大都市でのホテル価格が高騰を続ける中で、低価格志向の強いバジェットトラベラーの数も急増しており、情報化の発達によって一般住宅を宿泊施設として貸し出す「民泊」へのニーズが高まってきた。

　その仲介を行う Airbnb のような企業も急成長し、このマーケットの底堅さを見せつける形となっている。ホテルとしてのこのマーケットの取り込みを目指して OYO ホテルのような低価格帯でのホテルサービスを提供するチェーンの成長も進んでいる。

　日本においては、古くから「ビジネスホテル」という名前で、このマーケットの開拓が進んでおり、その延長線上に日本のビジネスホテルがアジアの各国に進出するような動きもみられる。

　日本のビジネスホテルは、シングルルーム主体の少人数オペレーションによって、高稼働率と低価格を両立させるビジネスモデルであるが、観光客の主流が複数でのホテル利用であることを考えれば、日本型のビジネスモデルがどこまで通用するのかが問われる時代になってきているともいえよう。

　情報革命の進展はホテルというカテゴリーの深化をもたらしただけでなく、ホテルという業態内での競争から広い意味での不動産市場全体での競争へと転化しつつある。それが民泊の急速な展開であり、仲介を行う Airbnb のような企業の急成長にみることができる。

3）アジア系ホテルの台頭

　第四次観光革命がアジア地域を中心に展開されるに至った最大の背景はこの地域での経済的発展である。経済発展はホテル需要を激増させるとともにアジア発のホテルチェーンの台頭という現象をももたらしている。

　アジア地域には古くから主要都市にラグジャリーホテルがあり、その充実したサービスで知られていた。香港のペニンシュラホテルやバンコクのオリエンタルホテル、シンガポールのラッフルズホテルなどはその典型である。

　ペニンシュラやラッフルズはそれぞれの都市が植民地であった頃に建設されたものであり、その時代の雰囲気を色濃く残していることが大きな魅力となっている。オリエンタルの場合は、川沿いの優れた立地と共に一室当たり2名以上という従業員のよる手厚いサービスで定評があり、世界的に高い評価を受けている。

　これらの伝統的な都市ホテルに加え、1980年代以降はリージェントホテルのように日本を含むアジアの資本と欧米のホテルマネジメントを組み合わせた高級ホテルチェーンが誕生してきた。

　さらに、それまではどちらかといえば都市部に集中していた高級ホテルがリゾート地にも多く建設されるようになってきたのもこの時期からの特徴である。

　その代表がアマンリゾートであり、リゾート地にありながら観光地の喧騒から離れた隠れ家のような場所に立地し、優れた建物・施設に加え、手厚い人的サービスが加わることによって、世界的に高い評価を受けるホテルが登場した。それらのホテルに対する高評価によって、同じコンセプトを持ちながらも地域ごとの特色を生かした特徴的なホテルがアジア各地のリゾート地に展開されることによって、チェーン展開が図られるまでに成長している。

　また、1980年代以降の中国経済の急成長に伴い、中国の主要都市には、欧米系のホテルブランドのホテルに加え、たとえばシャングリラホテルのようなアジア系の高級ホテルが軒を並べるような状況が生じてきた。

　コロナ禍の影響によって、ここ数年は大きなダメージを受けた観光・宿泊産業ではあるが、中・長期的視点に立てば観光需要の長期的成長は確実視さ

れており、その意味からも今後はよりマーケットセグメントの細分化が進展するとともに市場の拡大も期待できる。

　観光が今世紀最大の産業となる中でその中核を担う宿泊セクターもまた、環境問題への意識の高まりなどの社会環境の変化に対応しつつ、より確実な成長が進んでおり、その将来展望と可能性は高まっているといえよう。

注

1)　カントリーリスクとは、投資する国や地域における政治、経済、社会情勢、自然環境の変化によって、当該国・地域に投資した資産の価値が変動すること。宿泊産業に関連しては、投資対象国の政治体制の変化によって、建設したホテルが没収となった例や、当該地域の地価高騰によって長期借地契約が一方的に破棄され、一時的撤退を余儀なくされたなどの例がある。

第3章

日本における宿泊ビジネスの
発展過程と産業構造の醸成

1. 奉仕・慈善から宿泊ビジネスへ

1）古代における旅と宿泊施設の起源

　日本における宿泊施設の起源は旅が始まった古代にまで遡り、宿泊ビジネスではなく国家の交通制度を維持するために人々の奉仕で運営されていたという特徴がある。

　7世紀後半、日本では律令制に基づく中央集権国家が形成されつつあり、その一環として、中央・地方間の官吏の通行、物資や情報の逓送を目的に駅伝制と呼ばれる交通制度が整備されていた。駅伝制では、中央と地方を結ぶ幹線道路として駅路が敷かれ、公用旅行者に人馬の継立を行う「駅家」が一定の間隔で設置された。駅家では宿泊も提供され、身分に応じて食事の提供や饗応もあったとされる。駅家の運営は駅務に服する義務を負った農民が担い、維持費は周辺で耕作された収穫物で賄われ、代わりに駅務に服した農民は庸や雑徭の義務が免除されていた（児玉他、1999、9頁）。

　また、古代には駅家を利用できない庶民を一時的に救護するために、慈善で運営される宿泊施設が存在していた。そもそも律令制では、戸籍に記載された土地を勝手に離れることは浮浪として禁止されていたため、庶民による私的な旅はみられなかった。一方、庸・調の京への運搬や、都や辺境の防衛任務といった税負担で、庶民が強制された旅は多くみられた。ただし、庶民の旅は徒歩での移動、野宿、食料は自弁という過酷なもので、傷病や飢餓による行旅死亡人が社会問題となっていた（児玉他、1999、3頁）。奈良時代に仏教の救済思想が普及すると、寺院や国府は旅人を一時的に救護するために

「布施屋」[1] や「悲田処」と呼ばれる貧困者収容施設を各地に設置した（大野、2020、27頁）。それらは、あくまで救護に重きが置かれていたが、それまで穢れであると排除されてきた旅人に宿泊を提供したことは、宿泊施設の普及ならびに宿泊業の発生に大きな影響を及ぼした。

2）中世における交通の発達と宿泊業の発祥

　古代の宿泊施設は奉仕・慈善として運営されていたが、中世には生業として運営される宿泊施設が出現する。中世とりわけ平安末期から鎌倉時代にかけては、陸上交通の再編成や海上交通の新展開によって交通手段が飛躍的に発展した。物資の集積地や交通路の要衝には「宿」と呼ばれる交通集落が形成され、宿の住人は宿泊施設を運営して生計を立てていた（新城、1995、216-217頁）。宿泊者に寝床と自炊するための湯のみを提供し、湯を沸かすための薪代として木賃（木銭）を収受するという形式で、こうした形式の宿泊施設は「木賃宿」と呼ばれるようになった。木賃は寄付や謝礼ではなく、最初に人々に受け入れられた宿泊提供の対価であり、室町末期に公定価格として定められたことで一般化した（大野、2020、28頁）。

　なお、古代律令制が崩壊すると駅家も衰亡の一途を辿ったが、国家の交通制度維持のために奉仕で運営される宿泊施設は、中世から近世にかけての交通制度の変遷とともに形を変えながら継承されていく。鎌倉幕府が成立すると、鎌倉と京都をはじめ遠隔地間の通信の迅速化や輸送の強化の必要から、既存の宿や必要な地点に「宿駅」が整備され、人馬を継立ながら物資を継送する宿継が制度化された。宿駅には公用旅行者のための宿泊施設も設置され、御家人の奉公または荘園への課役によって維持された（新城、1995、273頁）。宿駅制度はそのまま室町幕府が継承したが、国家権力の弱体化により宿駅の維持が困難であったため、公用旅行者のために民間営業の宿泊施設の認定制度を導入した。認定された宿泊施設では食事が有償で提供され、店先に看板代わりに馬槽が置かれていたことから、のちに転じて食事を提供する宿泊施設は「旅籠屋」と呼ばれるようになる（重松、1977、108-109頁）。そして、宿駅は戦国大名の領国制下での再編成を経て、江戸幕府によって「宿

場」として全国的規模で整備されていく。

3）近世における宿泊業の成立と普及

　宿場において参勤交代の諸大名をはじめ特権階級のための宿泊施設として設置されたのが「本陣」[2]であり、本陣の廃止をもって国家の交通制度維持のために奉仕で運営された宿泊施設は終焉を迎える。本陣には宿役人が人馬の継立を統括する問屋や名主など有力者の居宅が指定され、民家ながら武家屋敷の建築様式が許可されており、門構、玄関、書院造りの上段の間が設置されていた（深井、2000、65-66頁）。本陣にとって、大名の定宿として指定されることは名誉であったが、各式が高いだけに本陣の運営は厳しく、本陣当主の奉仕によって維持されていたと推察される。大名の食事は原則として家臣が御膳所で食事を用意する自身賄いであったが、政治的配慮から本陣当主が大名に対して送迎、饗応、献上をする場合もあった。こうした接遇に対して、大名は木賃形式で宿泊料を支払い、献上品に対応する金品を下賜することが慣例であったが、対価としては決して十分でなく、江戸中後期に大名の財政が窮乏すると下賜金も減り、倹約のため召し連れる家臣すなわち宿泊者が少なくなると本陣の運営は逼迫していく（深井、2000、68-69頁）。そして、江戸末期に参勤交代が緩和されると深刻な財政難に陥り、明治政府によって宿駅制度とともに本陣の名目も廃止された。

　他方、近世においては、旅籠屋が庶民の本格的な宿泊施設として機能し、生業あるいは家業として宿泊業が普及した。かつて庶民の宿泊施設はほとんどが木賃方式であったが、次第に宿泊者が宿泊施設から米を購入して自炊する木賃・米代形式、さらには宿泊施設が食事も提供する旅籠形式が普及した（丸山、1973、51頁）。旅籠屋は、江戸時代の生業としては、条件さえ整えば容易に開業できたため、江戸中期以降に庶民の旅が普及し交通量が増加すると、江戸後期にかけて旅籠屋も増加の一途を辿った。しかし、旅籠屋の経営は決して容易ではなく、需要の季節性により春夏は繁盛するが秋冬には衰退し、宿場内にとどまらず隣の宿場に出向いての客引きが行われるなど激しい競争が繰り広げられていた。一定規模の旅籠屋は生業としても安定し、家業

として代々継承されたが、一定規模に満たない旅籠屋では生活が厳しく、とりわけ零細な旅籠屋は廃業も多くみられた（深井、2000、176-178頁）。

2. 手段としての宿泊から目的としての宿泊へ

1）旅の質的変化と宿泊施設の充実

　近世には、庶民の自主的な旅が普及するとともに、庶民にとっての旅が「危険で辛いもの」から「安全で楽しいもの」へと質的に変化した。その背景には、農民を中心とする庶民が物心共に豊かになったこと、度重なる戦乱、山賊の横行、関所の濫設といった交通障害が江戸幕府の成立により克服されたこと、全国で統一的な交通整備が実施されたことがある。依然、庶民は原則として居住地を離れることが許されていなかったため、社寺参詣という名目で旅をしたが、実際は名所旧跡巡りや芝居見物など物見遊山としての性格を帯びるようになっていた[3]。こうした旅の質的変化をもたらした要因のひとつが宿泊施設の発達である。

　かつての旅では危険と隣り合わせの野宿をはじめ宿泊が憂慮されたが、旅籠屋の普及によって宿泊の安全が実現するとともに、滞在の快適性も向上していく。旅籠屋の構造はいずれも大同小異で、表間口の真ん中に入り口が設けられ、その左右どちらかに家族の住居の間と荷物などを置く大きな板の間が置かれ、客室は板の間の奥に数室から十数室の座敷が建具仕切りで配置されたものであった。間仕切りには襖や障子が用いられたため騒音や防犯上の問題があったが、夜具の他に行灯やたばこ盆も用意されていた。また、客室には階級があり、上等な客室は庭を望める奥座敷あるいは離れ座敷となっているため相客もなく静かで、プライバシーを確保することもできた（深井、2000、158-162頁）。

　また、かつて旅では食料を自己調達する必要があったが、旅籠屋では食事が提供されるため飢餓への憂慮や食料調達の不便が解消されるとともに、旅籠屋の食事が旅の楽しみにもなっていく。旅籠屋の料理は、飯、汁、香の物、野菜類の煮物、焼き魚か煮魚の一汁二菜、もしくは和え物などの小鉢を

加えた一汁三菜が標準的な献立であった。土地ごとの郷土料理が提供されることもあり、質量ともに庶民の日常食とは一味違っていたが、料理人ではなく妻女や下女が料理をしていたため限界があり、旅籠屋の料理は特別においしいものではなかったとされる。ただし、競争が激しい宿場では、旅籠代に階級を設け金額に応じた料理を提供する旅籠屋もあれば、初めから料理を売り物にする旅籠屋もあった（深井、2000、185-188 頁）。

　旅籠屋は旅の危険や苦難を解決するのみならず、快適な滞在や充実した食事によって付加価値の向上を図ったが、厳しい競争環境にあって多くの旅籠屋は「飯盛女」の設置に活路を求めた。飯盛女とは、遊女に代わり旅籠屋が抱えた黙認の私娼婦のことであり、宿泊客の給仕をしていた下女に売春を強要させたことに由来する。旅籠屋は、飯盛女を抱える「飯盛旅籠」と、飯盛女を抱えない「平旅籠」に分かれ、宿泊客が集中して繁盛した飯盛旅籠は増加し、経営の厳しい平旅籠は淘汰されていった。宿場が遊郭へと変わりつつあったが、宿財政の逼迫によって旅籠屋の上納金が宿財政の一部を担っていたため、江戸幕府は風俗の乱れを取り締まることもできず、遊女屋と同然の飯盛旅籠を見逃さざるを得ない状況にあった（宇佐美、2005、116-117 頁）。

　もっとも、宿泊の本来的な機能を求める旅人の要請に応じて、飯盛旅籠を是としない旅籠屋によって宿泊業の健全化が図られていく。飯盛旅籠が繁盛したという事実から、飯盛女の買春が宿泊の楽しみとなっていたと推察されるが、それは一部の旅人や宿場周辺の住民に限ったことであった。しかし、宿場によっては飯盛旅籠が圧倒的多数を占め、純粋な宿泊目的の旅人が飯盛旅籠に宿泊せざるを得ない状況が生じ、宿泊客が飯盛女を強要されるなどの問題も頻発するようになる。このような背景から、健全な宿泊を求める旅人の要請に応えようとする旅籠屋によって旅籠組合の「講」が結成され、旅人が安心して宿泊できる旅籠屋の認定制度が導入されていった[4]。講の定宿として認定されるには、健全な宿泊を提供する一定水準の品質を備えた平旅籠であることが条件で、飯盛旅籠はもとより平旅籠であっても買春を勧める場合や品質が一定水準を下回る場合は講から除外された。講の認定制度は旅人のみならず旅籠屋にも好評を博し、各地で講が組織されるようになった（深

井、2000、94-98 頁)。

2) 宿泊という手段の目的化

　近世における庶民の旅の質的変化に関して、旅籠屋は宿泊の安全を実現するとともに、時に旅の楽しみを付与したが、「湯治宿」はさらに旅の楽しみとして宿泊を確立、すなわち旅の手段であった宿泊を目的化した。

　湯治宿とは、温泉を利用して病気療養や保養をする湯治のための滞在施設であり、江戸中期以降に湯治が庶民に普及するにつれて発達していった。日本の温泉の歴史は古く、最古の文献とされる古事記や日本書紀、各地で編纂された風土記にも温泉の記述がある。社寺が温泉開発を行う事例が多くみられ、神職者や参詣者の身を浄める湯垢離や、行路病者の救済と治療のための施浴に温泉を利用した。中世には、貴族や武士の間で湯治が行われるようになり、戦国時代には各地の温泉地で傷病兵が治療・療養をしている。江戸時代には、全国各地で源泉の発見が相次ぎ、温泉が湧出すると共同浴場である外湯が整備され、その周辺に湯治宿が設置されていく。

　初期の湯治宿は長期滞在を前提とした木賃方式であり、湯治宿での宿泊はあくまで湯治という目的を達成するための手段であった。湯治は1週間7日を一巡りとする単位で、三巡りするのが一般的な利用形態であった。特権階級を対象とする湯治宿は、奥座敷の静閑な環境で、内湯が設けられており、食事も提供された。風光明媚な温泉地の場合、この景色の眺望を別邸や楼を設けて実現することが湯治宿の売り物となった。他方、庶民の湯治宿は、粗末な仕様で座敷のみが提供され、入浴には外湯を利用し、食料や薪を購入して自炊しなければならなかった。ただし、湯治客が増加するにつれて、高級な湯治宿では食事が提供されるようになり、内湯も設けられていった。

　江戸中期以降に庶民による社寺参詣を大義名分とした旅が盛んになると、旅の途中や帰りに温泉地で1泊する「一夜湯治」が登場し、湯治宿での宿泊が旅の目的になっていく。本来、東海道を往還する旅人は宿場以外で宿泊することを禁止されていたが、箱根湯本の湯治宿が一夜湯治と称して旅人を誘致したことに端を発する。箱根七湯で一夜湯治する旅人が増加するようにな

るが、これは東海道小田原宿にとって死活問題であり、同宿の旅籠屋は「間の村々に旅人を休泊させることは幕府道中奉行の達に反する」と小田原藩や幕府に訴えた。しかし、幕府の財政は困窮を極めていたため、湯治宿への課役を増やす代わりに、湯治宿への短期宿泊が公認されるようになる（児玉他、1999、153頁）。以後、江戸をはじめ都市近郊の繁華な温泉地の湯治宿では、芸人や遊女を引き連れた遊山目的の宿泊客が増加した。

3. 旅行の大衆化と旅館の繁栄

1）旅館の普及と旅館業の成立

　宿泊という手段を目的化した旅籠屋と湯治宿を源流に、近代に成立したのが日本の伝統的な宿泊施設の「旅館」である。江戸時代には旅籠屋、木賃宿、湯治宿などさまざまな宿泊施設が存在したが、明治政府は各府県に『宿屋取締規則（『宿屋営業取締規則』に改正）』の制定を命じ、それらを「宿屋」という名称で包括し、旅人宿、下宿、木賃宿に区分している。旅館の名称は一般化していなかったが、明治末期に旅館を屋号とする宿屋がみられ、大正時代に入って旅館の屋号化は全国的に広がった（木村、2010、24-25頁）。

　旅館が屋号として使用されるようになった背景として、規模拡大と質的向上による前近代的な旅籠屋からの脱却がある。江戸時代の旅籠屋では門構や玄関の設置など格式高い建築様式が許されていなかったが、明治時代の宿屋では建物の規模と設備については自由な裁量で建築することが許され、客室が襖から壁で仕切られるようになり、客室には床の間も設置されるなど、質的に高度な建物と設備の建築が可能となった。国民の階級構成が多層化しつつある社会構造のもと、競合との差別化を図るため高級な宿泊需要に対応しようと、宿屋の規模拡大と質的向上を図った先端的営業者が、古代の貴族や高官の旅宿を意味する漢語で、高級感のある旅館を屋号化したと推察されている（木村、2010、27頁）。

　昭和初期には旅館は全国的に普及し、旅館が業種・業態として確立されていく。日中戦争下の経済統制の一環として制定された『宿泊料金統制要綱』

では、宿屋が旅館、下宿、ホテルに区分されており、旅館という名称が日本の法規に初めて使用された（木村、2010、29-30頁）。その背景には、昭和戦前期で経済社会が最も安定的に推移していた1935年前後に、旅館が全国で4万8千施設まで増加していたことがある。そして、第二次世界大戦の終結後に『宿屋営業取締規則』が廃止され、替わって1948年に『旅館業法』が制定されると、旅館業は旅館営業、ホテル営業、簡易宿所営業、下宿営業を包括する業種に、旅館営業は「和式の構造及び設備を主とする施設を設け、宿泊料を受けて、人を宿泊させる営業で、簡易宿所営業及び下宿営業以外」の業態として規定された。

2）旅館と旅行会社との蜜月関係の興り

　昭和戦前期に旅館が普及した背景には、鉄道省の観光旅行客増強事業による観光旅行の大衆化がある。鉄道省は1925年度から増収対策として旅客の増大を目標に掲げ、本格的に観光旅行客の誘致宣伝活動を開始した。しかし、宣伝活動のみでは効果が現れなかったため、1930年から翌年にかけては、旅行観光客に対する団体割引制度、遊覧券割引制度、遊覧地回遊特別列車の運転などの集客対策を講じている（木村、2010、43頁）。他方、鉄道省は全国各地の温泉地を旅客誘致の新たな対象とし、内務省、ジャパン・ツーリスト・ビューロー、温泉医学者のほか、温泉組合と温泉旅館の各代表などと日本温泉協会を設立し、温泉地における旅館を改善するための調査や実地指導などを行った（木村、2010、44頁）。その結果、国鉄の団体観光旅行客輸送人員は、1925年には966万人であったのが1936年には1,747万人に達し、人口の25％に相当する人々が団体観光旅行に参加した。

　さらに、鉄道省の団体割引などの制度を実施したジャパン・ツーリスト・ビューローによって、旅行会社から旅館への送客体制が構築されていく。1925年にジャパン・ツーリスト・ビューローの創意で、乗車券、乗船券、旅館券を一冊にセットしたクーポン式遊覧券を発売した。出発駅から到着駅まで切符を買う面倒なく旅行でき、鉄道やその他の乗り物の割引を受けられるという特徴があり、1934年には全国230ヶ所のクーポン式遊覧券が販売

されている。ジャパン・ツーリスト・ビューローは、クーポン式遊覧券の対象区域にある全国の主要都市・主要観光地に「クーポン指定旅館」を設け、旅館券の利用者は茶代不要、均一料金で宿泊することができた（木村、2010、45 頁）。1932 年からは旅行者、旅館、鉄道省の要請に応じて指定旅館の単独旅館券を発売し、これを機にクーポン式遊覧券の対象区域の制限を撤廃しており、全国各地の指定旅館へ送客するようになる。

　他方、旅館は茶代を廃止して独自に旅館券の均一料金を設定するという新しい宿泊料金体系が導入し、経営改善に向けて「脱伝統化・合理化」を図った。詳細な時期は不明であるが、江戸時代の旅籠屋で占有の部屋を希望するなど宿泊客からのサービスの要求も生まれ、それに応じてくれた宿に対して、その費用と謝礼の意味で茶代[5]を渡すようになり、やがて一つの慣行として定着していったと推察されている（平出、2009、69 頁）。旅館においても、宿泊料は客室の規模や良し悪しに差異があっても一定で、宿泊客は自らの判断で評価し、宿泊料とは別に茶代を支払う慣習が全国的に行われていた（木村、2010、52 頁）。茶代は一定ではないため、宿泊客にとって宿泊料の支払いは戸惑いと厄介さ、さらには経済的階層が露呈してしまうことの不愉快を伴うものであり[6]、旅館にとっても宿泊料の収受が一定しないという問題があった。また、宿泊料に関しても、『宿屋営業取締規則』のもと宿屋の自由営業は認められておらず、同業組合による行政公認の料金カルテルが機能していた（木村、2010、72-76）。そこで、経営改善に向けて脱伝統化・合理化の必要性を認識していた旅館経営者らは、茶代を廃止し、正規の宿泊料を定めて、収入の安定を図るとともに、従業員に対する心付も宿泊料の何割か標準を定め、宿泊客と旅館の双方にとっても合理性のある宿泊料金体系を模索するようになる（木村、2010、52-53 頁）。ジャパン・ツーリスト・ビューローの旅館券と指定旅館の制度は、まさに脱伝統化・合理化を図ろうとする旅館に示された一つの解決策であり、これをきっかけに旅館と旅行会社の提携が始まっていく。

3）旅館経営の大規模化と旅行会社依存体質の形成

　第二次世界大戦の終結後、1950 年代からの平和と経済成長によって、団体旅行[7] を中心に観光旅行ブームが本格化した。戦後ほどなくして修学旅行が復活し、宗教団体による参拝旅行、農協や金融機関による積立旅行、婦人会旅行などが盛んになり、とりわけ高度経済成長期に一世を風靡したのが企業の社員旅行であった。完全週休二日制の導入以前においては、社員に対する福利厚生の一環としての社員旅行への要望は高く、土曜日の午後に出発し、夕方には目的地の旅館に到着し、宴会を行い翌日帰着するという 1 泊 2 日の旅行は多くの企業によって実施されることとなった（石﨑、2020、57 頁）。1960 年代には、高速道路網の整備、東海道新幹線の開通、航空路線・運行便数の拡充など交通インフラが急速に発達し、観光旅行需要が飛躍的に増大している。

　旺盛な観光旅行需要に期待して、温泉観光地をはじめ全国各地で旅館が相次いで開業するとともに、旅行会社による団体旅行形態での大量送客に対応するため、旅館の「大型化・近代化」が進んでいく。旅館の施設数は 1950 年には 39,019 施設であったが、1955 年には 54,285 施設、1960 年には 62,194 施設に達した。伝統的な日本旅館は木造の低層建築が主流であったが、新築や増改築によって鉄筋コンクリート造の中高層建築の大型旅館へと転換した。客室も 4 畳半程度の小部屋から、1 部屋当たりの定員を 4 ～ 5 名とする 8 ～ 10 畳の部屋へと大型化し、洋室や和洋折衷型の客室も導入される場合もあった。各部屋にバス・トイレを設けることにより快適性を確保するとともに、未だ家庭風呂が普及しておらず、トイレも汲み取り式が多かった当時において、近代的な生活スタイルを求める日本人のニーズに合致した「非日常性」を提供した（石﨑、2020、57 頁）。さらに、それまでの食事は上げ膳据え膳での部屋食であったが、団体客の宴会需要に対応するために宴会場が設けられ、寝室とダイニングの機能が分化されることによって旅館のホテル化ともいうべき状況が生じた（石﨑、2020、57 頁）。1949 年に制定された『国際観光ホテル整備法』では、一定基準以上の施設を備えた「政府登録旅館」は固定資産税の減免、日本開発銀行の国際観光融資枠および地方開発融資枠

における旅館の設備投資に対する融資斡旋などの優遇措置が適用され、旅館の大型化・近代化をいっそう促進した。

　このような流れの中で、旅行会社のビジネスモデルも受注生産方式から見込み生産方式へと転換し、旅館と旅行会社との関係が強まっていく。それまでの団体旅行ビジネスでは、団体旅行の主催者によって旅行先が決定された時点で、旅行会社が宿泊施設の予約手配を行う「発生手配型」が常識であったが、旅行会社が旅行市場の動向を予測した上で集客目標を設定し、それに見合う客室の事前仕入れを行い、企画旅行商品として諸団体に販売する「事前仕入れ型」へと変化した（岡本他、2009、92頁）。当時、団体旅行営業の競争が激化する状況にあって、旅行会社にとって大量の客室を安定的に供給してくれる友好的な旅館の存在は極めて重要であり、旅館にとっても団体送客は経営の安定に欠かせないものとなっていた（岡本他、2009、92-93頁）。とりわけ大手旅行会社各社と大型旅館の密接な関係は「協定旅館」という制度に現れており、これに対応した旅館には大きな利益をもたらされたが、旅行会社の存在を抜きにしては経営規模に見合うだけの宿泊客を獲得し続けることができないという依存現象を生み出すこととなった。

　そして、旅館の旅行会社への依存体質が形成されると、優位な立場にある旅行会社の発言力が強まり、旅館には団体客に対応するため「規格化・効率化」が強要されるようになる。それまでの旅館では客室ごとに仕様が異なっているのが当然であったが、均一料金を支払う団体客にとって品質の違いは不平等であったため、旅館には均一な客室の提供が求められた。さらに、それまでの旅館では地元の食材を用いた郷土料理が提供されていたが、とにかく「豪華」であることが重視され、立地にかかわらず海老・蟹・牛肉といった「赤モノ」の提供や、料理の「品数」を増やすことが求められるようになり、結果として全国一律で会席（懐石）料理が提供されるようになった。また、当時の団体旅行は全員が同時に到着し、短時間で入浴を済ませ、宴会、二次会、就寝、早朝に朝食を済ませ、全員が同時に出発という画一化された形式で、接遇も顧客のスケジュール管理のため効率化が重視された（大久保、2013、20頁）。こうした規格化・効率化によって旅館経営の合理化が図

られたが、旅館ごとの個性やローカル色が失われるという問題を生じさせた。

　さらに、一部の大型旅館では、飲食、物販[8]、娯楽などの付帯設備を充実させ、宿泊客の一切の消費を取り込む「囲い込み」も見受けられ、地域が衰退するという問題も生じさせた。通常、旅行者は目的地を決めてから予算に応じて宿泊先を絞り込むため、観光地ないしは温泉地のイメージの善し悪しが地域全体、さらには旅館の集客にも大きく影響する。温泉地のイメージを形成するのが温泉街であり、外湯を中心に旅館、飲食店、物販店、諸々の娯楽施設が軒を連ねる風景が、その地ならでは温泉情緒を醸し出していた。しかし、旅館の囲い込みによって温泉街から宿泊客の姿が消えると、店舗や施設は縮小あるいは閉鎖を余儀なくされ、生活の糧を失った人々が地域を去り、空き店舗や空き家が増加し、かつての活気や温泉情緒は失われた。

4. 転換期を迎える旅館経営

1）団体客から個人客対応へのシフト

　戦後、旺盛な観光旅行需要と旅行業界における大量送客体制の確立によって団体旅行は急成長を遂げたが、1970年代から1980年代にかけて旅行形態が団体旅行から「個人・グループ旅行」へと変化し、旅行ニーズも「個性化・多様化」していく。旅行経験が少なく、旅行に関するノウハウが乏しい人にとっては、団体旅行ほど便利で、安価で、効率的な旅行はなかったが、幾度かの団体旅行の経験を通じて、人々は旅行に関するノウハウを得るとともに、団体旅行を自由がきかず、窮屈な旅行と捉えるようになる（岡本、2009、93-94頁）。1970年に開催された日本万国博覧会と国鉄が万博終了後の需要喚起策として実施したディスカバー・ジャパン・キャンペーンは、団体旅行しか経験したことがなかった人々が個人・グループ旅行に目を向けるきっかけとなった。また、この頃に創刊された女性雑誌が旅行特集を掲載すると、中年男性に代わって若い女性が旅行の主役となり、乱開発された喧騒な温泉観光地の代わりに小京都をはじめ地方の閑静な観光地を訪れ、名所旧

跡を急いで巡り温泉旅館での宿泊・宴会に興じるのではなく、旅先で美食や温泉をゆっくりと楽しみながら癒されるのが、新たな旅行スタイルとして定着していった。

このような旅行形態や旅行ニーズの変化は、それまで団体客を重視し大型化・規格化・効率化を推し進めてきた旅館の経営に大きな転換を迫ることになる。団体旅行の全盛期に建設された大型旅館の客室は定員が 4 〜 5 名であったが、個人客の場合は 2 名しか入らないため、旅館の経営効率を示す定員稼働率（総収容人数に占める宿泊者数の割合）が大幅に低下した。また、宴会中心の短時間滞在、高単価消費の団体客とは異なり、個人客は旅館に癒しや寛ぎ、さらには旅館の個性が現れた特徴のあるサービスを求めており、部屋の広さよりも快適さが重視され、料理も豪華な会席（懐石）料理よりも食材の地産地消が意識されるようになった（石﨑、2020、58 頁）。旅館の経営効率は著しく悪化し、団体客に対応するための規格化されたサービスや効率化された接遇は、個人客のニーズに相反するものとなった。

しかし、団体客を重視し大型化・規格化・効率化を推し進めてきた旅館にとっては、個人客対応へのシフトは容易なものではなかった。本来、旅館は多額の設備投資が必要で、投下資本を長期にわたって回収する「装置産業」としての特徴がある。とりわけ大型旅館では新築・増改築に巨額の設備投資をしており、その多くは金融機関からの長期借入金によって賄われた。ちなみに、1974 年の消防法の一部改正では、消防用設備等の設置基準が強化され、一定規模以上の旅館でのスプリンクラーや消火栓など全ての消防用設備の設置義務が遡及適用されたため、それ以前に建てられた旅館には巨額の追加投資が発生している。そのため、大型旅館は返済負担のために再投資も図れず、急激な市場環境の変化に機敏に対応できなかったのである。

そして、1990 年代にはバブル経済の崩壊とともに、旅館は低価格路線へと舵を切ることになった。完全週休二日制の浸透や不況による企業の経費削減によって法人需要の団体旅行は減少の一途を辿る。中規模以上の旅館では、団体客の減少で生じた空室をいかに埋めるかが課題となり、旅行会社への販売や個人・グループ客向けの広告宣伝を強化した。しかし、食事や接遇

など旅館としてのサービスの高度化が十分に図られないまま空室補充を始めたため、デフレ経済下でもあって多くの旅館は低価格路線を採用せざるを得なかった（細谷、2003、20頁）。ただし、客数減少と宿泊料の低価格化によって利益水準が低く、サービスの簡素化や諸々の経費削減によるローコスト・オペレーションを目指すも限界があるため、設備の減価償却負担に耐えきれず赤字転落し、債務超過に陥る旅館が増加していった（細谷、2003、20-21頁）。

　他方、市場環境の変化をいち早く察知した旅館経営者は、多様化するニーズを的確に捉えて積極的に対応した。開放感や癒しへのニーズに対しては、非日常的なプライベート空間を重視し、温泉地の喧騒から離れた自然豊かで閑静な場所に、わずか数室から十数室の全室露天風呂付きの別邸、別棟、離れが開業された。美食へのニーズに対しては、料理の品数や豪華さよりも質や地産地消を重視し、そこでしか食べられない旬の食材を用いたこだわりの料理が提供された。食事の提供方法もニーズに応じて、料理の残臭や接客係の出入りが嫌厭される部屋食、他の宿泊客が居合わせる大広間食が廃止され、ある程度のプライベート感が確保された料亭や食事処で提供されるようになった。ちなみに、日本人のホテルでの宿泊経験の蓄積を背景に、1泊2食付という宿泊と食事の内訳が不透明な料金体系が見直され、部屋料金と食事料金を別建てとする「泊食分離」[9]が導入され始めている。このように、旅館経営ではターゲットを明確化し、ハードとソフトの両面でニーズに的確に対応し、宿泊客が支払う料金に見合った価値を提供することが不可欠となっており、これを徹底した旅館は高級路線へと大きく舵を切ることができた。

2）宿泊予約・販売のオンライン化への対応

　かつては旅行会社を優位、旅館や消費者を劣位とする「情報の非対称性」があり、消費者は旅館の予約手配を、旅館は集客を旅行会社に依存せざるを得なかったが、21世紀におけるインターネットに象徴される情報化の飛躍的な進展によってこの状況は一変する。情報化が進展する以前、個人にとっての通信手段は主に電話であったが、そのコストは現在の水準に比べて高

く、長距離電話料金も距離に比例していた。そのため、消費者は時間とコストをかけて旅館と直接取引するよりも、旅館に関する多くの情報を持つ旅行会社に手配を依頼する方が効率的かつ合理的であった。一方、旅館が全国に点在する顧客のすべてをフォローすることは困難であったため、顧客情報と全国に販売網を持つ旅行会社は有力な販売チャネルであった（石﨑、2020、63頁）。しかし、インターネットの普及によって情報の非対称性が解消し、旅館は国内のみならず海外の顧客もフォローできるようになり、さらには顧客との直接取引も可能となった。

　オンライン旅行会社いわゆる OTA（Online Travel Agent）の登場は、旅館の客室管理と価格決定に大きな影響を与えた。旅館と旅行会社の契約では、旅行会社によって年単位または半期単位で1日あたり一定数の客室が「ブロック」され、旅館がブロックされた客室を取り戻すことは容易ではなく、料金を変更することもできなかった（清水、2014、54頁）。さらに、「手仕舞日」を過ぎても販売できなかった客室は返品されるのが当然とされていたが、旅館が返品された客室を捌くことは困難であり、不良在庫となって旅館経営を大きく圧迫していた（石﨑、2020、63頁）。それに対して、OTA は客室の在庫と料金を旅館が管理するシステムを提供し、これにより旅館は合理的かつ柔軟に価格を決定し、効率的かつ効果的に客室を捌くことが可能となった。

　また、宿泊予約・販売のオンライン化は、旅館における宿泊商品の多様化を促進した。かつての旅館の宿泊商品は、団体客への対応で規格化されていたこともあり、客室や食事のグレード別のプランがわずかに存在するのみであり、その内容に関しても旅行会社あるいは旅館のパンフレットに数枚のイメージ写真とともにわずかな情報が掲載されるのみであった。しかし、情報化の進展によって、旅館が容易に情報発信できるようになると、旅館や宿泊プランに関する情報を充実させるとともに、さまざまな宿泊プランを提供するようになる。個人客の多様なニーズに対応するため、客室の種類やアメニティ、料理の内容や質、付帯サービスの有無やその内容などの要素を組み合わせることで、同一の旅館であっても 100 種類をはるかに上回る宿泊プラン

が提案され、販売価格にも大きな幅が生じることとなった（石﨑、2020、64頁）。

このように、情報化の進展によって旅館の「流通革命」とも呼べる状況が発生したが、情報化への対応に当たっては新たな課題に直面している。旅館が独自の判断で宿泊プランの企画と、その内容を反映した価格設定を行えるようになった一方で、消費者から価格に見合ったサービスの提供がより厳密に求められるようになった。また、宿泊予約・販売のオンライン化が一般化したことで、有り余るほどの宿泊商品の中から自社商品をいかに差別化し、消費者に認知させ、興味・関心を高め、欲求を購買行動へとつなげるようにアピールすることが重要となっている。

3）チェーン化による旅館再生への対応

1990年代までの旅館の多くはあまりチェーン化を志向することがなかったが、2000年代以降には旅館のチェーン化が目立つようになった。本来、旅館はオーナー企業の事業という色彩が強く、所有と運営を分離するという概念が存在せず、不動産（土地・建物）としての流動性が低く投資対象とならず、旅館はその土地の諸要素で支えられているため、チェーン展開する旅館が現れてこなかったと推察されている（吉岡、2003、14頁）。しかし、バブル経済崩壊後の不況と市場環境変化によって、廃業あるいは破綻に至った旅館を買収し、再生を目指す旅館チェーンが出現するようになった。

旅館チェーンの多くは異業種からの参入で、「格安旅館」という新たな路線を開拓することで急成長を遂げた。1泊2食付7,800円や9,800円など低廉な価格が特徴で、1年365日均一料金とすることで需要を平準化し、デフレ不況下であっても高い稼働率を維持した。大都市からの所要時間が2～3時間を目安とする立地にドミナント展開し、効率的な運行によって格安料金でバス送迎を行うことで利便性を高め、シニアや学生などの交通弱者の集客につなげている。買収に際しては、徹底的に安価での取得を目指し、改装も最小限に抑えて「居抜き出店」とすることで、早期に回収できるよう初期投資を低減している。また、客室案内や布団敷きを廃止し、朝夕食ともに食

べ放題のビュッフェ形式とするなど、仲居の接遇に象徴される旅館ならではのホスピタリティの要素を大幅に削ぎ落とし、サービスを簡素化することで「コストダウン」を図っている。ただし、滞在中の客室への従業員の出入りがなくなる、ビュッフェであれば老若男女が楽しめるなど、消費者の最低限のニーズに対応し、不満足要因とならない合理的なサービスとなっている。しかし、近年では、競合との差別化やニーズの高度化への対応で、ビュッフェを豪華食材でグレードアップしたプレミアムタイプ、地元の旬な食材を用いた会席タイプ、女性専用やペット同伴可といったコンセプトタイプなど多様な展開を図っている。

　他方、高級路線の旅館においても、ブランド付与と運営に特化するとともに、旅館に投資対象としての価値を付与することで、急速なチェーン展開が進んでいる。その代表的な企業である星野リゾートは、旅館・ホテルを所有することなく、所有会社と運営委託契約を締結して運営のみを請け負っている。フラットな組織文化の醸成による組織の活性化、自律した社員による現場でのコンセプトメイク、多様な業務を 1 人のスタッフが担当する「マルチタスク」といった独自の運営モデルで、顧客満足度と収益率の両立を目指している（山口、2018、166-171 頁）。星のや、界、リゾナーレ、OMO、BEBといった価格帯やコンセプトが異なる複数のサブブランドをそれぞれチェーン展開し、星野リゾートを「マスターブランド」として冠することで、ブランド力を補完して投資効率と集客効率を高めている。ちなみに、星野リゾートは非上場の運営会社であるが、2013 年に上場した星野リゾート・リート投資法人が、星野リゾートの運営する旅館・ホテルの多くを所有している。リート（REIT：Real Estate Investment Trust）とは、投資家から集めた資金で不動産などを購入し、その運用益を投資家に分配する不動産投資信託で、星野リゾート・リート投資法人は旅館・ホテルのリートに特化しているのが特徴である（山口、2018、170-171 頁）。これにより、旅館・ホテルの所有に係るコストとリスクは不特定多数の投資家が負担しつつも、星野リゾート・リート投資法人が所有する旅館・ホテルの運営は星野リゾートに委託されるため、星野リゾートは運営を通じて収益と「資産価値」を向上させるべき旅

館・ホテルを安定的に確保できるようになり、その後も急成長を遂げている。

5. ホテルビジネスの発展

1）日本の近代化とホテルの黎明

　日本におけるホテルの歴史は、幕末期から明治維新前後の欧米人による外国資本のホテルにその起源がみられる。黒船来航後、欧米諸国との条約締結によって貿易が開始されると、開港場となった横浜には外国人居留地が整備され、日本で初めてのホテルとして 1860 年にオランダ人のフフナーゲルが横浜ホテルを開業した。ただし、横浜ホテルはホテル営業よりも、ボウリングやビリヤードといった室内スポーツと洋酒類・タバコの販売を主体とした経営を行なっていたものと推察されている（木村、2006、50 頁）。

　日本の資本によるホテルの歴史は、1868 年に江戸で開業した築地ホテル館から始まった。欧米諸国との条約締結時に、幕府が江戸の開市に伴う外国人居留地の整備と外国人専用ホテルの設置を約束したことに端を発するが、崩壊寸前の幕府は建設を請け負った清水組（のちの清水建設）に資金調達から経営に至るまで全面的に委託している。ホテル館は日本初の本格的かつ大規模な洋式ホテルで、全体的な外観は洋風であったが、細部に日本建築の伝統技法が取り入れられた和洋折衷様式の建築物で、暖房付きの客室がツインルームとシングルルームを合わせて 100 室以上あり、パブリックスペースには広間、食堂、ビリヤード場などが併設されていた（村岡、1981、30-33 頁）。しかし、多額の建設費による借入金返済や輸入食材・備品等の調達費用の重圧、幕末の動乱にともなう江戸での宿泊需要の低迷によって、開業後まもなくホテル館の経営状態は悪化し、1871 年にホテル営業は廃止された。

　1870 年代には、東京、名古屋、大阪、京都の都市や、横浜、長崎、神戸などの外国人居留地でホテルが相次いで開業、一方で外国人が避暑や保養で訪れるようになった日光や箱根などのリゾート地でも、先見性とパイオニア精神のある創業者たちがリゾートホテルを開業した。その先駆けとなったの

が、日光東照宮の雅楽士であった金谷善一郎が、日光の保養地としての価値を認めていたヘボン博士（ヘボン式ローマ字の考案者）の進言と、欧米のホテル経営や欧米人の接遇方法などの指導のもと、1873 年に開業した金谷カテッジインである（村岡、1981、81-82 頁）。また、1878 年には山口仙之助が箱根で外国人専用の富士屋ホテルを開業しており、これらが日本におけるリゾートホテルの先駆けとして、ホテルの隆盛とリゾート地の発展をもたらした。

　このように、明治期には民間でホテルの興隆がみられる中で、政府による欧化・近代化推進政策の一環で 1890 年に創設されたのが帝国ホテルである。不平等条約の改正に向けて欧米諸国との交流や交渉が盛んになる中で、井上馨が外来賓客を接遇する政府の「迎賓館」としての性格を備えた日本を代表するホテルの創設を発案し、渋沢栄一の指導のもと財界有力者と宮内省の出資による会社組織で創設した（木村、2006、130-133 頁）。建物は、ルネサンス式洋風木骨煉瓦造の 3 階建で、客室数 60 室（うち 10 室はスイート）のほか、広間、食堂、喫煙室、新聞閲覧室、舞踏室、談話室、奏楽室などが完備され、賓客を接遇するのにふさわしい壮大な建物であった。（木村、2006、137 頁）。開業以降の帝国ホテルは、内外環境の激動に翻弄され、時には日本を代表するホテルとしての名声を国内外に轟かせ、時には経営危機的な局面に遭遇しながらも、長期趨勢としては拡大発展を遂げていく。

　明治期から昭和初期にかけて、外国人や日本人の一部上流階級のみが利用するホテルは大衆にとっては無縁の存在であったが、1938 年に阪急阪神東宝グループの創業者である小林一三が東京・新橋に創設した第一ホテルは、最新設備を備えた近代的なホテルでありながら、誰もが宿泊可能な料金設定という革新的なホテルであった。小林一三は、阪急百貨店での「大衆本位」に基づく良品大量廉価販売の成功と、世界最大規模のコンラッド・ヒルトン・ホテルの視察を通じて、大規模経営のもたらす経済的利益はホテル経営にも通用することを認識していた（木村、2006、337 頁）。宿泊料は、利用客層として想定された会社の部長・課長クラスの経済負担能力から逆算して、平均的な東京出張旅費で支払える国鉄 2 等寝台料金を基準とした。全館冷暖房完備をはじめ最新設備を施し、外観やパブリックスペースを豪華にする代

わり、客室は居心地と安眠の両目的の達成を限度に、付帯設備や什器・備品は簡素化し、面積を小さくして客室数を 626 室と多くすることで安価な料金設定が可能となった。「東洋最大のビジネスホテル」と銘打って開業した第一ホテルは、その実用性の高さと居住性の快適さ、そして宿泊料金の安さが支持され、初年度から黒字を出して株式配当を実現しており、ホテルがビジネスとしても成立し得ることを証明した。

2）高度経済成長とホテルブーム

　戦中の相次ぐ廃業や被災・焼失、戦後の占領軍による接収は、ホテルにとってまさに苦難の時代であったが、1960 年代に首都圏を中心に第 1 次ホテルブームが到来した。その背景には、日本の国際社会への復帰とジェット旅客機の就航によって外国人観光旅行者数が増加しつつある中、1964 年の東京オリンピックの開催を契機とする宿泊需要の大幅な増加への対応として、政府がホテルの新設を国家的課題として位置づけ、日本開発銀行がホテルの融資に優遇措置を適用したことがある。ホテルの施設数と総客室数は、1960 年（147 施設、11,272 室）から 1965 年（258 施設、24,169 室）にかけて倍増している。

　高級ホテルではホテルオークラとホテルニューオータニが開業し、帝国ホテルとともに迎賓館の役割を担ったことから、日本のホテル業界における「御三家」と呼ばれた。外資系ホテルでは東京ヒルトンホテルが開業、まさにアメリカ式ホテル経営の教科書といえる存在で、オペレーション効率の計数管理に基づく省力化の実践など日本のホテル経営にはみられない新しさを備え、のちに日本のホテル業界で活躍する多くの人材を輩出した（原他、1976、67 頁）。また、大手私鉄をはじめ異業種から新規参入が目立つようになり、東急グループの東急ホテル、西武グループのプリンスホテル、近鉄グループの近鉄ホテルなどが開業した。

　1970 年代には東京、大阪、名古屋の三大都市圏のみならず、札幌や福岡などの地方中枢都市でもホテルが開業し、第 2 次ホテルブームが到来した。交通インフラの急速な発達による観光旅行需要や出張需要の拡大を背景に、

1970 年の大阪万博、1972 年の札幌オリンピック、1975 年の沖縄海洋博など国際的な大規模イベントの開催が、ホテルの新規開業に拍車をかけた。ホテルの施設数と総客室数は、1970 年（454 施設、40,652 室）から 1980 年（2,039施設、178,074 室）にかけて 4 倍強に増加している。ホテルの大型化・高層化が進み、当時、世界一の超高層ホテルであった京王プラザホテルをはじめ、客室数が 1,000 室以上の規模のホテルが建設された。フルサービスホテルでは、本来のホテルの枠を超えて、国際会議や学術会議などの誘致・運営、イベントの企画・開催、ホテルウェディング、プライベートブランド商品の開発・販売など新たな事業展開が進められた。また、ビジネスホテルによるチェーン展開が本格化し、東急インやプリンスホテルの「所有直営方式」、三井アーバンホテルの「リース方式」、第一ホテルの「運営委託方式」、ホテルサンルートの「フランチャイズ方式」など、ホテルの経営形態は多様化していった。

3）バブル経済に翻弄されるホテル業界

　1980 年代後半のバブル期には、都市開発やリゾート開発が活発化し、全国各地でホテルが相次いで開業した。国土の狭い日本の地価は上昇し続けるという土地神話を背景に、金融機関が貸出金利の引き下げ、土地融資担保を拡大すると、大都市では都心やウォーターフロントを中心に再開発が活発化した。地方ではリゾート開発が「内需主導型」の経済構造への転換への必要性から大規模な国土開発政策の対象として位置づけられ、1987 年に総合保養地域整備法（通称、リゾート法）の施行によってリゾート開発が急増した。そして、好況下で法人による接待や宴会・パーティーでのホテル利用の増加、個人の日常的なホテル利用や国内旅行でのホテル利用の普及を背景に、都市開発やリゾート開発の中核施設として絢爛豪華なホテルが建設されるようになる。ただし、バブルで地価が高騰し続ける状況にあって、ホテルはまさに投機の対象とみなされ、インカムゲイン（ホテル営業による利益）ではなくキャピタルゲイン（ホテルの資産価値の上昇による利益）を目的に建設されたものが多くみられた。

　しかし、1990年代になってバブル経済が崩壊すると、ホテル経営は大きな転換期を迎えた。景気後退に伴う旅費交通費や交際費の削減で法人需要のみならず、先行き不安による買い控えで個人需要も減少し、宿泊・料飲・宴会の全部門で稼働率が低下した。本来、日本のホテルは面積に対する売上効率が高い料飲・宴会部門に依存していたため、法人需要や婚礼需要の低迷は大きな痛手となった。供給過剰の状況にあって、多くのホテルは稼働率を維持するために価格競争を余儀なくされたが、客単価の低下は売上不振に拍車をかけることとなり、バブル期の過剰投資による減価償却費、施設・設備の維持管理費、人件費などの固定費負担が経営を大きく圧迫した。しかし、不動産の資産価値・担保価値の低下を背景に、ホテルの親会社あるいはオーナー会社は、保有資産の圧縮と金融機関による不良債権処理への対処で不動産を流動化することを優先し、ホテルの運営に関する抜本的改革は後回しにされた。

　他方、こうした日本のホテル業界の混乱に乗じて、外資系高級ホテルが日本進出を本格化させた。東京や大阪はアジアの国際都市として魅力的なマーケットで、以前より進出の機会を窺っていた外資系高級ホテルにとって、バブル崩壊は日本進出の絶好の機会であった。そして、日本経済の再生を目的に都市再開発が推進され、そのシンボルとして外資系高級ホテルの誘致が行われると、外資系高級ホテルはMC方式によって投資リスクや経営リスクを負うことなく有利な条件で日本進出を果たした。その代表的なホテルが、フォーシーズンズホテル椿山荘東京、パークハイアット東京、ウェスティンホテル東京であり、デフレ経済下でありながらも御三家を上回る料金設定で、世界水準のラグジュアリーホテルとしての地位を確立し、日本のホテル業界における「新・御三家」と呼ばれるようになった。

　また、これまでのビジネスホテルチェーンに替わって、低価格の「宿泊特化型ホテル」が急成長を遂げた。既存のビジネスホテルは、法人の接待や宴会、個人の婚礼等の需要の増加を受けて、料飲、宴会、婚礼の機能を強化してシティホテルのマーケットに食い込んでいた。バブル期には収益構造も安定していたが、バブル崩壊後はシティホテルにおける価格破壊の煽りを受け

て、ビジネスホテルの経営効率も著しく低下していた。宿泊特化型ホテル
は、シングルルーム 1 泊朝食付きの料金が 5,000 〜 7,000 円程度のリーズナ
ブルな価格設定と駅前やオフィス街に近接したローケーションによる高い
稼働率の維持、付帯施設の省略や賃貸ならびに ICT の活用による徹底した
ローコストオペレーションが経営の根幹に据えた事業展開を特徴としてい
る。新興のホテルチェーンには、東横イン、ルートイン、スーパーホテル、
R&B があり、苦戦するビジネスホテルやシティホテルを尻目に全国に展開
した。

4）インバウンドによるホテル業界の活況

　21 世紀になると、インバウンド（訪日外国人旅行）市場の飛躍的な成長に
より、ホテル業界は活況を取り戻していく。日本では、2003 年の小泉首相
の「観光立国宣言」以降、観光が重要な国家的課題に位置づけられるよう
になり、国を挙げて観光振興が取り組まれる中で、訪日外国人旅行の促進
のための政策が相次いで実行に移された。そして、LCC の参入促進や査証
発給要件の緩和等の政策が功を奏し、2013 年には当面の目標であった訪日
外国人旅行者数 1,000 万人を達成し、その後もインバウンド市場は成長を続
け、2019 年には過去最多の訪日外国人旅行者数 3,188 万人、旅行消費額 4 兆
8,113 億円を記録した。外国人延べ宿泊者数は、2007 年には 2,265 万人泊で
あったものが、2019 年には 1 億 1,566 万人泊まで増加し、とりわけシティホ
テルでは延べ宿泊者数に占める外国人延べ宿泊者数の割合が高く、2013 年
には 20.4％であったが、2019 年には 37.1％ にまで上昇した。さらに、東京、
大阪、京都などの都市部を中心にホテルの客室稼働率が 80％ を超え、ホテ
ル不足が叫ばれるようになった。

　2000 年代後半にはインバウンド需要の増加を見据え、外資系ホテルの日
本進出が加速した。その背景には、都市再開発計画において、ディベロッ
パーが高層ビルの非業務面積の基準を満たすことができ、オフィスやテナン
トを誘致する際のブランドとなる外資系高級ホテルを積極的に誘致したこと
がある。その代表的なホテルがマンダリン オリエンタル東京、ザ・リッツ

カールトン東京、ザ・ペニンシュラ東京であり、日本のホテル業界における「新々・御三家」と呼ばれるようになった。ちなみに、これまで外資系ホテルのほとんどが運営委託方式による進出であったが、オーナーにリース方式での契約を求められるようになったことと、インバウンド需要の増加による高い水準での客室稼働率と客室平均単価への期待から、ある程度の投資リスクを負ってでも進出するケースが増加した。また、東京、大阪、京都のみならず、名古屋や福岡などの地方都市、北海道や沖縄をはじめ有名観光地への進出もみられるようになった。

　他方、旺盛なインバウンド需要や国内の景気回復に伴う出張需要の増加を受けて、宿泊特化型ホテルの開業も相次いでいるが、競争激化による差別化の必要やニーズの多様化・高度化への対応から業態分化が進み、付加価値型の「宿泊主体型ホテル」が多様な展開をみせている。宿泊特化型ホテルではビジネスマンをターゲットとしていたためシングルが中心であったが、宿泊主体型ホテルでは観光客の増加に対応してツインやダブルを中心とした客室構成となっており、睡眠のみならず滞在の快適性を追求した内装は機能性とデザイン性を兼ね備えたものとなっている。ロビーやラウンジなどパブリックスペースの拡充、宿泊者以外の集客も想定したレストランやカフェ・バーの配置、ウェルネス・リラクゼーション空間の創出など、付帯施設も絞り込まれた上で集中的に強化されている。土地の文化や時代の流行を反映したコンセプトとデザイン、パーソナライズされたサービスを特徴とし、革新的で個人的な体験を提供する宿泊主体型ホテルは、シティホテルともビジネスホテルとも異なる新しいカテゴリーの「ライフスタイルホテル」として注目されている。

注
1) 8世紀前半に高僧の行基が山城（大江布施屋、泉寺布施屋）、河内（樟葉布施屋、石原布施屋）、和泉（大鳥布施屋、野中布施屋）、摂津（毘陽布施屋、垂水布施屋、度布施屋）に設置したほか、東大寺が大和国十市に設置した。
2) 宿場には本陣の予備的施設として「脇本陣」も存在し、大名行列の人数が多く、本陣に収容しきれない場合や、宿場で藩同士が鉢合わせした場合に利用された。本陣は原則として一般客の宿泊は認められなかったが、脇本陣は大名・勅使などの利用がない

場合には平旅籠として一般旅行者にも宿泊が提供された。

3)　社寺参詣は僧侶を除けば、中世の皇族や貴族の熊野参詣に始まり、次第に武士へと普及したが、庶民による参詣は稀であった。近世には、民衆の経済的上昇、交通環境の好転、参詣の遊楽化、乞食参詣の横行、御師・宿坊の発達、講の発展を要因として、参詣は飛躍的な量的拡大を遂げるが、一方で本来の信仰的意義は薄れて参詣が遊楽化するという質的低下が生じたと指摘されている（新城、1982、655 頁）。

4)　1804 年に結成された浪花組（浪花講）は街道筋の優良な旅籠を講の定宿として認定し、賭博、遊女買い、酒宴、喧騒などをする旅客の止宿禁止の遵守を義務づけた。浪花組に加入した旅行者には浪花講定宿帳と旅行鑑札を渡し、一方、旅籠には浪花組の招牌を掲げさせ、それを目印に安心して休泊できるようにした。

5)　江戸時代には、茶代が現金以外の場合もあり、公家や文人らは揮毫した作品や、和歌や俳句を詠んだ短冊を茶代にしたとされている。

6)　犬丸徹三は『ホテルと共に七十年』において、「客は宿泊に際して、旅館の格、室の規模、造作、設備及び番頭女中の接遇振などを、ひそかに研究した結果、茶代の額を決定する必要があった。（中略）旅館における茶代制度は、甚だ非合理的な存在といわざるを得なかった」と記している（富田、2003、135 頁）。

7)　当時は現在と異なり、旅行に関わる情報が極めて乏しく、旅行への不安感や不案内の事情があるため、自ら積極的に旅行を企画することはなく、また、旅行は依然として「贅沢品」であったことから、旅行をするためには「大義名分」が必要であり、費用が割安になる団体旅行に傾斜していたとされる。

8)　本来、みやげは参詣者が神饌をその場にいなかった人々に持ち帰ったのが原初的な形態とされている。みやげ文化が普及したのは江戸時代で、当時は旅費が高額であったことから、庶民は講を結成して共同出資で代表者が順次参詣し、神札を板に貼った宮笥（みやげ）や旅先の地域にしかない品を持ち帰り、講で配布したことがきっかけとされている。こうした背景から、団体旅行が旺盛だった頃は、団体客が旅館の売店で家族や親戚、隣人、友人、職場などに大量にみやげを購入するのが定番で、地方の旅館では宿泊と並ぶほど物販は大きな収入源であったとされている。

9)　観光庁（2018）「宿泊施設の地域連携に関する調査」では、温泉街に立地する旅館・ホテル・民宿・ペンション・ゲストハウス等を対象とした泊食分離の実態を調査している。泊食分離を実施している割合は 32.0%、今後取り組みたい意向は 20.6% となっている。インバウンドに積極的に取り組んでいる宿泊施設では泊食分離を実施しているが 51.9% と導入割合が高くなっている。泊食分離を実施したことによる効果として「人手不足が解消した」が 28.2%、「コストが削減できた」が 25.1% と高く、「顧客満足度が向上した」が 21.6% と一定の効果を上げている。（観光庁）

第4章
宿泊政策と関係法令

1. 宿泊行政

　厚生労働省設置法第3条では、「厚生労働省は、国民生活の保障及び向上を図り、並びに経済の発展に寄与するため、社会福祉、社会保障及び公衆衛生の向上及び増進並びに労働条件その他の労働者の働く環境の整備及び職業の確保を図ることを任務とする」ものとしている。そして同第4条で、その任務を達成するため、厚生労働省は、「理容所、美容所、興行場、旅館、公衆浴場その他の多数の者の集合する場所及びクリーニング所の衛生に関すること」（27号）、「公衆衛生の向上及び増進並びに国民生活の安定の観点からの生活衛生関係営業の運営の適正化及び振興に関する法律（生衛法）第2条第1項各号に掲げる営業の発達、改善及び調整に関すること」（28号）についての事務をつかさどることとしている。なお、生衛法第2条では、同法が、適用する営業のひとつに、旅館業（5号）が掲げられている[1]。

　厚生労働省組織令は、第2条で11の局の設置を定めている。そのひとつに医薬・生活衛生局がある。同令第6条では、医薬・生活衛生局の所掌事務の中に、旅館等の多数の者の集合する場所の衛生に関すること（28号）、旅館業の営業の発達、改善及び調整に関すること（29号）を掲げている。なお、医薬・生活衛生局には、11の課が置かれ（同令第49条）、そのうち上記の事務は、生活衛生課において、所掌される（同令第58条の2・4号、5号）。

　一方、国土交通省設置法第4条第1項で、「国際観光の振興に資する施策に関する基本的な政策の企画及び立案並びに推進に関すること」（20号の2）、「観光地及び観光施設の改善その他の観光の振興に関すること」（21号）、「ホ

テル及び旅館の登録に関すること」(23号)を定める。なお、この事務をつかさどるのは、魅力ある観光地の形成、国際観光の振興その他の観光に関する事務を行うことを任務とする（同法43条）国土交通省の外局である観光庁である（同法44条）。

観光庁には、観光産業課が「ホテル及び旅館の登録に関すること」を所掌している（国土交通省組織令第224条の6第1項3号）。観光産業課は、観光地域振興部の所掌に属するものを除く観光産業を営む者の連携による観光の振興に関することも所掌している（同1号）。また、観光産業課には、宿泊業の活性化に関する企画、立案、調整、そして、ホテル及び旅館の登録に関する制度の企画、立案、調整をつかさどる宿泊業活性化調整官及び住宅宿泊事業及び住宅宿泊仲介業の企画、立案、指導をつかさどる民泊業務適正化指導官が置かれている（観光庁組織規則第3条第5項、第6項）。

国土交通省組織令においては、国際観光部において国際観光の振興に関する基本的な政策の企画及び立案、外国人観光旅客の来訪及び国際会議の誘致の促進をつかさどっている（同令第224条第1項1号、2号）。また、観光地域振興部においては、観光地及び観光施設の改善に関すること、観光の振興に寄与する人材の育成に関することをつかさどっている（同令第224条の21号、4号）。

上述の、観光地及び観光施設の改善、ホテル及び旅館の登録については、観光庁長官の指揮監督を受け地方運輸局が事務を分掌する（同法35条）[2]。これらの事務は、地方運輸局においては観光部でつかさどられる（地方運輸局組織規則第3条）。観光部においては、観光地及び観光施設の改善は観光地域振興課の所掌（同規則第27条1号）、ホテル及び旅館の登録は観光企画課の所掌（同規則第25条4号）となる。また、これらの所掌事務は、運輸支局において分掌される（同規則第122条11号、13号）。

このように、宿泊行政は、公衆衛生、生活衛生にかかわる観点からは厚生労働省が所掌し、観光の振興の観点からは国土交通省観光庁が所掌している。従来より、宿泊行政に関しては、公衆衛生の見地から厚生労働省が、防災の見地から総務省（消防庁）が、建築基準の観点から国土交通省（旧建設

省）が、外客誘致の観点から国土交通省（旧運輸省）が所管していることは関係省庁間で異論でない状態であった（寺前、2007、149 頁）。そして、後述する旅館業法は、厚生労働省が所管し、旅館業の営業の許可について規定しているため、旅館業を事業として所管する行政機関は、厚生労働省となる（寺前、2007、149 頁）[3]。

　地方自治体においても、例えば京都市では、保健福祉局医療衛生推進室医療衛生センターの中に旅館業審査の係、住宅宿泊事業審査の係、宿泊施設監視指導の係があり、産業観光局観光 MICE 推進室に宿泊環境整備課がある（京都市事務分掌規則第 1 条）。

　旅館業を含む生活衛生関係営業は、公衆衛生の見地から国民の日常生活に極めて深い関係のある営業であるため、公衆衛生の向上及び増進に資し、国民生活の安定に寄与することを目的とする生衛法が施行されている（第 1 条）。同法に基づき営業者の自主的な活動団体として、生活衛生同業組合（生衛組合）が、業種ごとに各都道府県に一つ組織され、設立された組合により、全国を通じて一つの生衛組合連合会を組織されている[4]。旅館業では、全国旅館ホテル生活衛生同業組合連合会及び各都道府県に旅館業の生活衛生同業組合がある。

　各都道府県には、都道府県内の生衛業の経営の健全化と衛生水準の向上、消費者利益の擁護等を目的として、生衛法に基づいて都道府県生活衛生営業指導センターが設立されている（同法第 57 条の 3 以下）[5]。また、都道府県生活衛生営業指導センター及び生活衛生同業組合連合会の健全な発達を図るとともに、衛生水準の維持向上及び利用者又は消費者の利益の擁護の見地から生活衛生関係営業全般の健全な発達を図ることを目的として、全国生活衛生営業指導センターが設立されている（同法第 57 条の 9 以下）[6]。

　生活衛生関係営業について、厚生労働省医薬・生活衛生局生活衛生・食品安全部生活衛生課が指導等を行う場合、都道府県の衛生主管部局（保健所）を通じて行う場合、（公財）全国生活衛生営業指導センターを通じて各都道府県生活衛生営業指導センターから行う場合、生活衛生同業組合連合会を通じて都道府県生活衛生同業組合から行う場合がある[7]。

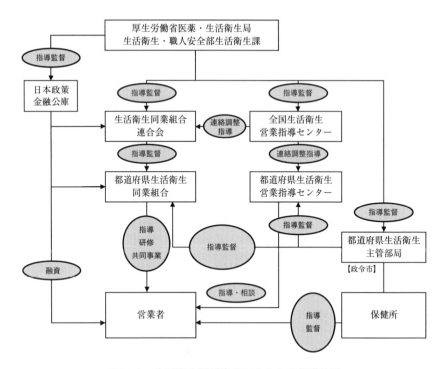

図4-1　生活衛生関係営業にかかわる指導体系

出典：全国生活衛生営業指導センター HP より作成

https://www.seiei.or.jp/db_organization/index.html（2021 年 7 月 17 日閲覧）

2. 旅館業法

1）概要

　宿泊にかかわる行政についての所管は、複数の省庁にわたっているが、旅館業の営業の許可について規定しているのは旅館業法である。旅館業法は、旅館業の健全な発達を目的とする業法（寺前、2007、149 頁）であり、宿泊事業についての一般法（寺前、2007、148 頁）である。

　旅館業法は、1948 年、戦前、警察命令に基づき各都道府県で実施していた旅館業に対する取締を、公衆衛生の見地からのみ取締を目的とする法律として規定された（深澤、1997、35 頁）。さらに、1957 年、公衆衛生の見地か

らのみではなく、風紀取締の見地からも規制する改正がされた。これは、翌年の売春防止法の全面施行に備えたもの（深澤、1997、35 頁）である。

　しかし、1996 年、健全で快適な余暇サービスなどを提供する産業として、豊かな生活の実現に寄与することが旅館業に要請されていることから、「公衆衛生の見地から必要な取締を行うとともに、併せて旅館業によって善良な風俗が害されることがないようにこれに必要な規制を加え、もってその経営を公共の福祉に適合させること」とされていた旅館業法の目的を、「旅館業の業務の適正な運営を確保すること等により、旅館業の健全な発達を図るとともに、利用者の需要の高度化及び多様化に対応したサービスの提供を促進し、もって公衆衛生及び国民生活の向上に寄与すること」に改正された（深澤、1997、35 頁）。

　そして、2018 年、第 9 章で論ずる住宅宿泊事業法と同じ日に、次項で述べる旅館業の営業種別を、ホテル営業及び旅館営業と別れていたものを旅館・ホテル営業へ統合して規制緩和を図るとともに、無許可営業者に対する都道府県知事等による報告徴収及び立入検査等の創設及び罰金の上限額の引上げ等の措置を講ずる[8]改正法が施行された。

　このように、旅館業法は、当初は、公衆衛生の観点、そして、善良の風俗の保持から規制してきた。その後、旅館業の発展の観点も加えられたが、基本的には、消極的な取締法規である。これは、所管する厚生労働省が、現行ではその任務に「経済の発展に寄与するため」（厚生労働省設置法第 3 条）の文言を含んではいるものの、以前の厚生省では、「社会福祉、社会保障及び公衆衛生の向上及び増進を図ることを任務」（旧厚生省設置法第 3 条）としていたためといえる。

2）旅館業の定義と種別

　旅館業法では、旅館業は、「旅館・ホテル営業」「簡易宿所営業」「下宿営業」の種別に分けている。「簡易宿所営業」とは、宿泊する場所を多数人で共用する構造及び設備を主とする施設を設けて、宿泊料を受けて、人を宿泊させる営業、「下宿営業」とは、施設を設け、一月以上の期間を単位とする

宿泊料を受けて、人を宿泊させる営業、「旅館・ホテル営業」とは、「簡易宿所営業」「下宿営業」以外で、施設を設け、宿泊料を受けて、人を宿泊させる営業、とされている（同法第2条）。人を宿泊させる営業であれば、都道府県知事（保健所を設置する市又は特別区は、市長又は区長）の許可を受けなければならない（同法第3条）。それぞれの営業の種別ごとに旅館業法施行令で、構造設備の基準が定められその要件を満たす必要がある。

　ここでは、旅館業に該当する「営業」とは、「社会性をもって継続反復されているもの」で、旅館業がアパート等の貸室業と違う点は、施設の管理・経営形態を総体的にみて、宿泊者のいる部屋を含め施設の衛生上の維持管理責任が営業者にあると社会通念上認められること、施設を利用する宿泊者がその宿泊する部屋に生活の本拠を有さないこと[9]で判断されている。

3）旅館業の許可

　旅館業を営もうとする者は、都道府県知事（保健所を設置する市又は特別区にあっては、市長又は区長）の許可を受けなければならない（旅館業法第3条）。なお、許可の申請があつた場合、施設の構造設備が政令で定める基準に適合しないと認めるときや当該施設の設置場所が公衆衛生上不適当であると認めるとき、又は、申請者が欠格事由に該当するときは許可を与えないことができる[10]（同条第2項）、としている。ここでの、施設の構造設備が政令で定める基準は、「旅館・ホテル営業」「簡易宿所営業」「下宿営業」の種別別に旅館業法施行令第1条で定められている。

　構造設備の基準についての「旅館・ホテル営業」と「簡易宿所営業」との大きな違いは、客室の床面積についての規定である。「旅館・ホテル営業」では、1客室の床面積が、7㎡（寝台を置く客室は9㎡）以上と定められているのに対し、「簡易宿所営業」では、1客室ごとの床面積の規定はなく、客室の延床面積が33㎡以上（宿泊者数が10人未満の場合は、宿泊者数×3.3㎡以上）であることを求めている。

　また、「旅館・ホテル営業」では玄関帳場その他確認を適切に行うための設備[11]を有することを求める規定があるが、「簡易宿所営業」にはない[12]。

表 4-1　旅館業に関する規制について

	旅館・ホテル営業	簡易宿所営業	下宿営業
概要	施設を設け、宿泊料を受けて、人を宿泊させる営業	宿泊する場所を多数人で共用する構造及び設備を主とする施設を設け、宿泊料を受けて、人を宿泊させる営業	施設を設け、一月以上の期間を単位とする宿泊料を受けて、人を宿泊させる営業
名簿	氏名、住所、職業等を記載した宿泊者名簿を備えること	同左	同左
客室数	規定なし	規定なし	規定なし
客室床面積	7㎡以上／室（寝台を置く場合は 9㎡以上／室）	延床面積 33㎡以上（宿泊定員が 10 人未満の場合定員×3.3㎡以上）階層式寝台を有する場合には、上段と下段の間隔は、おおむね一メートル以上	規定なし
玄関帳場	宿泊しようとする者との面接に適する玄関帳場その他これに類する設備を有すること。または、事故や緊急時に迅速な対応を可能とする設備を備え、宿泊者名簿の記載、鍵の受渡し及び宿泊者以外の出入りを確認できる設備を備えていること。	規定なし	同左
換気等	適当な換気、採光、照明、防湿及び排水の設備を有すること。	同左	同左
入浴設備	当該施設に近接して公衆浴場がある等入浴に支障をきたさないと認められる場合を除き、宿泊者の需要を満たすことができる適当な規模の入浴設備を有すること。	同左	同左
その他	都道府県（保健所を設置する市又は特別区にあっては、市又は特別区）が条例で定める構造設備の基準に適合すること。	同左	その他都道府県が条例で定める構造設備の基準に適合すること

出典：第 1 回「民泊サービス」のあり方に関する検討会　資料 4-1「旅館業に関する規制について（厚生労働省）」より改変　https://www.mhlw.go.jp/file/05-Shingikai- 11121000-Iyakush-okuhinkyoku-Soumuka/0000105312.pdf　（2021 年 8 月 25 日閲覧）

　そして、第 4 条では、施設について、換気、採光、照明、防湿及び清潔その他宿泊者の衛生に必要な措置を講じなければならない、としている。

4）宿泊の引受

　旅館業法第 5 条では、「宿泊しようとする者が伝染性の疾病にかかっていると明らかに認められるとき」「とばく、その他の違法行為又は風紀を乱す行為をする虞があると認められるとき」「宿泊施設に余裕がないときその他都道府県が条例で定める事由があるとき」以外は、宿泊の契約締結拒否がで

きない、と規定されている。戦前の宿屋営業取締規則にも、「正当ノ事由ナクシテ宿泊ノ求ヲ拒絶スベカラス」[13]とあるが、この規定の存在意義については、旅館業法制定時、議論されたようにみえない（廣岡、2017、85頁）。これについては、ホテル及び旅館が原則としてすべての旅客及びその荷物を受け入れねばならないのは、それらが一種の公共施設としての側面を有するからである（須永、1963、191頁）[14]、という見解がある。

　この契約締結拒否の制限については、これまでは、さほど意識されることはなく、宿泊施設は、好ましからざる客には、適当に理由を付けて宿泊を断っている実状が、垣間みられた（廣岡、2017、90頁）。しかし、差別と偏見を根拠とした契約締結の拒否については、これが問題視される。例えば、ハンセン病歴やエイズ患者、障害者、感染症流行地からの外国人客、同性でのダブルベッドの利用についてのなどによる契約締結の拒否の例があげられる。これらは、第5条による契約締結の拒否を問題視しているより、むしろ差別と偏見に基づいての契約締結拒否を問題視していると考えられ、この差別と偏見の抑止の根拠を旅館業法に求めていると考えられる（廣岡、2017、90-91頁）。

　ところで、2020年より生じた新型コロナウイルス感染症への対応においても、感染が疑われるという理由では、宿泊を拒んではならないことになる。しかし、「宿泊施設における 新型コロナウイルス対応ガイドライン」では、「事前の検温又は現地での検温を行い、発熱の有無の確認を行うよう努め」発熱や咳・咽頭痛、けん怠感など申し出があった場合は、同意を得た上で、「近隣の医療機関や受診・相談センターへ連絡し、その指示に従う」ことを留意点としてあげている[15]。そのうえで、指示・要請が正当であるにもかかわらず、宿泊客が従わなかった場合は、第5条第2号に該当すると考えられる[16]、として宿泊を拒む根拠を示している[17,18]。

　次に、第6条では、第1項で、旅館業者は、「宿泊者名簿を備え、これに宿泊者の氏名、住所、職業」その他の事項を記載し、都道府県知事の要求があつたときは、これを提出しなければならない」とし、第2項で、「宿泊者は、営業者から請求があつたときは、前項に規定する事項を告げなければな

らない」としている [19]。この規定は、感染症の発生や感染症患者が宿泊した場合、その感染経路を調査すること等を目的としているが、日本国内に住所を有しない外国人の身元を後日確認するためには、旅館業法の規定では不十分であるため、テロ発生に対する脅威への対応として、2005 年の旅館業法施行規則の改正で第 4 条の 2 第 3 項 1 号に「宿泊者が日本国内に住所を有しない外国人であるときは、その国籍及び旅券番号」を宿泊者名簿の記載事項に加えている [20]。この規定も宿屋営業取締規則に由来すると考えられ [21]、公衆衛生の必要性からのみならず、外国人はもとより宿泊者の住所等を記載させることは、治安維持の必要性からの要請であると考えられる。

3.　旅館業法以外の法制度

　本節では、旅館業法以外の宿泊事業のかかわる法制度について述べる。なお、住宅（戸建住宅、共同住宅等）の全部又は一部を活用して、宿泊サービスを提供 [22] する民泊等、「民泊サービス」のあり方に関する検討会の議論の対象となった住宅宿泊事業法に基づく住宅宿泊事業や簡易宿所営業等については、第 9 章「民泊の制度設計と宿泊業」で論じることとする。

1）旅館業法以外の規制

（1）建築基準法

　建築基準法では、旅館の定義はされていないが、ホテル、旅館の語は法文上表れている。この場合、通常の用法に準じて解釈すれば、旅館業法で規定する旅館業と概ね同視できるものと考えられる [23]。

　その上で、第 48 条及び用途地域等内の建築物の制限を規定する別表第 2 で、都市計画法で規定する用途地域のうち、第一種低層住居専用地域、第二種低層住居専用地域、第一種中高層住居専用地域、第二種中高層住居専用地域、工業地域、工業専用地域においては、原則としてホテル、旅館は建築してはならない、と定められている。

　なお、旅館は第 2 条 2 号で、特殊建築物とされている。ホテル、旅館を含

むこうした特殊建築物は、一部の小規模な建築物を除き、第27条で主要構造部に必要とされる性能に関して技術的基準に適合するものとしなければならない、とし、第35条で廊下、階段、出入口等の避難施設、消火栓、スプリンクラー、貯水槽そう等の消火設備、排煙設備、非常用の照明装置及び進入口、避難上・消火上必要な通路は、技術的基準に基づき、避難上・消火上支障がないようにしなければならない、とされている。

(2) 消防法

消防法においても、旅館を定義する規定はないが、消防法施行令の別表第1で「旅館、ホテル、宿泊所その他これらに類するもの」とする防火対象物の区分があり、同法第8条第1項及び同法施行令第1条の2第3項1号ロにより、これらが、収容人員が30人以上の場合は、防火管理者を定めなければならないとされている。また、同法第17条及び同令第6条、別表第1により別表第1に掲げられる防火対象物の関係者は、必要な消防用設備等を設置し、維持しなければならない、としている。消防法施行令では、「消火設備に関する基準」「警報設備に関する基準」「避難設備に関する基準」「消防用水に関する基準」等の款を定め具体的な基準を規定している。

(3) 食品衛生法

食品衛生法第55条では、公衆衛生に与える影響が著しい営業を営もうとする者は、都道府県知事の許可を受けなければならない、としている。飲食店営業は、同法施行令第35条で公衆衛生に与える影響が著しい営業とされる。同令第34条の2で、飲食店営業とは、「食品を調理し、又は設備を設けて客に飲食させる営業」とされているので、宿泊施設においても飲食を提供する場合は、食品衛生法に基づく許可が必要になる。営業の許可を受ける際には、食品衛生管理者を定め、必要な事項を記載した申請書を提出しなければならない（同法施行規則第67条）。

（4）温泉法

温泉法第 15 条では、温泉を浴用、飲用に供しようとする場合は、都道府県知事の許可を受けなければならない、としている。したがって、宿泊施設においても、浴場に温泉を利用する場合は、この許可が求められる。許可が得られれば、施設内の見やすい場所に、①温泉の成分、②禁忌症、③入浴又は飲用上の注意、④温泉に水を加えて公共の浴用に供する場合や温泉を加温して公共の浴用に供する場合はその旨及びその理由等の事項を掲示しなければならない（同法第 18 条、同法施行規則第 10 条）[24]。

（5）風俗営業等の規制及び業務の適正化等に関する法律（風営法）

旅館業法の許可とは別に、専ら異性を同伴する客の宿泊に供する施設を設ける宿泊施設は、風営法第 2 条第 6 項 4 号により、風俗営業に該当し、第 3 条により都道府県公安委員会の許可を受けなければならない。

これに該当する宿泊施設は、風俗営業等の規制及び業務の適正化等に関する法律施行令第 3 条で規定される。同条を要約すると該当する施設は、①食堂又はロビーの床面積が一定の広さに達しない施設、又は、②外部から見えるところに休憩料金の表示がある施設、又は、③施設の出入口等に目隠しなど外部から見えにくくするための設備が設けられている施設で、①振動又は回転するベッドや横臥がしている人の姿態を映すために設けられた鏡が取り付けてあるものなど客の性的好奇心に応ずるため設けられた設備、又は、②性的好奇心をそそる物品を提供する自動販売機の設備がある施設、あるいは、客との面接するフロント等で宿泊者名簿の記載、宿泊の料金の受渡し及び客室の鍵の授受を行うことなく、客の使用する自動車の車庫から宿泊する個室に接続する構造等となっている施設か、①フロント等にカーテン等の見通しを遮ることができる物がある施設、又は、②従業者と面接しないで個室に入ることができる施設で、客が従業者と面接しないで料金を支払うことができる設備のある施設となる。

なお、同法第 3 章では風俗営業者には、18 歳未満の者の立入禁止の表示（第 18 条）などの遵守事項が規定される。

2) 国際観光ホテル整備法

　国際観光ホテル整備法は、観光庁で所管される外客の宿泊施設の整備を図るための法律で、施設及び経営が一定の基準に適合するホテル、旅館に登録制度を設け、税制上の優遇措置を講ずるものである。1949 年に成立した時点では、外客に対応できるホテルは少なく、旅館も補助的に本法による規定を準用できることとされたが、外客誘致の対象は洋式であるホテルを利用する西洋人であるという認識から始まっている（寺前、2017、154 頁）。国際観光ホテル整備法では、第 2 条で、「ホテル」「旅館」の定義を定めるが、第 2 条で「旅館」が定義されたのは、1993 年施行の改正においてである。制定の時点では、外客の宿泊に適するような施設であってホテル以外のものを旅館とし、本法の規定を準用して旅館にも適用できるようにしている。

　1993 年施行の改正では、税制上の優遇措置を含め実施されている助成措置が後退し、単なる登録のための制度となりつつあり、法制度としての必要性への疑義が乗じかねない状況となっている（寺前、2017、155 頁）。もっとも、現行法でも地方税の不均一課税の適用がある（同法第 32 条）が、この実施は、各自治体の判断による [25]。

　登録されるホテルの基準は、一定の要件を備えた基準客室数が 15 室以上で、総客室の半数以上であること、外客の快適性及び利便性を確保するための基準に適合することなど（同法第 6 条、同法施行規則第 4 条）で、旅館の基準は、一定の要件を備えた基準客室数が 10 室以上で、総客室の 1/3 以上であること、・浴室又はシャワー室及び便所付の客室が 2 室以上であること、外客の快適性及び利便性を確保するための基準に適合することなど（同法第 18 条、同法施行規則第 17 条）である。

　登録ホテル・旅館は、所定の標識を掲示し（同法第 9 条）、外客接遇主任者を選任して、外客に接する従業員の指導、外客からの苦情の処理等の事務を行わせなければならない（同法第 10 条）。また、宿泊料金及び宿泊約款を定め、観光庁長官に届け出なければならない（同法第 11 条）。そして、施設やサービスが基準に適合するように維持しなければならない（同法第 12 条）。また、外客に接する従業員に対する研修計画を定め、従業員に必要な外国

語会話及び接客技術を習得させる教育を施さなければならない（同法第 13 条、同法施行規則第 13 条）。また、複数の外国語による案内標識、クレジットカードでの精算を可能とし、インターネット設備の整備をするなどの必要がある（同法第 13 条、同法施行規則第 14 条、第 14 条の 2）。

　なお、登録ホテル・旅館の登録は、観光庁長官の登録を受けた登録実施機関が行う（同法第 3 条、第 18 条、第 19 条以下）。ただし、登録を受けた者がいないときは、観光庁長官が行う（第 31 条）[26]。この登録については、国際観光ホテル整備法施行時には、運輸大臣の諮問機関であるホテル審議会の議決に基づいて行われていた。しかし、連合国総司令部のサゼスチョンにより 1951 年の改正で、ホテル審議会に関する規定は削除された（足羽、1993、21-22 頁）。1993 年施行の改正までは、登録業務は運輸省当局が直接行っていたが、1989 年 12 月の臨時行政改革推進審議会の意向により民間の指定登録機関で行うことになったものである（足羽、1994、164 頁）。

4.　宿泊契約

1）宿泊約款

　旅館業法では、旅館業者と宿泊者との契約内容については規定されない。一方、前節で述べた、国際観光ホテル整備法においては、登録ホテル、登録旅館は、宿泊料金及び宿泊約款を定めて、観光庁長官に届け出ることが規定されている。この料金又は宿泊約款が外客接遇上不適当であり、特に必要があると認めるときは、観光庁長官は、その変更を指示することができる、とし、これらの料金及び宿泊約款は公示しなければならない、としている（同法第 11 条、第 18 条）。しかし、国際観光ホテル整備法は、外客宿泊施設の整備を図るための法律であり（寺前、2017、154 頁）、この規定が適用されるのは、外客の宿泊に適するように造られた施設で、登録を受けたホテル、旅館に限られる。そのため、観光庁長官が変更を指示する場合も外客接遇の観点からとなっている。

　また、国際観光ホテル整備法施行規則では、約款の記載事項は規定されて

いない。もっとも、旧運輸省では、1964 年に宿泊約款例を作成し、約款の内容の適正化を図ってきたが、1985 年末に必要な見直しを行い、新たなモデル宿泊約款[27]を作成した（運輸白書、1988、52 頁）。2021 年 8 月現在の約款は、2011 年 9 月 1 日に最終改正されたものである。宿泊施設は、この約款に拘束されないし、国際観光ホテル整備法に基づく登録ホテル、登録旅館以外の宿泊施設には、約款を定める義務付けがなされているわけではないが、多くのホテル、旅館においてこれに準じた約款が用いられていると思われる[28]。

　モデル宿泊約款は、18 条からなる。第 1 条では、宿泊契約及びこれに関連する契約は、約款の定めるところによることを原則とする適用範囲を定めている。第 2 条から第 7 条は宿泊契約の締結と解除を定める。宿泊契約の流れは図のとおりである。旅館業法第 5 条契約締結の拒否の制限は、宿泊施設と宿泊客との関係ではモデル宿泊約款第 5 条の条項に反映されている。第 8 条では、宿泊客の登録事項を定める。これは旅館業法第 6 条の義務を宿泊施設が宿泊客との契約で要件とすることを示したものである。第 9 条から第 11 条は宿泊施設の利用に関して定めている。第 12 条は料金の支払いについて定め、第 13 条から第 18 条では責任について定められている。

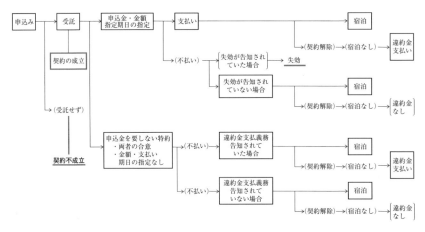

図 4-2　宿泊契約の流れ

出典：『平成 16 年版旅行業務マニュアル』96 頁より作成

2）宿泊契約の性質

　宿泊契約の性質について、西原は、場屋取引業の契約内容は、この種の営業に関する行政法規は多いが、私法的意義を有する特別法規は少ない、取引約款のない場合には、慣習が当事者の関係を支配するが、その内容はしばしば不明確で、これに関する法意識も低調な場合が多い、とした上で、宿泊契約の性質は、部室・寝具などの賃貸借、飲食物の売買、労務者のサービスの提供などを含む混合契約である（西原、1960、401-411頁）、としている。また、須永は、賃貸借契約の一種であることに疑問の余地はなさそうである、とした上で、一回的債権関係の典型というべき売買契約に関する諸規定の準用される余地が意外に広い、としている。しかし、現実にも取引慣行によって著しくその内容が規制されるのであるから、この特殊な契約類型の中に典型契約に関して合致するものが含まれていたら、その限りにおいてその規定を適用していく、というのが妥当、としている（須永、1963、206-207頁）。そして、宿泊契約においては、約款や利用規則に拘束されるため、附合契約としての性格を持っていることは明らかであるが、諸条件が個別的な交渉によって全く動かしえないわけではないため、宿泊契約の附合性は法律行為の一般原則を排除するほどの強いものではなく、むしろ普通契約と異ならぬほど、その附合契約性が稀薄である（須永、1963、196-197頁、幾代他、1969、423頁）、としている。モデル宿泊約款第1条では、適用範囲を定めているが、契約は、約款の定めるところによるもの第1項で規定しているものの、第2項では、「当ホテル（館）が、法令及び慣習に反しない範囲で特約に応じたときは、前項の規定にかかわらず、その特約が優先するものとします」としている。

　旅館業法は、基本的には行政法規で、ただ、いわゆる締約強制が行われ、営業者は、一定の場合を除いて宿泊の申込を拒絶できないとされる点に私法的意義も認めることができる（幾代他、1969、420頁）。須永は、旅館業法等を含めて、ホテル・旅館宿泊関係の私法的側面に関係のあるわが国の実施法規の中から、ホテル・旅館の標識となりうるものを拾い上げるなら、（1）要求があり、かつそれが可能である限り、全ての旅客を受け入れ、かつその

荷物の持ち込みを許容して、宿泊を提供する義務を負うこと（旅館業法第5条）、（2）客の持ち込み品の滅失毀損に対して、通常の責任原理によるより重い責任を負うこと（商法第596-598条）、（3）宿泊料等が支払われない場合に、客の持込品をその担保に供しうること（民法第317条）、をあげている（須永、1963、190-191頁）。そして、これら三つの標識について注意すべきことは、これらの標識が、この企業が一種の公共性を有すること、及び、利用者にとっても企業そのものにとっても特殊な危険を包蔵する企業であること、というホテル・旅館企業の特質の現れにほかならぬことである、としている（須永、1963、191頁）[29]。

注

1) ここでの旅館業は、旅館業法に規定する旅館業であるため宿泊業全般をさす。（詳細は3節参照）
2) これらは、地方運輸局の所掌事務であるが、管轄区域を兵庫県とする神戸運輸監理部（同令第215条）においては、地方運輸局の所掌事務から分掌されている。（地方運輸局組織規則第85条第1項5号、27号）
3) 国土交通省設置法での「ホテル及び旅館の登録に関すること」については、国際観光ホテル整備法の登録制度が対応する。
4) （公財）全国生活衛生営業指導センター（2014）『生衛法ポケットブック』（公財）全国生活衛生営業指導センター、2頁。
   https://zensyaren.net/seieihou-pocketbook.pdf（2021年7月17日閲覧）
5) 全国生活衛生営業指導センターHP
   https://www.seiei.or.jp/db_organization/6.html（2021年7月17日閲覧）
6) 同　https://www.seiei.or.jp/db_organization/4.html（2021年7月17日閲覧）
7) 同　http://www.seiei.or.jp/db_organization/1.html（2021年7月17日閲覧）
8) 厚生労働省ホームページ「旅館業法の一部を改正する法律の概要」
   https://www.mhlw.go.jp/file/06-Seisakujouhou-11130500-Shokuhinanzenbu/0000188497.pdf　（2021年8月9日閲覧）
9) 厚生労働省ホームページ「民泊サービスと旅館業法に関するQ＆A」
   https://www.mhlw.go.jp/stf/seisakunitsuite/bunya/0000111008.html
   https://www.mhlw.go.jp/content/11130500/000581103.pdf　（2021年7月25日閲覧）
10) 「許可を与えないことが<u>できる</u>」という表現からは、与えてもよい、とも読み取れる。しかし、最高裁判所は、宅地建物取引業の免許にかかわる事案で「知事等に監督処分権限が付与された趣旨・目的に照らし、その不行使が著しく不合理と認められるとき」は、違法となる趣旨の判決をしている（最高裁平成元年11月24日判決（昭和61年（オ）第1152号、損害賠償請求事件『最高裁判所民事判例集』43巻10号1169頁）。この事案は、法所定の免許基準に適合しない者に宅地建物取引業の免許が更新されていたところ、当該宅地建物取引業と取引をした者が損害を被ったため、監督処分の事務を処理する京都府に対し国家賠償法の基づく損害賠償が請求されたものであ

る。本件は、第1審では、知事における処分権限の不行使は、著しく合理性を欠き、違法なものであるとしたが、控訴審では著しく合理性を欠くものではないとされた。最高裁においても、多数意見は著しく合理性を欠くものではないとしたが、違法性を肯認する余地が十分に存するとする反対意見もあった。

11)　旅館業法施行規則第4条の3では、事故が発生したときなど緊急時における迅速な対応を可能とする設備を備えていることと、宿泊者名簿の正確な記載、宿泊者との間の客室の鍵の適切な受渡し及び宿泊者以外の出入りの状況の確認を可能とする設備を備えていることのいずれにも該当することを求めている。

12)　なお、簡易宿所営業においても、旅館業における衛生等管理要領　第2 簡易宿所営業の施設設備の基準では、「適当な規模の玄関、玄関帳場若しくはフロント又はこれに類する設備を設けることが望ましいこと」となっている。また、条例で玄関帳場等の設置を求める自治体もある。

13)　警察令第16号宿屋営業取締規則第18条（森居,1888,3)

14)　なお、三浦雅生は「民泊サービス」のあり方に関する検討会で、「民間営業であるにもかかわらず、契約締結義務が旅館業者に課されているのですね。あれは恐らくは、夜中におかしなやつがうろつくよりも、旅館に泊まりたいというやつは旅館のほうに収容してくれという趣旨があるだろうと思う」と述べている。（「2015年11月27日第1回「民泊サービス」のあり方に関する検討会議事録」）
http://www.mhlw.go.jp/stf/shingi2/0000111667.html（2021年8月12日閲覧))

15)　全国旅館ホテル生活衛生同業組合連合会・日本旅館協会・全日本シティホテル連盟(2020)「宿泊施設における新型コロナウイルス対応ガイドライン（第1版）」2頁。
https://www.ryokan.or.jp/top/news/download/298?file=1（2021年8月12日閲覧)

16)　令和3年2月12日生衛発観光庁観光産業課宛事務連絡「旅館等の宿泊施設における新型コロナウイルス感染症への対応について（改正)」

17)　旅館業法第5条第2号を根拠に宿泊を拒むことができると解釈するのは、「旅館業における衛生等管理要領」（「公衆浴場における衛生等管理要領等について」（平成12年12月15日生衛発1811号厚生省生活衛生局長通知）別添3）で「宿泊しようとする者がとばく、その他の違法行為又は風紀を乱す行為をする虞があると認められるとき」の具体的な例として、「他の宿泊者に著しい迷惑を及ぼす言動」又は「合理的な範囲を超える負担を求められたとき」と示しているため、指示・要請に従わないのはこれに該当すると考えるためである。

18)　厚生労働省が、2021年8月から開催されている旅館業法の見直しに係る検討会では、宿泊関係業界は、第5条について、契約締結拒否の制限の撤廃もしくは拒否できる要件の拡大する改正をもとめている。（「第2回　旅館業法の見直しに係る検討会」資料2－1、2、3、https://www.mhlw.go.jp/content/11130500/000826557.pdf、
https://www.mhlw.go.jp/content/11130500/000826558.pdf、
https://www.mhlw.go.jp/content/11130500/000826678.pdf（2021年10月1日閲覧))

19)　なお。「職業」の記載については、日本旅館協会、日本ホテル協会は、その廃止を求めている。（同「第2回 旅館業法の見直しに係る検討会」資料2－1、2)

20)　平成17年2月9日（健発第0209001号）各都道府県知事・各政令市市長・各特別区区長あて厚生労働省健康局長通知「旅館業法施行規則の一部を改正する省令の施行について」

21)　木村（2010,22）では、「宿屋取締規則は、本来営業取締とは関係のない、「集会条例」の補完的意図をもって制定されたのではという、疑いがある」、としたうえで、「宿屋

が犯罪者はもとより、反政府不平分子のアジトになりうる可能性があると疑いの目で見ていた証拠であり、彼らの行動を事前に察知し、束縛する手段として宿泊者の身元を調べさせ、即日届けることを罰則を持って強制、義務化した」としている。

22) 「民泊サービス」のあり方に関する検討会（2016）「「民泊サービス」のあり方に関する検討会最終報告書」1頁。https://www.mhlw.go.jp/file/05-Shingikai-11121000-Iyakushokuhinkyoku-Soumuka/0000128393.pdf（2021年8月18日閲覧）

23) 昭和39年9月19日付 住指発 第168号によれば、簡易宿所は建築基準法上は旅館として取り扱う、とされる。

24) 温泉法は、温泉の保護、温泉の採取等に伴う災害の防止、利用の適正を図ることを目的とする（第1条）もので、財物としての温泉の権利関係を規律する（杉山、2005、287頁）ものではない。

25) 観光庁HP https://www.mlit.go.jp/kankocho/shisaku/sangyou/hotel.html（2021年8月19日閲覧） 本HPから、「国際観光ホテル整備法に基づく登録ホテル・旅館への固定資産税軽減措置条例の実施市町村」の表にリンクする。

26) 日本観光協会（現・日本観光振興協会）は、「登録実施機関」であったが、2010年9月30日で終了したため、2021年8月現在は、観光庁が登録事務を行っている。（観光経済新聞HP 2010年8月28日 https://www.kankokeizai.

27) 国振第416号、昭和60年12月23日

28) 一般社団法人日本旅館協会のホームページでは、会員向けにモデル宿泊約款が、ダウンロードできるようになっている。http://www.ryokan.or.jp/top/member/（2021年8月23日閲覧）。また、温泉旅館協同組合の顧問弁護士の著作では「一般に旅館・ホテルは標準モデル宿泊約款を使用」と著している（本多、2012、3・45頁）。

29) 本節は、廣岡（2017、81-97頁）の第4章及び第6章1節を一部改変したものである。また、本章は、全般に同論文で得た知見をもとに記述している。

第5章

ホテル・旅館のマーケティング

　第2章で概観したように第四次観光革命の最中にある現代においては、ホテル産業はグローバル化し、巨大化している。その中にあってマーケットは細分化され、様々な目的、立地、規模、サービス内容によって最適なサービスが選択できるようになってきている。ただその一方であまりに細分化が進みすぎたためにかえってその違いを明確化することができず、結果として同一チェーン内によってもカニバリゼーション（共食い）が危惧されるような状況も生じるようになってきた。

　このような状況の下で、違いを明確にすることによって収益を確保するという点で経営上最も重要になってきているのがマーケティング戦略であり、その巧拙がホテルチェーンの帰趨を制するといっても過言でないといえよう。

　本章においては、マーケティングの基礎理論である4P①製品差別化、②価格差別化、③流通差別化、④宣伝・広告差別化の観点からその内容を見てゆくこととしたい。

1.　製品差別化

1）差別化による利益率への影響

　ホテル・旅館を含む宿泊産業は差別化しやすい分野であろうか。答えとしてはイエスでもあり、ノーでもあるという両面性をもっているといえよう。

　仮に差別化しやすいという立場に立つならば、例えば収益率で見た場合、同じサービス業である航空輸送産業の平均利益率が2.5％であるのに対し、

ホテル産業の場合は5%となっている。この差がどこから来ているのかを分析した場合、最も説得的だと思われるのは製品差別化の観点である。つまり宿泊産業のほうがより差別化しやすいがゆえに、高い利益率を生み出せるのだという論点である。では差別化しにくいとされる航空輸送のケースを見てみよう。

まず、ハード面で重要な意味を持つ機材である。航空機材を製造しているメーカーは大型機の場合、事実上世界で2社しかない。したがって、路線長に応じて使用する機材はほぼ同一である。次に使用する空港は各社によって共用されており、この面での差別化はできない。また、輸送サービスのコア部分としての所要時間や快適性は、例えば機内サービスの内容に若干の差は生じるがほぼ同一といえよう。つまり、航空輸送のおいての差別化は特にコアサービスに関する限り制約が多く、結果として極めて差別化が困難であるのが実情である。

また、費用面から見ても投資額の多くを占める機材はほぼ同一である上に、近年ではコストのかなりの部分を占める燃料費に関しても、給油する空港が同じであればほぼ価格は横並びであるとされているだけにこの面での差異も生じにくい。つまり、航空輸送産業とは製品差別化が困難な産業であり、輸送というサービスのコモディティ化が起こりやすい産業であると言えよう。このため、収益率が低く抑えられざるを得ないというのが実情である。

2) ホテルにおける立地による差別化

これに対してホテルの場合、差別化の場合まず重要なのが立地である。米国における近代的ホテルのコンセプトを確立したとされるスタットラーはホテル経営のポイントとして「ロケーション、ロケーション＆ロケーション」と述べ、「立地」の重要性を強調した。

確かに一度建設されれば変更のきかない立地は最重要のポイントであることは疑いえないが、その一方で同一年都市内であってもそれが駅前なのか、ビジネス街なのか、観光地にあるのかによって、価格や客層に違いを生み出

すことになる。さらにいえば、同じ駅前であってもそれが表口になるのか、裏口になるのかで大きな差を生じることになる。このようにホテルの場合は、立地という基本条件からして大きな差が生じる可能性がある。

　次に建物内部の客室についてであるが、これもかつてはいわゆる都市ホテルという中級以上のクラスに属するホテルの標準客室の面積は 30㎡程度が「標準」とされてきた。それが例えば東京の場合、1990 年代に入って外資系のホテルの新設が相次いだ際には 50 ～ 60㎡へと大幅に拡大されて。これに伴って客室料金も大きな差を生じることになった。

　また、設備面においても、有名メーカーの寝具を取り入れたり、客室面積の拡大に伴ってバスルームとシャワールームを分離するなどの改善が常に取り入れられており、基本的には新しければ新しいほど設備が充実し、この面での差別化も意識されている。ホテル間の競争は激しく、常に競争を意識し、これに勝つための差別化が実践されているのが現代のホテル産業である。そこで、次にどのような場面での競争が展開され、それがどのように競争力強化につなげられているのかをいくつかの例でみてみることにする。

3) ホテルにおけるデザインの重要性

　グローバルホテルチェーンの場合、その投資額と収益性を考えた場合、客室規模は少なくても数十室規模、通常は百室単位となることが多い。そうなると当然建物は鉄筋コンクリート造りとなるが、効率性のみを追求すれば建物は没個性的なものとなり、外見上の差別化を図ることが困難になる。さらに、近年では環境意識の高まりを反映して、ある都市に新しいホテルを建設する場合、特に歴史的な観光都市では景観に配慮した建築が必須となっている。

　日本においてこのような規制が最も厳しい都市のひとつが京都であり、そこでもホテル建設が相次いでいるが、ホテルの収益性の維持という前提条件の上で、他ホテルとの差別化、さらに周囲の景観との調和という困難な条件をいかにクリアするかで各ホテルが知恵を絞っている。

　その中で、最近特に注目を集めたのが東山地区の清水寺や高台寺にほど近

いエリアに建設されて話題を集めたのがパークハイアット京都である。

　このホテルは、老舗料亭の一部を改築し、既存の料亭と共存する形で新しく建設されたのであるが、京都でも最も規制の厳しい地区に建つ新設ホテルということでそのデザインや動向に注目が集まっていた。結果としては、周囲の景観と調和しつつ、さらに「和」のテイストと「洋」の要素を見事に調和させたデザインが生み出されることとなった。

　そのデザインを担当したのが台湾出身でハイアットの多くのデザインを手がけたトニー・チー（Tony Chi）であり、その高いデザイン性が各方面から高い評価を得ることになった。

　このホテルのデザインが成功した理由について同氏は、「単なる外見だけではなく、ホテルのコンセプトやサービス哲学をデザインに反映することができた結果だ」としている。外観のデザインにあたってはそれまであった料亭のイメージをそのまま生かす形をとったうえで、周囲の景観と調和するデザインを意識した。さらに内部にあっては人のぬくもりを伝えるデザインを心掛けた結果だとしている。

　例えば、ゲストの不在や清掃不要などを伝えるために、最新のホテルではドアの内側のボタンを押すと廊下側に電光表示されることが一般的になっているが、このホテルではあえてアナログなドアノブに直接掛ける形のリング状の表示板を採用している。その意図は、デジタル表示は客室内部のゲストの意思をストレートに伝えすぎて冷たい感じがするのに対して、アナログな表示札方式は廊下を通る別のゲストにも優しく意味が伝わるからだとしている。

　このように、ホテルに泊まるゲスト同士のコミュニケーションのあり方にまで配慮し、その伝え方、伝わり方に細部にまでこだわるのが現代のホテルにおけるデザインに求められているのだとしている。このような哲学をもったデザインを採用することによって、目に見えないものを形にして伝えるという高度な方法が追求されているのが現代のホテルデザインであり、ホテルの製品差別化の追求はこのレベルにまで及んでいるのである。同様の例は、同じハイアット系列のハイアットリージェンシー京都においても 2006 年の

開業当初からすでに見られた。

　第2章において述べたように、米国系のホテルチェーンの主たる顧客は世界をまたにかける米国人ビジネスマンであり、世界のどこにあっても本国同様のサービス内容を保証していると述べた。その線に沿って、例えばベッドのような備品も世界中で標準化がすすめられたが、サービス内容の平準化が実現できるというメリットの反面、別の弊害も表面化することになった。

　客室のデザインや仕様があまりにも似ているため、起床の際に、自分がどこにいるのか一瞬わからなくなるという声がゲストから出たのである。その声にこたえる形でこのホテルでは別途脇の壁に西陣織のタペストリーを貼付し、京都らしさを強調すると同時に今、京都にいるという事を瞬時に認識できるようにしたのである。このようにホテルでは標準化によって効率化を進めると同時に、地域色を出すことによってホテルを個性化するという差別化を同時に進行させているのである。

2.　価格差別化

1)「定価」から「変動価格」へ

　製品差別化と並んでマーケティング上重要なのが、価格差別化である。

　この点に関してホテル業界全般に影響を及ぼしているのがレベニューマネジメントと呼ばれる手法である。これは、過去のデータをもとに需要を予測し、需給に応じて価格をコントロールすることによって収益の最大化を図ろうとするものであり、サービス業のように在庫のきかない産業においてホテルや航空輸送の分野において取り入れられるようになった手法である。

　以前はホテルには「定価」が明示され、パンフレットなどに印刷されるのが通例であった。パンフレットが棚（ラック）に置かれていたことから、「ラック・レート」と呼ばれ、これを基準としていた。とはいえ、夏休みや年末・年始などの多客期やイベント開催時には特別料金を設定するなど需給を一定程度反映させる仕組みはあったが、原則としては基準となる「定価」が存在していた。それが現在では、データに基づく予想数値をもとに極端に

言えば毎日価格が変更される「変動相場制」となっている。これに基づいてレベニューマネジメントが行われているのである。

そのメリットは、ホテル側にとっては需給に応じて価格を調整し、一定期間を通じてみれば売り上げと利益の最大化を合理的に目指せるという事であり、消費者にとっては価格動向を見ながら、予約時期や日程や場所の調整をしやすい観光客はより安い値段で泊まれることになる。

ただそれは、ビジネス客にとっては、そのような調整がしづらく、結果としては割高な料金を負担しているといえる。それを緩和するために同様の問題を持つエアラインがマイレージシステムを導入しているように、ホテルにおいてもポイント制などが採用されるようになったのである。

2）ビジネスホテルにおける価格差別化の意味

ホテル業界において、価格差別化の観点を重視して、それを基本にホテルを建設することで和製英語である「ビジネスホテル」という日本独自のコンセプトを打ち立てたのが阪急グループの創始者である小林一三であり、そのコンセプトに基づいて東京に建設されたのが第一ホテルである。

小林はこのホテルの構想にあたって最も重視したのが価格であった。それまでのホテルは帝国ホテルに代表されるように外国人向けに建設され、優れた設備サービスを提供していたが、そのために料金が高く、一般のビジネスマンにとっては利用しづらいものであった。したがって、一般のビジネスマンは出張にあたって旅館を利用するのが通例であったが、この客層に取り込むことができればホテルビジネスも大きく飛躍させることができると考えたのであった。

そこで、まず打ち出したのが、旅館にはないハード面の優位性であった。例えばスタットラーホテルのように規格化された客室を大量に作ることによって当時珍しかった冷暖房設備などを充実させる一方で、客室は小さく簡素にすると同時に、ホテルでは当然とされていたルームサービスは廃止するなどの合理化に努めた。さらに合理化を徹底し、社長室は居住性のよいトップフロアではなく地下に配置するなどの施策を進めることによって、豪華で

はあるがリーズナブルな価格のホテルを新たに作り出したのであった。スタットラーとの違いは彼我の社会状況の違いを反映して、シングル主体の客室構成としたことであった。

　ここで注目すべきはその価格設定にあたってのベンチマークの対象である。通常であれば旅館をその対象とするべきところ、小林は鉄道の寝台料金を対象とした。彼の論理からすれば、当時のホテルが対象としたビジネスマンのホテルの代替物は寝台車であり、これと同等の価格を設定すれば宿泊するか寝台車を利用するかの選択となり、体への負担などを考えれば十分に対抗しうるとしたのである。

　このような経緯をへて日本で一般化したビジネスホテルは、1960年代以降に大手企業によるチェーン化が進んだ。そして、現在ではビジネスホテルの多様化が進む一方で、専業系のチェーンによる拡大も続いている。

　その代表が、東横インとアパホテルであるが、価格戦略から見ると両社では明確な違いが見て取れる。前者が固定的な価格体系を採用しているのに対し、後者はレベニューマネジメントシステムの全面的な導入を行っている。その違いがどこから来たのかを探ると宿泊産業の価格決定のメカニズムにまで行き着く。そしてそこに前者が短期間にチェーンを拡大できた理由が見て取れるのである。

　東横インの創業者である西田憲正は、もともとホテル業界の出身ではなく電気工事会社の経営者であり、いわばこの業界の「素人」だったのである。彼が一号店である川崎店を建設し、開業するにあたっての価格決定のプロセスが業界の「常識」に反したものであったという指摘が興味深い。開業にあたって、西田は過去の電気工事会社での経験をもとに原価計算を行った。土地代や建設費、設備費などを基に算定された価格は一泊4,500円というものであった。

　西田によればこれで計算上は十分採算が見込めるので、この価格でスタートしようとしたところ、同業者からの猛反発を受けたと回顧している。その話し合いの中で、同業者が主張したのが6,000円という価格であったという。西田としてはその価格の「根拠」を尋ねたところ、その地域の「相場」

だからと返答されたとしている。交渉の結果、5,500円という価格でスタートすることとなったが、西田は当初予定していた価格との差額分をサービス向上に回すこととし、ロビーに当時珍しかった無料のIP電話やパソコンの設置、のちには無料朝食の提供などが実現された。

　この出来事が象徴しているのは、宿泊価格が形成される根拠のあいまいさである。価格がマーケティング上の極めて重要なファクターでありながら、その根拠が必ずしも明確ではく、しかも変動幅が大きいということは今後この産業のさらなる発展を考えるうえで大きなカギとなろう。

　江戸時代に交渉によって価格が決まるのが当然とされた呉服業界にあって「現金・掛け値なし」をスローガンに掲げ、その後三越百貨店へと時代を越えて発達した定価販売の百貨店がブランドを確立したのち、今度は「価格破壊」を打ち出し「流通の暗黒大陸」と戦う事によってメーカーから価格主導権を奪い、急成長を実現したスーパーマーケットという業界が現れるなどの流通業界の消長をみれば、今後宿泊産業がその価格形成の合理化を目指すことは極めて重要であろう。

3.　流通差別化

　宿泊産業を取り巻く状況の中で、近年、最も大きな変化を遂げたのが、流通をめぐる変化である。その変化は情報技術、とりわけインターネットやスマホの急速な普及に伴って発生したものであり、より具体的には旅行会社経由の予約がOTA経由の予約へとその流れが変化したことにある。

　歴史をたどれば、戦前もしくは戦後の電話が普及していなかった時代には、予約は手紙などで行われるか、現地の駅前での客引きなどによる直接交渉が一般的であった。旅館などの宿泊施設の規模も小さく、交通機関の発達が十分ではなかったこの時代においては、宿泊日数も長いため、この方法でも充分であった。旅行会社を経由する場合でも、顧客の希望に応じてその都度手配する「手配旅行」が主流であったため、消費者と宿泊施設を媒介する「旅行代理」店として機能していたといえよう。

　それが、1950年代半ばから始まった高度経済成長により、旅行需要が急増する中で職場旅行（社員旅行）が福利厚生の一環として人気を博した。これによって、団体旅行へと重点がシフトし、大量の顧客を扱うためには発生手配では間に合わず、事前に客室の「仕入れ」を行うという形態が一般的になった。個人旅行についても、効率化のためにパッケージ化が進み、こちらの方も事前に仕入れた客室と交通機関の座席を組み合わせることが一般的となった。

　このような旅行の形態の変化に伴って、とりわけ大規模な団体を継続的に扱う大手旅行代理店の発言力が著しく高まることとなった。また、宿泊施設の側としては、大量の旅客を継続的に送客してくれる旅行会社に依存せざるを得ない構造が形成され、仲介機能をもつ旅行会社中心の流通構造が確立したのである。

　しかし、この構造は1990年代に入って大きく変化することとなった。まず、週休二日制の一般化や「バブル経済」の崩壊によって職場旅行の実施率は全盛期の1970年代には90%を超えていたものは10%を下回るまでに低下するとともに、団体旅行という形態そのものが個人旅行へと姿を変えてゆくこととなった。

　このような状況に加えて、1990年代後半から急速に普及したインターネットなどの情報化の進展により、消費者はより便利で簡単なネット予約へとシフトしてゆくこととなった。これによって、旅行会社を仲介者とした旅行や宿泊商品の流通は、宿泊施設と旅行者がネットを通じて直接つながる形態へと変化したのである。しかも、その変化によって、従来の旅行会社経由の流通の場合には、宿泊当日の1週間前程度に設定されていた「手仕舞日」以降の販売が困難であったのに対し、ネット予約の場合は稼働率維持のための長期事前割引の設定に加え、直前の予約にも対応できる機能が加わり、宿泊施設の自由度が高まることになった。さらに従来の流通方式では販売が困難とされていた「訳アリ客室（景観や音に問題があるなど）」の販売が可能になるなどのメリットも享受できるようになった。

　中でも最も重要なのは、従来の旅行会社優位の流通構造が形成される中

で、宿泊施設が旅行会社に支払う手数料が数回にわたって引き上げられ、当初の6％程度が15％にまで引き上げられ、重い負担となっていたのが、OTAの登場によってふたたび引き下げられる傾向にあったことである。

　情報化の進展とこれに伴うOTAの登場によって、旅行会社から主導権を取り戻したかに見えた宿泊産業であるが、最近では新たな問題に直面するようになってきた。

　その一つが、OTAによる手数料の引き上げ問題である。宿泊予約の主流が旅行会社経由からOTA経由へと変化し、主役が交代する中で、今度はその市場支配力を背景にOTAによる手数料引き上げの傾向がみられるようになった。この傾向が続けば、かつての旅行会社経由の場合と変わらないという事態も予想されるだけにこれを阻止したい宿泊施設側とOTA側の攻防が激しさを増しているのが現状である。

　さらに、今一つの課題が顧客のつなぎ止めという問題である。ネット予約が主流になったことで情報の更新頻度が向上したが、それは同時に価格変動の頻度も増加させることとなった。またネット予約特有の変更・取り消しのし易さが加わることによって、価格に敏感な消費者はより優位な条件が提示された場合、すかさず変更することを繰り返すことが一般的となっている。

　また、ネット経由の予約客は価格に敏感なため、施設のリピーターになりにくいという特性があり、長期的な顧客の獲得に一層の工夫が求められるようになってきている。

4.　宣伝・広告差別化

　流通面において情報化の影響が大きくなっているのと同様に、宣伝・広告の面においてもその変化の波は押し寄せている。

　流通面で旅行会社が主流を占めていた高度経済成長期までの時代においては、広告面でマスメディアの影響力は大きなものがあり、とりわけマス4媒体と呼ばれる、新聞、雑誌、テレビ、ラジオがその主流となっていた。ただ、これらの媒体の影響力は大きなものがある反面、その費用も大きく、そ

の費用を賄えるのは資金力をもった大企業優位なのが実情であった。このため、企業規模や広告費負担力で劣る宿泊産業独自では、少数の大企業を除いて十分な広告宣伝費を投じることは困難であった。

そこでいわゆるタイアップ広告の手法がとられ、大企業の多い交通機関や大手旅行会社と組んで大々的なディスティネーションキャンペーンを展開することで広告を行うのが一般化していた。かつてのディスカバー・ジャパン・キャンペーンはその始まりであり、その後の沖縄や北海道における航空会社とのタイアップキャンペーンなどにその典型を見ることができる。

それでは、大規模なタイアップキャンペーンは別として、宿泊施設が独自で広告をする場合にはどのような戦略が展開されるのであろうか。

まず、第一のポイントは広告か、広報かということである。広告と広報の違いは、前者が宣伝を目的として広告主が費用を払うことによって行う行為であり、後者は事業者が外部に向けて情報を発信するものである。企業は広告を出稿するにあたっては費用対効果を見極める必要があり、それぞれの媒体の特性に配慮し、その予算を配分してゆくことになる。

例えば、あるシティホテルがアッパーミドル以上の客層をターゲットとした広告を打つ場合、最も効果的とされるのが航空会社の機内誌への出稿である。航空便、とりわけ FSC（Full Service Carrier）[1] と呼ばれる航空会社の便の多くがビジネスマンであることに加え、高い旅行費用を支払う旅行者が利用する場合が多く、しかも機内といういわば拘束された時間・空間内で機内誌を手に取る機会が多いことから、広告がターゲットとする層に届きやすいという目論見がある。

これに対して、同じシティホテルであってもランチ客を取り込みたい場合には、その地域の主婦層などが主たるターゲットとなる。この層は航空機の利用者層とは重ならない場合が多いために、別の媒体を探す必要がある。シティホテルの担当者の経験によれば、このような場合最も効果的な広告の媒体は地域に配布される無料のコミュニティペーパーであるといわれている。それは、ターゲットとする主婦層が最も手に取りやすい媒体だからであり、ランチ客の多くはその地域在住者だからである。

　このように宣伝予算に制限のある中で、費用対効果を最大値にするために
メディアの選択が行われるのであるが、さらに費用をかけることなく宣伝効
果を高める手段の一つが広報の活用である。広報にはネガティブとポジティ
ブの両面がある。前者は企業内で不祥事などが生じた際に記者会見などを行
い、企業としての謝罪や説明を行うものである。後者は企業のイメージを向
上させるための企業情報の提供を行うものである。

　例えば、テレビ番組にロケーションの場所を提供したりすることもその一
環である。これによって、例えばその番組の人気が高くなれば、当該施設の
イメージも向上し、集客上の効果を期待することができる。実際の例とし
て、ホテルを舞台とした漫画原作のテレビドラマが制作され、これが人気化
したことによって、当該ホテルでの結婚式の希望者が増加したり、ホテルへ
の就職希望者が増加したということもある。

　また、より直接的には、近年、番組数が多くなってきている旅番組などに
登場し、施設紹介をしてもらうことによって、製作者の側は製作費を削減で
き、施設の側が宣伝効果を期待できるという win-win 関係を構築すること
も増えている。

　このようなタイアップ型の番組が増えてきた背景には、テレビなどのメ
ディア側の事情も大きく反映している。それが、ネット化の進展に伴うネッ
ト広告の伸長とその裏腹の関係にある従来のメディアを利用した広告の退潮
傾向である。

　ネットの一般化によって主たる広告の対象者であった若年層のテレビ離
れ、活字離れが進み、マス４媒体の影響力を大きく削ぐ傾向が顕著になって
いる。対照的にネット広告はネット利用者の急増とともにそのボリュームと
影響力を共に高めている。その背景には、ネットが単により新しいメディア
だからという理由だけでなく、従来のメディアを通じた「宣伝」では、広告
主が期待したターゲット層にどれだけ届き、どれだけ反応があったのかを知
る手段がテレビの視聴率のようなあいまいな指標しかなく、広告効果が測
定しにくかった。これに対して、ネット広告ではその反応を追跡すること
によって、どのような層にどのような深さで（例えばカタログの請求までなの

か、実際に商品の購入に結びついたのか）届いたのかを「検証」することが可能となった。

　企業側にとっては広告効果を「測定する」ことが初めて可能となったわけで、言い換えると「宣伝費」ではなく「販売促進費」と読み替えることまでできるようになったのである。

　実はここに、流通面で取り上げた OTA の台頭のもう一つの重要な要因を指摘することができる。それは、OTA を通じた宿泊予約は、単に施設と消費者を直接結びつけたという効果や、24 時間いつでもどこからでも予約できるという利便性、電話代などの通信費用の節約効果などのメリットに加えて、消費者の予約行動そのものが「データ」として蓄積され、それを情報として活用することによって将来の指針を示す経営情報として活用できるようになったという変化を指摘しておく必要がある。

　実際に OTA を通じた宿泊予約をした場合を考えてみよう。

　まず、宿泊場所を決めるにあたって、出張のビジネスマンの場合は最初から目的地は決められており、変動するとしてもその周辺地域でしかない、このデータをもとにこのビジネスマンの場合は出張の頻度や目的地を特定し、これに沿った情報提供を継続的に行うことによって顧客の囲い込みをすることが可能となる。

　一方、観光客の場合、例えば検索された場所が北海道と沖縄という離れた場所であってもそれがカップルや家族連れといった人員構成であればレジャーを目的とした旅行であることが推測され、季節ごとに新たな目的地の情報を提供することによって旅行への動機づけを行うことが可能である。あるいは年配の夫婦で検索先が熱海と鬼怒川であった場合、その目的が温泉旅行であることが読み取れる。その情報に宿泊曜日（平日か休日か）、予算を加味した情報を得ることができれば、曜日重視で予算が潤沢なのか、予算重視で曜日は変更可能なのかが判断でき、例えば予算重視であれば平日に割引料金を適用している旅館などの提案を行うことができる。

　次に、宿泊に際しての付帯条件として、洋室か和室か、食事は 2 食付きか、禁煙か喫煙かなどの条件検索の結果を見れば、その旅行者の趣味や嗜好

をかなりの確度で読み取ることができ、より好みに合った施設を次回以降に提案することが可能になる。

宿泊後には利用者に対してアンケート調査が行われることが多いが、その結果、利用者による施設の評価が行われることになる。これらのいわゆる「口コミ情報」はその施設の利用を検討しているほかの利用者にとってもっとも頼りになる情報として活用されるだけでなく、情報が多く集まれば集まるほど、その施設に対する客観的な評価情報となる。

OTAではこれを収集し、活用することによってさまざまなビジネス展開が可能になる。実際に行われているのは、これらの利用者の情報を分析することにより、その施設の強みや弱みを浮き彫りすることである。

これに基づいて、例えば施設のハード面では問題があっても料理の評価が高いような場合にはより料理に重点を置いた宣伝を施設に勧めることによって、料理を期待する客層にアピールし、結果として顧客を開拓することができる。

また仮に施設が古く館内に段差が多いなどのネガティブな情報が多い場合でも、それを隠すのではなく、明示をしたうえで「古いが趣がある」ことを強調したり、「訳アリ客室」として「施設が古い分、料金が割安になっている」など消費者の納得を得やすい形で価格設定することによって顧客を開拓することなどが可能になる。

OTAによっては、その動きをさらに進め、例えば料理評価は高いが風呂の評価が低いような施設に対しては、風呂の設備を改善することによってさらなる顧客の開拓を図るなどのコンサルティングを行い、施設改良の設計や施工に加わることでコンサルティング料や手数料を稼ぐことができる。

また、個別施設の情報だけではなく、地域全体のトレンドや客層ごとのトレンドをこれらの情報にもとづいて分析することで地域コンサルや観光コンサルの機能を持つOTAも見られるようになってきている。例えば、冬季のスキー客を分析することによって、スキー志向者とスノーボード志向者の割合を分析しゲレンデの割り振りを決めたり、温泉客を分析することによって施設はもちろん、温泉地という地域に何が求められているのかを分析し、街

づくりに活かすなどである。

　各地の観光協会などはこれらの情報をもとにさまざまな「ストーリー」を
つくり、情報発信に努めることによって地域全体の観光を振興する方向で努
力してきたが、最近ではさらにそれを上回る「ナラティブ」な情報発信が求
められるようになってきている。

　観光の場合、ツイッターやブログなどを通じた旅行者自身の情報発信が次
の旅行者を誘発するカギになっている。したがって旅行者自身の「感性」に
基づいた「語り」が行われ、それが情報発信となって、旅行者が経験した観
光地や宿泊施設での「感動」が伝えられることが最も効果的で有効な「観光
誘発剤」となっているのである。

　その意味において、情報化がもたらす大きな影響をさまざまな面から検証
し、有効に活用してゆくことが求められているといえよう。

5.　旅館のマーケティング

1）小規模木造時代の旅館マーケティング

　本章ではホテルを中心にマーケティングの展開ついて述べてきたが、日本
の場合、かつては「宿」とは旅館のことであった。

　例えば、江戸時代には伊勢神宮への「おかげまいり」が盛んであり、東海
道などはその恩恵を被って大変にぎわっていたとの記述もあるが、この時代
の旅館は「参拝」という目的のためにやむを得ず、宿泊するのであり、天候
や体力によって予定が立たない旅人にとっては日没時に到着した場所に宿を
求めるのが通常であり、そこにあまり選択の余地はなかったであろう。もち
ろん大名が利用する「本陣」から低価格の宿である「木賃宿」まで同じ宿場
町のなかでも価格帯によって大きな違いはあったが、店の前での客引き程度
の営業活動しかない状況では、あまりマーケティング活動が展開されていた
ようには見えない。

　ところが、この時代においてすら「おかげまいり」を組織化し、団体と
して引率する現在の旅行会社であり添乗員も兼ねる「御師（おし、あるいは、

おんし）」と呼ばれる存在があり、当然この御師と沿線の宿には一定の契約
関係があったことが推察される。つまり、御師を核とした流通戦略はすでに
この時代から始まっていたと考えられるのである。

　その後、箱根の旅館は街道を行き交う旅人に宿を提供するという機能のほ
かに、温泉場の湯治宿としての機能も兼ね備えることになった。箱根の宿が
発展するにしたがって、近隣の宿場町との競争も激しくなり、営業活動を活
発になってきた。それまでの当時は数日以上滞在するのが通例であったが、
集客のために「一夜湯治」とよばれる短期の宿泊客を受け入れることが行わ
れるようになってきたという記述もある。つまり競争のために一夜湯治とい
う新たな製品差別化が生まれたわけであり、競争からマーケティングの原点
が垣間見えるのである。

　ただ、明治期以降に旅行が徐々に浸透したものの、旅館の規模は依然とし
て木造であることから数室〜20室程度にとどまっていた。また予約も通信
手段の未発達から、手紙でのやり取りなどで行われるか鉄道駅での客引きと
いった散発的なものに過ぎなかった。

2）団体客向け大型旅館への転換とコモディティ化

　そのような事情が一変したのが第3章において述べられたような高度成長
期の旅館の規模拡大であった。団体客受け入れのために、建物が耐火の鉄筋
となり高層化も進んだ。これによって旅館においても百室以上の規模を備え
るものが珍しくなくなった。この時期の旅館は総客において発言力を持つ旅
行会社からの勧めに従い、大規模化と施設の充実を図った。そしてそれを資
金的に支えたのが旅館の立地する地域の金融機関であった。旅館と旅行会
社、金融機関が三位一体となって旅館の規模拡大を進めた結果、日本国中で
大規模な温泉旅館が林立する光景が一般的となった。

　この時期の差別化のポイントは大規模化であり、施設の充実であった。各
部屋バス・トイレ付となり、ロビーにはシャンデリアが輝き滝や小川などが
館内にみられるのが一般的となった。ハードに巨額の投資を行い、大規模化
し施設を充実させることこそ、「地域一番店」を目指すための早道であり、

各旅館はこぞって巨額投資を行い、これによって団体客の確保を目指すこととなった。

　ところが皮肉にも、これらの一連の取り組みはその後、経営永環境が激変する中で旅館の差別化に資するよりもむしろ旅館の均一化、コモディティ化をもたらすものとなった。

　団体客に合わせた「規格」は全国共通に近いものとなり、旅館ごとの違いは小さくなり、さらに地域ごとの個性までもが失われた。それは、館内消費を促すため、二次会会場やスナックコーナーなどが設けられたことによって客は館外の旅館街などに出かける機会が減り、地域の衰退を招き温泉街の情緒が失われることによって生じた結果であり、最終的に地域の魅力を減退させ、活力を失わせることとなった。

　そして、画一化された温泉地が集客力を失うとともに、バブル経済崩壊後の長期不況、団体旅行から個人旅行へのシフトなどが重なって、これらの団体大型旅館にも経営的な「危機」が訪れたのである。団体客は個人客に比べて表面上の宿泊単価は下がるものの一部屋当たりでは個人客の1〜3名に対して4〜5名の高密度な稼働が見込めるうえに、宴会や二次会、さらには土産物などの売り上げが加わることにより一人当たりの高い消費単価が見込める団体客を失った旅館は経営不振に陥った。

　製品差別化の第一歩である建物や設備は団体客受け入れの効率化を重視した結果、規格化された客室ばかりが増え、顧客へのアピール力を失った。その結果、価格競争が激化したが、大型化した旅館を維持するために無理な価格競争が横行し、旅館の経営体力をさらに奪うことになった。

　また、流通面でのカギを握っていた旅行会社から主導権を取り戻すこともできず、宿泊料金のみに課されていた手数料が宴会その他の付帯収入にまで賦課されるまでになり、旅館の経営をさらに圧迫することとなった。

　宣伝面では、かつての団体客優位時代の高収益を背景としたテレビCMなどのマスメディアを利用した宣伝はコスト面から厳しくなった上に、最近の消費者はインターネットの口コミサイトに最も敏感になっているという変化の中では、大型で豪華というのは差別化のポイントではなく、むしろ小規

模で料理やサービス、建物などに個性のある旅館が高評価を得るようにな
り、この面でも時代の逆風にさらされることとなったのである。

3）大規模旅館の「破綻」と「再生」

　第7章で述べるように、これらの旅館が軒を並べていた片山津のような旅
館の多くで経営者の交代や旅館の廃業が相次いだ。そして、それらのいくつ
かを「再生」させたのが旅館経営に新たなコンセプトを持ち込んだ湯快リ
ゾートや大江戸温泉物語などの新興勢力であった。

　これらの新興勢力は経営不振に陥った旅館を安値で買収し、必要な改装を
行った上で低価格を前面に打ち出し、デフレ時代にあった新たな温泉旅行の
形を提供することに成功した。

　大規模であることによって生じる規模の経済を最大限に活用するととも
に、不要なサービスは大胆に切り詰め、人手のかかる呈茶や布団敷きなどの
サービスは省略し、食事はバイキング形式で提供することによって、コスト
削減と顧客満足の両立を図るなどしている。

　その一方で、一般的には午前10時としているチェックアウトタイムを12
時まで延長したり、一定時間帯までのカラオケルームの無料提供や漫画コー
ナーの設置など、人手をかけないサービスを付加することで、低料金で温泉
旅館に長時間滞在するという新たなマーケットを開拓したといえよう。

　つまり、これら低価格旅館の成功も、徹底したコストパフォーマンス重
視、つまり価格戦略を中核としたマーケティング戦略を展開したことによっ
て新たな旅館サービスが生み出されたといえるのである。

4）個性化時代の旅館マーケティング

　ホテルの軒数が増加傾向にある中で、旅館の軒数は減少を続けている。つ
まり、旅館という業態全体を見た場合には衰退傾向にある中で、特徴のある
旅館はたとえ高料金であっても顧客からの支持を受け、堅調な経営をつづけ
ている。

　例えば、石川県山中温泉の「かよう亭」は周辺の旅館が大規模化を追求す

る中で、50室近くあった客室を10室程度にまで絞ることで高級旅館路線に
転換し、かつての旅館そのままのゆったりとした純和風の建物や地産地消の
料理、手厚いサービス体制でブランドを確立することに成功している。

　星野リゾートは、経営に行き詰まった地方旅館の多くを「再生」させるこ
とに成功しているが、その成功要因はマルチタスクに代表される合理的な経
営の推進にあるとともに、その旅館の個性やその地域の特性を最大限引き出
すことで差別化に成功し、全国的展開をすすめている。

　山中温泉の隣にある山代温泉でも「界・加賀」という名称でこの地の老舗
旅館であった「白銀屋」の経営再建に成功した。再建にあたってのポイント
は加賀という地域を全面に押し出し、調度を整え、雰囲気作りに成功したこ
とにある。これに加えて、地元との共存、さらに地元との交流のための旅館
の前にある地域の共同浴場「総湯」を宿泊者に限り、自由に利用することが
できるようにしたことで、この旅館への宿泊客が増えることが地域経済に直
接貢献できる体制を整えている。

　山代温泉にある旅館の多くが大型化、団体客受け入れを積極的に進めた結
果、「界・加賀」の反対側にはかつてこの地での代表的大型旅館で、現在は
大江戸温泉物語傘下となった「山下家」がある。

　同じ地域にある旅館の変遷と現在の姿を見るとき、時代にあったマーケ
ティング戦略を展開してゆくことがいかに重要であるかが再認識されるので
ある。

注
1)　FSCとは、フルサービスキャリア（Full Service Carrier）の略で、格安航空会社
　　（Low Cost Carrier）が登場したことによって、これらと区別するために従来型の航
　　空会社がそう呼ばれることとなった。レガシーキャリアとも呼ばれることがある。
　　LCCとの違いとしては、ファーストクラスやビジネスクラスなど複数の座席等級制
　　を採用し、機内食や飲料などのサービスも通常は運賃に含まれるほか、欠航時には代
　　替便への移行や払い戻しなども受けられるため、運賃は相対的に高額となっている。
　　　路線網に関しては、LCCが通常直行型の往復パターンをとるのに対し、基幹空港
　　を核とした多様な運行ネットワークを構築していることに特徴がある。

第6章

宿泊業の組織と人的資源管理

外資系ホテルを中心に

1. はじめに

　近年、日本の宿泊産業において目立つのは外資系ホテルの伸長である。1990年代から本格化した外資系ホテルの参入によって日本のホテル産業は大きな変革を遂げることになった。それまで日本のホテルを代表するとされていた「御三家」と呼ばれるホテルに代わって、「新・御三家」なる言葉が生まれたが、それらはいずれも外資系ホテルであった。つまりこの時期を境として、日本のホテルの中心は外資系ホテルマネジメントへと移行したと考えられている。

　それではなぜ、外資系ホテルは日本市場を席巻することができたのであろうか。もちろんその要因は一つではなく、例えばインテリアデザイン、ネットワーク、トレーニング、など複数の要素が絡み合っていることは間違いないが、中でも重要なのは外資系ホテルの人的資源管理の在り方であろう。

　では、外資系ホテルの人的資源管理のポイントはどこにあるのか。それは一言で言って総支配人 General Manager（"GM"）を頂点とする軍隊式トップダウン組織が明確な目標とインターナショナルでの経験知、科学的な思考、そして定量的・定性的分析を組み合わせた戦略を展開していることにつきよう。

　一例として米国のホテル学科を有している大学で使用されているテキストに「ホテルマネジメント」というタイトルのものがあるが、これを見ると第1章でホテルの歴史やその特徴などを概論的に述べたうえで、第2章では

いきなり「ホテル総支配人」というタイトルがつき、その責任や求められる資質、さらには仕事に直結する技術などという項目が列挙されているのである。さらに第3章ではGMのための管理監督スキルが述べられた上で、第4章では人的資源管理、第5章予算管理と続き、第6章以下でフロントオフィス、客室清掃、料飲、セキュリティ、セールス＆マーケティング、設備管理、フランチャイズ管理並びにマネジメントコントラクトなどと続くのである。

つまり、外資系ホテルのカギはGMにあり、GMを頂点とした軍隊式のトップダウン方式の経営こそその中核であるとしている。そしてGMに権限を集中させることで、迅速な決断や判断、情報の集中化、サービスレベルの標準化、パーソナライズされたサービスなど、GMがホテルの顔となり、ブランドとなる。この点を認識しなければ外資系ホテルの運営は理解できないと同時に、ここに国内系ホテルと外資系ホテルの運営上の最大の差異を見出すことができるのである。

国内系ホテルの停滞の原因の一つが権限の曖昧さとタテワリの弊害ということが指摘されている。土地・建物を自社で所有し、ビジネスとしてホテルを運営する国内系ホテルの組織を見た場合、次の図6-1のようなものが代表的である。

ビジネス全体に責任をもつ社長の下に、「現場」を統括する専務もしくは副社長と、「管理部門」を統括する専務もしくは副社長がおり、「現場」部門では宿泊や料飲、宴会といったセクションのマネージャーがおかれる一方で、それらの現場は「間接」部門である管理部門からも管理されるという形態が一般的である。

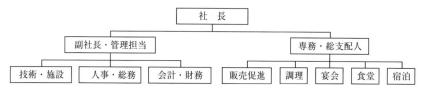

図6-1　国内系ホテルの組織

出所：仲谷秀一・杉原淳子・森重喜三雄（2015）『ホテルビジネスブック』中央経済社、57頁

　このような形をとった場合、例えば料飲部門の顧客が増え、現場からさらなる売上向上を図るために従業員増が求められた場合、管理部門は収益を維持するためにその要求に応じないということがしばしばおこる。結果として、現場が増加する顧客をさばききれず逸失利益が生じることがある。ではその責任を問われた場合には、現場は増員を認めなかった管理部門を非難し、管理部門は現場での「工夫」が足りなかったことにその要因を求めて互いの非難の応酬が繰り広げられることになる。

　結局のところ、その責任は曖昧なままで終わり、事態は改善されないままに終わる。したがって収益の停滞という現象が生じるのである。

　これに対して、外資系ホテルの場合、ホテル運営の全般にわたる責任は最終的に GM が負うことになっている。それだけのプレッシャーや責任が GM にのしかかるわけであるが、反面、GM は目標とする売り上げや利益をどのようにして達成するのかという方法について一任されることになる。

　組織図で示すと次の図 6-2 のようになり、GM を頂点としてそれぞれの部門の責任者がおかれ、そのすべてを統括するのが GM というオーケストラの指揮者もしくは軍隊の司令官のような役割を担うところに外資系ホテルの特徴を見ることができるのである。同時に各部門長の資質にも言及したい。

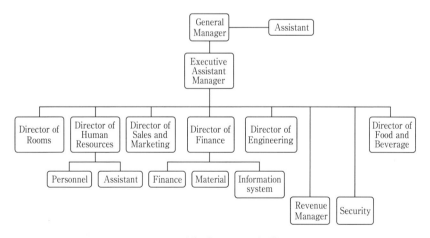

図 6-2　外資系ホテルの組織

出所：筆者作成

各部門長の経験知、資質、スキルセットがあるからこそ GM が GM の職責を全うすることが可能である。オーケストラの指揮者は、各パーツが楽譜を見なくとも各自がチームと融合して、ほぼ完ぺきなまでの演奏ができるように訓練、練習をされている。その上でこそ指揮者の手腕が輝くと考える。外資系ホテルはそれぞれのスキル、経験知、そして情熱が GM を頂点とする三角形の組織で開花することになる。最後に、毎朝のブリーフィングをあげたい。Morning Briefing と呼ばれ、GM がチェアーとなり Leadership Committee（"LC"）members あるいは Department Head が参加する。その際に昨日の数字、宿泊稼働、宿泊売上、料飲・宴会売上、ホテル全体の売上の報告と共有、本日到着する VIP やゲストの到着時間、リクエストや過去のデータを共有、各部門の昨日にあった incidents やゲストコメント、報告すべき課題と、本日の運営にかかわる注意点や懸念を共有する。最後は Round Table といって、テーブルを回って今日の各自のスケジュールを確認する。朝のブリーフィングで会った各部門長とはその日この後、時としては全く会うことがない。電話やメールでのやり取りはあったとしても各自がオフィスにいることが少なく、常に現場に出ているため、face to face での会話がないことが多々ある。そのためこの Morning Briefing はとても重要であり唯一の face to face によるコミュニケーションの場でもある。情報の共有だけでなく、日々の積み重ねによりブランド形成をサポートし、ホテル運営の暗黙知を創っていると考える。GM との Morning Briefing 後に、各部門でも同じようにブリーフィングが行われる。それは Morning Briefing で共有された話や情報を更にフロントラインスタッフと共有するためである。そこでは、一日の流れにおいて注視すること、顧客の情報、注意点、コンプレインやインシデンツのフォローアップなど、また、他部門の情報や連携についての確認も行われる。もちろんこれだけの情報では足らず各部門のアシスタントマネージャやスーパーバイザーが横断的に連絡を取り合うことも多々ある。

　日々のホテル運営では、まずは、Morning Briefing から GM の一日が始まる。

　それでは次に GM はどのような視点で各部門を統括してゆくのか、順に見てゆくことにする。

2.　宿泊部門のマネジメント

　宿泊部門はホテルビジネスの中で最も収益率が高いとされ、ゆえに重要な部門である。サービス業というのは在庫の利かないビジネスである。生鮮食品、鮮魚と同じである。今日空いている部屋は、今日売却あるいは売れなければ廃棄しなければならない。ホテル全体にかかるコストは、今日、販売した客室数でしか配分することができない。したがって、宿泊部門の管理のポイントは空室を極力出さないことと、売れる客室をできるだけ適正な価格で売ることである。そのための努力が収益の確保に直結することになる。

　ちなみに、宿泊部長の最も重要な責務は、客室売上の最大化である。日々の運営において、常に稼働率か客室単価か、どちらが重要かとの問いが良くあるが、フォーカスしなければならないことは、宿泊売上（金額）であり、いくらの宿泊売上が、今日、今月そして今年、販売できたかである。

　そのためにどのような努力をしているかの一端を紹介しよう。1990 年代、かつてグアム島のホテルに勤務していた時、グアムのホテルはまさに日本人観光客によって支えられていたような状況にあった。東京から湘南に渋滞のなか 2 時間半をかけていくのであればパスポートを取って、同じ 2 時間半で海外に行くことができる。グアムは、金曜日仕事終わりに空港に向かい、土曜日の朝にはビーチでくつろぐことができる最も近い外国であった。

　当時の日本国内の空港は夜間の離着陸を禁止かあるいは夜間停機料金が高騰をしているところが多く、その影響でグアム線の航空便は日本を夜 8 時以降に出発し、深夜、早朝に到着した後、数時間の駐機時間の後現地時間で午前 3 時ごろに出発、日本の空港に早朝に到着するというダイヤが主流であった。このような航空便のスケジュールはホテルにとって、チャンスとピンチを同時にもたらすことになった。

　チャンスというのはこうである。日本から到着する旅客は深夜にホテルに

チェックインし、当日の朝にはビーチなどに出かけるため到着初日のホテル滞在時間はわずか数時間しかない。しかし、ホテルとしてはそのために前日からベッドを確保しておくわけで、宿泊料金としては1泊分を請求することになる。一方、グアムから日本へ帰国する旅客は朝3時出発の2時間前には空港に到着しておく必要があるため、ホテルの出発は午後11時過ぎとなる。ホテルのチェックアウト時間は通常、遅くても正午であるから、これを大幅に超える場合には延長料金もしくは予約の時点からもう1泊を旅程に組み込み、1泊分の料金を請求することになる。このカラクリが理解できたであろうか。運営上では、"Back to Back" と表現されていた。

つまり、ホテルとしては出発客が夜11時に出発し、到着客が午前3時にチェックインすると仮定すれば、その間に客室の清掃と準備ができるのであれば同じ客室を一晩で二組の客に販売することができることになるのである。その部屋に関しては単純計算では客室稼働率は200パーセントということになる。

また、顧客の大部分が団体旅行やパッケージ商品のツアー客のため、かなり以前から予約状況を把握ができホテル運営としては計画が立てやすいというメリットもある。さらに、"Back to Back" の部屋数も計算が可能であり、客室清掃やフロントのスタッフのスケジュールを需要に合わせ調整することができた。その反面、リスクというのは空室が急に出たような場合には特に海外、日本からの需要に依存をしており、日本人ツアー客以外でそれを埋めることは極めて困難であるということである。しかし、手をこまねいていては客室は空室のままとなり、それは販売機会の喪失になる。

これを回避するため、レイオーバー需要（フライトの機材変更、故障、天候、その他要因によって運航がキャンセルまたは出発時間の延期により宿泊を余儀なくされる）を獲得するため、日々空港や各社エアライン事務所に訪問をした。

また、グアム全体で日本のホールセーラー[1] 依存しており、各社ローカル事務所に訪問をし、グループの引き合いや他社からの誘導、ラストミニッツに起こる個人ツアー客予約の獲得という涙ぐましい努力も求められるので

ある。その際にはランチボックスやディナーショーの販売も必ず行っていた。外資系ホテルの GM、宿泊部門長は販売できるものは何でも販売することを目標としていた。客室を売り切るために常に情報を収集し、ネットワークを構築して、そして運営の最前線に立っていた。

　次にグアムから異動になり、開業から 2 年後のディズニーランドに隣接するホテル着任した。そこでは、オーバーブックをしても満室にならない日が続いていた。800 室ほどのホテルであり、日々予約の処理が追いつかず、バックログ[2)]がかなりたまる傾向であった。そのために予約の確認が圧倒的に不足していたことと、ホテル内部でのコミュニケーション不足もあり大変苦労をした時代でもある。かなり原始的ではあったが予約バックログの処理を早めるため、他のセクションからの増員にという人的手当を行うことで各予約スタッフの他業務の負担軽減などを行った。

　また、ほとんどの予約が旅行代理店を通じての予約の為、今でいう予約コントローラーの導入を検討し PMS[3)]との連動を模索したことを思い出す。当時はレベニューマネジメントシステムやアプリケーションがない時代であり、数値化された過去の経験知、繁忙期、月、週や曜日によっての需要をある程度考慮して、どのくらいの部屋数のオーバーブックをすることが可能かを予約担当とフロントと共に精査して当日を迎えている。ディズニーランドからの最終バスが来るまでフロントを離れることなく、空室と残予約件数をにらみながら、いかに満室にすることができるか、常に考え実行に移す日々であった。

　このような努力をしても Go Show（事前予約なしで到着する客）があったり、当てが外れたりして、調整ができず箱崎にあるホテルまで自走でお客様をご案内したり、隣にあるホテルまで荷物を運んだりと多忙な日々を過ごしたことを思い出す。

　ただ、ホテルの立地や性格上、繁忙日や繁忙期間の次の日、特に週明けは空室数がかなりあり、なかなか販売が進まないことがあった。宴会付きのグループを取るよう営業とのコミュニケーションをとるなど試行錯誤をしながらの運営であった。また、そのころ、成田空港近隣のホテルにはある程度の

レイオーバー需要があった。たまに、成田空港近隣だけでは間に合わないこともあり、浦安付近まで客室を求めてエアラインからの問い合わせがあった。このような例は他の地域やホテルでもみられ、その経験から成田空港へは頻繁に足を運んだ。そしてエアラインの成田空港内オフィス、担当セクションには顔をだしては何かあった場合の依頼をしていた。このような努力の結果年によるとかなりのレイオーバー需要を取込むことに成功できた。バス内でのチェックインや、宴会場での待機、朝食会場への案内や、早朝、深夜のチェックアウトも珍しくなく、フロントキャッシャーチーム（この時代外資系ホテルではフロント・ベルサービス・インフォメーションが宿泊部、フロントキャッシャーは経理部に属していた。）への負担もかなりあった。そんな積み重ねがあり、かなり予算を超える月もあった記憶がある。しかし今から思えば、そのレイオーバーで利用した客室数や売上を次の年の予算に入れるべきではないと考える。なぜならばやはりかなり水ものでもあり不確定要素の高い需要であるため、それは避けた方がよい。ただ、その時代は常に前年を上回る予算づくりが要求された時代であり、やむなく数字を上げる目的で予算づくりをしていた。

3. 料飲部門のマネジメント

1）料飲部門の重要性

　料飲部門は宿泊部門と並んでホテルの重要な収益部門であり、特に米国系のホテルチェーンのGMには料飲部門出身者が多い。その理由としては、料飲部門はホテル全体を統括するにあたって必要な様々な要素を学ぶことができるからである。

　まず、この部門では毎日大量の食材を必要とする。その仕入れにあたっては品質や価格はそして仕入れ量は収益に直結しており、そのマネジメントは収益率を左右する重要なポイントになっている。確かに収益率は宿泊部門が高いが、料飲部門はある意味ホテルの華である。ロビーラウンジはエントランスを入ってきた顧客を5感で、そして、常に魅了する。オールデイダイニ

ングでは、朝食から夕食まで、個性のある料理やインターナショナル色のある料理を提供していた。もちろん飲料にしても、シャンパン、ワイン、海外のリキュールやカクテルと時代を背景にホテルを紹介するに最も見栄えがする、目を引き付けやすいコンテンツが豊富にあった。

　一方、大量の食材購入の権限を調理部門に任せるため納入業者からのリベートという不透明な取引が行われるリスクが高い部門でもある。そのようなリベートなどはどこかで必ずホテルのコストとなっており、それを見過ごすことはホテルのステークホルダーに損失を与える結果を招くだけでなく、ブランド・ホテルの評判にも影響がでるため、阻止しなければならない。会計的にも不正行為の防止というモラルハザード防止のため、財務部門においてコスト監査を行っている。特に昨今ではコンプライアンスが最重要課題の一つとして全従業員へのトレーニングも定期的に行われている。

　次に料飲部門並びに調理部門の人事管理であるがこの部門はホテルの中でも最も多忙な部門であり、さらに昼食時や夕食時などの繁忙期とその間の閑散時との業務量の差が激しいのが特徴である。日、週単位、月単位、内外のイベント・ウエディングや地域や行政主催の会議など、地域社会とのコミュニケーションを常に保ち、事前に情報を収集して、それらを各部門と共有を行い、管理することで適切な人事配置を行う。サービスや提供される商品の質の維持とコストの最適化の両立を図ることが必要になる。

　米国の場合、料飲部門のサービス要員は待遇面でチップ制度の恩恵に浴することが一般的である。日本人にとって、チップ制は煩わしく、客にさらなる経済的負担を強いるものと考える向きもあるが、見方を変えれば従業員が経験値を上げれば上げる（例えば顧客の名前や好みを記憶するなど）ほど、顧客の満足度も高まり、それがチップ収入の増加につながるという win-win の関係を築くことができるともいえる。また、チップ収入があるからこそ、繁忙時においても従業員がモチベーションを下げることなく働き、結果として高い労働生産性を実現することによってホテルとしても要員数を抑制し、収益向上につながるというメリットも生じることになる。

　同じブランドに属するホテルであっても、チップ制のような社会習慣が異

なればその運用の仕方も大きく異なることになる。その意味で、GM はそのような違いも考慮にいれてマネジメントを行うことが期待されているのである。現在では、逆に日本の価格は低価格、安いとの声を聴くことが多々ある。それは海外ではサービス料を加算する上にチップを要求され、昨今であれば価格の 20％を強要されることもあるようだ。消費者にとっては総額でいくら支払ったか、その価格と商品によって価値判断となる。そのため、日本のホテルでの価格はかなり海外と比較した場合競争力となると考える。もちろん商品・サービスの質がインターナショナルのスタンダードレベルの場合であるが。

　また、同一ホテル内のレストランであっても顧客がそれぞれのレストランに求める内容は異なっている。同一ホテル内に複数のレストランが存在する場合、立地や利便性などは同じである。しかし、顧客の「感性」や「ニーズ」さらには「属性」によって選択の幅が生じることになる。

　例えば、夫婦二人で静かに語り合いたい場合には、静かな雰囲気のバーが選択肢として入ってくるのに対し、子供を同伴して楽しく食事を楽しみたい場合にはそれにふさわしいレストランなどが望ましい選択肢となるであろう。そこで会話が弾み、味だけでなく見た目も美しい料理がタイミングよく運ばれれば顧客の満足度は最大化されるのである。

　ただそのような場合であっても、サービスのタイミングがずれて早すぎたり遅すぎたりすれば会話が中断され、スムーズな流れではなくなる。また、同じ料理人が同じ鍋を使い調理をしたものであっても、個人の味、経験値によってもおいしさが変わってくるのがレストランビジネスの難しさである。

　さらに家族内であっても、人によって味覚にはばらつきがあり、お酢や胡椒、からしなどで自分独自の味付けでないと満足できない人も出てくる。このように個々人の嗜好や感覚は多様であるが、それを満たさないと本当の意味での満足度は高まらない。あいまいでわがままな個人の欲求をすべて満たすのは至難の業であるが、顧客の経験知、期待値を変え、あるいは期待値以上の価値を提供することができて初めてビジネス上の優位性を確立することが可能となるのである。例えば、単純に、真っ新なキッチンコートを着て、

シェフ帽を被ったシェフが料理と共に登場し、今日の食材、料理の味付け、集いへの感謝を端的に伝えたとき、運ばれた料理への期待感と安心感がきっと料理の味、温度を更に引き立て美味しいから、感動へ、そして料理を口にしたその瞬間の幸せになるであろう。

　ホスピタリティ産業は人の産業であり、人を楽しませ、満足させ、喜びを与えることが必須条件である。したがって大きな幅のある顧客の望む内容や水準を満たすことはたとえ困難な目標であっても達成できるように努力すべきである。顧客満足はあくまでもその人、個人の主観である。その主観をどうしたら満足へと、あるいは感動へと導くことができるのか。ホテルができることには限りがあるが、その限りのある手段の中、コミュニケーションをとることで期待値のギャップを最小限にする。顧客から引き出した情報を知識に落とし込み、オーナーシップを持つことで、知恵にまで高め、顧客との感情・環境を共鳴させる。そして期待値以上の、感動に値するサービスを提供することが可能になると考える。それこそが、そのホテルにとっての唯一無二の Intangible Asset であり、ホテルの収益の源泉となることを常に認識しなければならない。

　料飲部門にあっては、日常の営業を続ける中で数字的な目標、顧客満足の目標が達成できるように GM は常に配慮しているのであるが、それだけではなくホテルには常に新しい価値を創造してゆくことが求められている。日本初の外資系ホテルであった東京ヒルトンホテルの初代 GM であり、永くその地位にあったスイス人のハンデルは、ホテル内のコーヒーショップに新たなメニューを加えようとしたときに（1970 年代の話である）、従業員に対し、日本でもっとも人気のあるランチメニューは何かと尋ね、「ラーメン」という声が多かったことに反応し、実際にメニューにラーメンを加えた。これには「ホテルでラーメンとは」という反対の意見も多くあったとされるが、ハンデル氏は GM としての判断を変更することがなかった。果たしてラーメンはこのホテルの人気メニューとなり現在に至るまで提供され続けている。このようにホテルは伝統やブランドに胡坐をかき続けることなく、常に新しい顧客のニーズを探り、顧客とのコミュニケーションをもって、一早

く反映すること、間違った場合でも、速やかに調整を行い、ホテルビジネスを継続的に発展させることがGMの役割なのである。

　京都でのホテル新設を任された時には、ホテル内に和食のレストランを設けることが決定された。京都には定評のある、そして国際的グルメ本で高く評価されている高級料亭を含め、多くの和食店がひしめき合っており、そのレベルは極めて高い。そのような中にあってあえてホテルに新設したのは一定の目標があったからである。

　確かに京都には多くの和食店があるが、新設時点で今後増えるであろう外国人旅行客への対応という点からみれば極めて不十分な水準にあった。例えば、メニューを正確な英語で説明し、顧客に満足な選択を与えられる店はほぼないのは実情であった。それであれば、ホテルの宿泊ゲストを中心として、京都において言葉の心配なく、カードやお部屋付けで和食を楽しめる場所を提供すればビジネスとして十分成り立つという考えを実行に移したのである。したがって、その店内は和食ではあるが、椅子席で、故杉本の設計事務所スーパーポテトのデザインによるとてもモダンな石や、木、伝統工芸である陶器や、木型をふんだんに用いた現代の京都における和の雰囲気を十分に感じられる店舗デザインになった。これによって、英語で気軽に、融通の利く京都の和食が楽しめるレストランという新たなジャンルを創造したのである。

　ただ、料飲部門は日々の積み重ねが大事であり、業務が定型的であるが故の悪しきマンネリズムは断固として排除しなければならない。恥ずかしい例ではあるが、ある顧客から苦情が来た。バーで「トニックウォーター」を注文したが、メニューに記載がないといって、断わられたというクレームであった。早速担当者になぜ受けなかったかと聞いたところ案の定「メニューになかったから」との返事が返ってきた。ホテルにはジン・トニック、ウォッカ・トニック、ウィスキー・トニックなどトニックウォーターを使用したメニューがある。用意する気持ち、そして知識があれば、提供することは容易である。

　また、朝食はどうだろうか。朝食のメニュー、素材は、卵、ハム、ベーコ

ン、ソーセージ、野菜、バター、ハチミツ、ヨーグルト、など、である。冷蔵庫を開けてみれば家庭でも常に用意があるものと理解する。であればわざわざ 10 時半までの提供でなく、24 時間常に用意ができるはずである。もちろん昼食の準備や夕食の仕込みと時間（meal period）に追われる毎日であるが、柔軟にそして顧客目線で考えれば公にしなくとも、要望があれば提供できると考える。

　顧客の立場や気持ちを考えず、そして顧客の立場（英語の表現では、相手の靴を履き、眼鏡をかけて）に立つこともなく、事務的に、知識がないために断るというようなことは、ホスピタリティが売上の原資であり、そして最大の競争力であるホテルではあるべき姿ではないと考える。このような事象から改めて顧客視点に立つこと、顧客の満足を追求すべきことを確認したが、失敗を糧としつつ、常に改善をしてゆくことが料飲部門、そしてホテルの課題である。そのために人材採用、人材育成・トレーニングの重要性を改めて認識することになる。

2）料飲部門と宴会部門の連携

　GM として重要な役割は部門間のタテワリを排して、ホテル全体として顧客満足と収益の確保の両立を目指すことである。

　では具体的に料飲部門と他部門の連携とはどのようなことであろうか。東京での外資系ホテルでの実例であるが、このホテルは少し駅から離れた場所に立地していた。好天であれば、周辺のオフィスからのランチ客が期待できるのであるが、当日は折悪しく昼前から天候が悪化し、外来客が見込めない状況が予測できた。そのままでは仕入れた食材に無駄がでてしまうことになる。

　そこで GM がとったのは、当日館内で開催されていた会議やミーティングの参加者にレストランの案内をするとともに割引券を配布し、会議客を各レストランに誘導することに成功したのである。

　これは一見簡単そうに見えるが、国内系のホテルではあまり行われていない。それはレストランを統括する料飲部門と会議や宴会を行う部門が分かれ

ており、両者の意思疎通が十分ではないからである。しかも、天候をみて瞬時に判断を行い、準備と関連部門に指示するためには全体を統括する司令官が必要である。その役割こそGMが担うべき重要な任務の一つであり、その日々の積み重ねが、ホテル全体の収益を大きく左右するのである。このように料飲部門を管理することはホテル全体のマネジメントを行うことと規模の違いはあれ内容は極めて類似しており、この部門をマネジメントする能力のある者はホテル全体をもマネジメントすることができると判断される場合が多い。この意味で料飲部門はGMへの登竜門とされているのである。

4. 宴会部門のマネジメント

　宴会部門はとりわけ日本国内において重要な意味を持っている日本においては「宿泊・料飲・宴会」を三本柱とする「三位一体」経営が志向されていた。その背景にはとりわけ都市部での不動産価格が高い日本にあっては、単位面積当たりでの高い売り上げが期待できる宴会は重要な収益源であった。

　さらに日本人の生活様式が洋式化されるなかで、結婚式などの行事が徐々にホテルで開催される傾向が高まる中で、高単価な収入源として重要視されるようになったのである。

　また、結婚式の場合、それがホテルで行われると当該のホテルが式を挙げたカップルにとって思い出の場所となり、結婚記念日の食事の場や子供が誕生した場合の七五三などの家族の行事の場所として継続的に利用されることも期待されている。同時に、式への出席者が顧客となり、その後の祭事の際ホテルも選択肢に採用されることはかなりの費用を使い広告を打つよりさらに効果的であると考える。つまり、それぞれ目的の違う個人客のライフサイクルマーケティングの実践の場となることが期待されるのである。

　法人客の場合は、ホテル所在地でのパーティーでは在住者が多いため、これが宿泊需要に直接つながることはあまり期待できないが、その法人の周年行事や、総会、そしてその法人を訪問する出張者の取り込みなど法人を通じたマーケティングの展開が期待できる。

　さらに法人宴会の規模や内容をデータ化すれば、積極的に営業を行っている企業や業界の動向を居ながらにして分析し、次の宴会セールスへとつなげることができる。企業で働いている個人は、宴席や総会で利用したホテルがしっかりとした、そして期待値を超えるサービス・商品を提供することで、個人のパーティ、晴れの日に利用されることもある。企業との接点であり、営業拡大の出発点として宴会は重要な意味を持っているのである。

　そのような意味を持つ宴会需要を取り込むには積極的な営業活動が不可欠である。ライバルとなるホテルも多く、その動向は常に注視しておく必要がある。GM としては、トップセールスを行い、営業のサポートを心掛け、幅広くホテル全体の売上につながるようコミュニケーションを常に行うことが必要である。

5．セールス＆マーケティングのマネジメント

　ホテルビジネスの展開にあたって運営の総責任を負う GM にとってセールスとマーケティングは極めて重要である。マーケティングとはコミュニケーションであり、コミュニケーションはマーケティングである、とアメリカ人の先輩に言われたことがある。その時から、コミュニケーションの大切さ、決して顧客とのコミュニケーションだけでなく、すべてのステークホルダーに対してのコミュニケーションが必要であると認識をした。

　また、セールス＆マーケティングは専門分野であることは間違いない。データマイニング、顧客データ管理を含め、まずは、情報の収集から、需要のある顧客・会社・マーケットへのタイムリーなアプローチ、提案力、数字の正確さ、そして仮予約を頂戴してから決定になるまでの様々なテクニックやシステムそして個々のスタッフの情熱が必要である。

　と、同時にホテル運営に携わるすべての従業員も同様である。もちろん各々に自身の職場がある。フロント、料飲、キッチン、人事、財務、購買、セキュリティ、設備管理など、それぞれに責任をもって瞬間的な判断を行い適正な運営を行うよう努めている。それらすべての従業員が何等かの形でだ

れかとコミュニケーションをとっており、依頼をする側、受ける側、双方で情報共有を含めこの瞬間も行われている。

　日々の運営から常に考えるのは、すべての従業員がセールス＆マーケティングであり、従業員の言動、所作がブランドの価値、マーケットでの認知、サービスや商品の良し悪しとなり、必ず収益に影響を与えている。だからこそ、コミュニケーションをとるすべての従業員がブランドを背負い、一挙手一投足をブランドのスタンダードとしてコミュニケーションをとること、少なくとも意識をすることがホテルの価値を形成すると考える。

　近年の情報化の進展により、ホテル予約はインターネットの予約サイトや自社の予約サイトなどのオンライン予約が主流になってきていることは間違いない。であれば、ホテル側がネットの予約サイトを中心としたセールスを展開していれば十分であるかのような印象を持つかもしれないがこれは正しくない。

　確かに情報化の進展により予約はかつてのように手間も時間もかかる上に間違いも多い電話予約などに比べて迅速性や時間制約の無さ、さらに著しく低い（場合によっては無料の）ネット予約の優位性は疑うべくもないが、そこにはまた落とし穴も隠されている。

　情報が頻繁に更新され、変更なども容易にできるネット予約では、利用者は様々な情報を比較しより有利な条件で予約できることを望んでいる。仮に一度予約した場合でも、その後より有利な条件が提示されれば簡単に乗り換えるのが特徴であり、その意味でホテルは厳しい価格競争にさらされているといえる。

　したがって過度にネット予約に依存すると予定していた売上を上げることができず、運営に支障をきたす結果となる。このような状況を回避するためには、客室面積や設備など容易に比較対照されるポイントではなく、顧客満足度などの目に見えない差別化を常に意識し、口コミ情報などを通じて流されるようなより顧客の感性に訴えるような面での差別化を図る必要がある。チェーンホテルでは、できる限り、自ホテルの客室・宴会・レストランのインベントリー、特に客室においては、自ホテルで管理、販売を行うことが

マーケットとのコミュニケーション、財務的にも適切かと考える。

　また、外資系ホテルチェーンはそれぞれで顧客を囲い込むための会員制を取り入れて、ポイント付与や客室のグレードアップ、チェックアウトタイムの延長などの特典をもうけている。これらが顧客獲得に大きな力を発揮していることは疑いえないが、この制度にしても各ホテルがほぼ同内容のサービスを提供しているため、他社との決定的な差別化のポイントとはなりえないのである。となれば、少し矛盾した言い方になるが、外資系ホテルの GM は、チェーンならではの組織力や規模の経済を最大限に利用する一方で、顧客に常に選ばれる存在になるための差別化戦略を展開する必要がある。この一見矛盾した内容を可能な限りすり合わせ、最適な解を見出すことが GM の責務となっているのである。

　このようにネットなどのハードに依存したセールスに限界がある以上、これを突破する別のやり方が求められる。これが人的ネットワークを活用したソフト的なアプローチである。以前耳にした言葉で、Qualify と Non-qualify があった、実に理にかなった物言いであると感じていた。Qualify とはホテルと懇意な関係、コーポレートやリピートゲストであり、年間を通して客室、料飲、そして宴会などの利用もあると、ホテルとしても認識をしてサービスを提供している顧客である。

　逆に、Non-qualify とは初回の方、OTA や旅行代理店を通じて紹介されたブランドよりも立地や口コミで越られた方である。チャンネルを広げることで、Non-qualify の顧客へと変化しより多く取り込むことができる。そのような顧客が実際ホテルを経験・体感することで Qualify の顧客へと変化し、年間を通してサポートしていただけるようになると理解をしている。したがってより多くの顧客、マーケットにアプローチをするチェンネルを活用することで、より多くの Qualify の顧客を確保できる。そのような意味でセールスとサービスは表裏一体であるという意識をすべての従業員が持つことが必要である。

　特に法人客の取り込みに際しては、大きなイベントやパーティーをネット予約することは通常考えられない。例えばインセンティブと呼ばれる褒賞旅

行やパーティーにホテルを利用する場合の目的は、その企業に大きな利益を
もたらしたセールスパーソンなどの業績を称え、表彰などを行うことによっ
てさらなるモチベーションの向上を期待することである。

　そのために企業は多額の費用を投じるのであるが、同時に投じた費用以上
の効果を当然期待している。それを形にするのが宴会部門の担当者の責務で
あると同時に、単なる宴席の管理ではなく、企業の目的に沿ったイベントと
成り得ているのかという高い視点から全体を見渡すのがGMの役目であり、
同時にそのようなパーティーの受注にあたっては担当者へのアプローチはも
とより、企業のトップへのアピールも必要になる。

　企業のトップがそのホテルの利用者であり、しかも高い満足感を得ていた
場合には受注に成功する可能性が高い。そのような意味で常に顧客自身だけ
でなくそのバックグラウンドまで理解し、普段から関係を深めておくという
高度なセールス戦略はホテルのトップであるGMの仕事の範疇であり、い
わゆるトップセールスパーソンの役目をも担っているである。

　また、海外客の誘致に際しては、世界の各地で開催されるトラベルフェア
などに参加し、現地の旅行会社とのネットワークを構築しておくことも必要
になる。その際には、ホテル単独の魅力を語るだけでは不十分で、そのホテ
ルの立地している場所の魅力なども十分に伝える必要がある。もちろんホテ
ルの性格やビジネス需要など様々な要因によってホテル利用目的も変化す
る。大都市ではビジネス需要が高いが、その場合は顧客は常に時間に追われ
ている。したがってビジネスにとって、動きやすい場所が好まれ、自身の趣
味や趣向への比重がレジャーより少なくなる。ビジネス客の場合は、ホテル
の支払いは、売掛やコーポレートカード、会社持ちであるが、差額を払って
までも自身の快適さを追求する顧客も増えてきたことは言うまでもない。

　一方で、地方になるほど、レジャー需要が大きいほど顧客はValue for
money、価値を追求する傾向がある。これによって、ホテルとの距離感は
近くなる場合もある。したがって、ホテルのproduct knowledge、並びに地
域のproduct knowledgeも十分に活用したプラン作りや情報を持つことが
サービス・セールスの鍵である。

　その意味では、ホテルのセールスだけではなく、土地・地域のセールスで
もあり、その土地・地域の魅力を広げたいと考えている地方自治体とのコラ
ボレーションも有効な手段である。このため、ある地域が海外でのプロモー
ションを行う場合には、ホテルが持つ海外ネットワークなどを活用し、その
活動をサポートすることなども必要になる。民間の外交官であるホテルはそ
のような場面でも重要な役割を果たしていることはあまり知られていない
が、隠れた都市プロモーションのシェルパでもある。

6. 財務部門のマネジメント

　ホテルは「おもてなし」や「サービス」を提供して、顧客に満足して頂
き、非日常感を体感してそれに対しての対価を頂くビジネスだが、当然ビジ
ネスである以上、運営に対する評価が必要となる。その評価のため、財務
部門では様々な財務情報を作成することになる。その情報をもとに、GM や
LC（Leadership Committee）はどうしたらもっと売上を伸ばせるのか、どう
したら費用を削減できるのか、利益を出せるのかを考える必要があり、様々
な財務分析を行い、GM や LC の意思決定プロセスをサポート、また解決策
や戦略を立てたりする重要な部門が財務部門の役割となる。

　GM は最終的に数字の裏付け無しでは適切な意思決定はできないことが多
い。なぜなら、GM は組織のトップとしてホテル運営の最終的な責任者で
あり、運営から生まれる GOP（Gross Operating Profit）の数字に対してオー
ナーシップをもっているためである。

　外資系ホテルチェーンでは管理会計として Uniform System of Account-
ing for the Lodging Industry（USALI）というホテルの統一会計報告様式を
採用しているところが多い。基本的には米国会計基準をベースに各部門毎の
詳細な Operating Statement（損益計算書）を作成するもので、これにより
部門別の業績を明確に可視化することができる。また、統一された報告様式
であるため他ホテル（同じチェーン内のホテルも含む）との業績比較が容易に
でき、自分のホテルの成績評価をし易くできる。

　財務部門においては、毎月のホテルの業績報告、財務分析だけでなく、近年は、Internal Control（内部統制）というのが特に重要になってきている。法令順守、財務報告の信頼性、資産の保全など、財務部門が担う内部監査機能も重要なタスクである。また、様々な契約先法人や外部監査法人との窓口でもあり、各部門との調整役を担うことも多いことから、財務のトップ、Director of Finance あるいは Financial Controller と呼ばれる財務・経理部長は内・外とのゲートキーパー的な存在であり、GM のビジネスパートナー、ビジネス・ホテル運営の右腕でもある。

7. 人事部門のマネジメント

　人事部門においては、給与制度、人事制度、勤怠システムの整備は基より、近年はハラスメント関係や、サービス残業問題など様々な人事問題に対応することが多くなっている。更に、リモートワーク、Work Life Balance や Well-being など仕事とプライベートの両面でホテル全体に総括的に対応することが必至となっている、一方で、ホテル従業員の個々のニーズに合わせたカウンセリングや見守ることが必要である。

　ホテルは人の産業であり、個々の従業員のスキルアップのためのトレーニングプログラムを的確に提案することが重要であり、人事部門では、Learning Manager と呼ばれる Training 専門家がアポイントされており、様々なトレーニングプログラムが常にアップデートされ、その地域や言語にあった人材の開発、推進をおこなっている。

　財務・人事部門などの間接部門は Back of the House（"BOH"）や Heart of the House（"HOH"）と呼ばれまさしくホテル運営の心臓部である。これらの部門は専門性が高く、人材採用、人材育成、労務管理、財務管理、システム管理など、財務・人事部門のクオリティはホテル運営全体のクオリティに影響することになる。GM としてこれら BOH・HOH の重要性を認識し、クオリティの高いチームを築いていくことが、ホテル運営のカギであり、最重要課題でもある。

8.　人的資源管理

　ホテルの評価を決めるポイントはいくつかある。例えば、スタットラーが
ホテルビジネスの最重要ポイントとして挙げていたのが、「立地」であった。
たしかにホテルビジネスの成功のためには、立地は重要である。例えば、同
じクラスのホテルが駅前とそこから離れた場所に立地した場合、集客面から
いえば駅前立地のほうが有利になろう。しかし、それは絶対的な条件ではな
い。というのも、立地の良いホテルは往々にしてその立地の良さに胡坐をか
いて、サービス面での充実がおろそかになるからである。

　また、立地と並んで重要なポイントに設備がある。新しく建設されたホテ
ルはその点で有利である。例えば、少し前の客室にはブラウン管を利用した
テレビがかなりのスペースを占拠しており、部屋の雰囲気を損なっている場
合もあった。今は液晶となり壁掛けタイプが主流になっており、スペースを
取らなくなったうえに、すっきりとした雰囲気を醸し出すことが可能になっ
ている。

　さらにもっと重要なポイントは情報化への対応である。生活のあらゆる点
が情報化するに従い、客室で情報機器が使えることは特にビジネスパーソン
にとっては不可欠の条件になっている。もちろんビジネスでなくとも、レ
ジャーや日常生活の中でも情報化は当然のように進み、手放せない。その
ため以前の客室ではせいぜい接続ジャックを設備するだけのものが、今や
Wi-Fi は常識で、さらには高品質・スピード・容量を更新し、セキュリティ
においても常にリスクにさらされている意識を持つことが必要と理解する。
コロナ禍においてホテルでのステイケーション、ワーケーションが住宅事
情・通勤事情も兼ね合い、ホテル客室での仕事を進めるために各種の情報機
器を接続するコンセントがいくつも必要になっているのが常識である。新し
いホテルは建設時からこれらの新しいトレンドに対応することができ、有利
であることは説明するまでもないであろう。

　このように、立地や設備などのハード面は一度建設されてしまえば、それ

を修正することはかなり困難であり、慎重な調査が要求される。

　例えばブラウン管時代の大型テレビを収納するために扉のついた特注の家具を注文したところ、その後の液晶壁掛けテレビへの移行でその投資が全く無駄になったという実例がある。また、トイレやシャワーなどの「水回り」と呼ばれる設備は使用頻度が高いだけに経年劣化が避けられない。洗面所が大理石などでおおわれていた場合、設備の修理や改修にあたっては、その大理石をいったんはがしたうえで再度取り付けなければならず、配水管の修理費以上のコストが生じることも珍しくはない。

　しかし、設備は陳腐化するものであり、顧客に対して常に上質のサービスを提供するためには定期的な改修・補修が必要であり、その費用を捻出するためにも一定の利益や売上は不可欠である。経営不振となって、それらの投資が後回しにされた場合、ホテルの競争力の低下を招き、それがさらなる顧客離れを誘発する「負のスパイラル」に陥る危険性が高い。このような中、長期的な展望に立って常に設備をチェックし、不具合が発見される以前に対処し、万一不具合が生じた場合にはいち早く処置を講じるなどのマネジメントもファシリティマネジメントと呼ばれるGMの重要な仕事である。

　建物や設備などのハードが時間の経過とともに劣化してゆくのが宿命であるならば、それをカバーするのに重要なポイントが人的サービスというソフト面の充実である。

　人的サービスは経験値を重ねることによって向上させることができ、それは目に見えない形ではあるがホテルの「価値」を左右することになる。ただ、サービスというソフトも常にメンテナンスを行わないと時間の経過とともに劣化するのはハードと同様である。したがって、GMは人的サービスを常に改善し、向上させてゆくことに注力することになる。

　その第一歩が従業員の採用である。採用にあたってはホテルパーソンとしての接客適性、セクション毎に要求される専門性に加え、外資系ホテルの場合は英語力を中心とした語学力も採用のポイントになる。その場合、やはり「サービスは人なり」であって、その人の持つ雰囲気を知る必要がある。したがって、ほかの業務にどれほど忙殺されていようと一人当たり最低30分

以上の面談を行うのが通例である。

　ここでホテル業界への就職希望者が陥りがちな錯覚について述べておきたい。この業界を希望する学生を多く面接して、その志望動機を聞くとほとんどが「お客様の喜ぶ顔がみたい」、「お客様に高度なサービスを提供することで顧客満足を高めることに興味がある」などの答えが返ってくる。それはそれで重要であるが、ホテル業に限らずそれはサービス業では当然のことであり、それが「目的」だと考えているのであればそれは「錯覚」である。

　ホテルに限らずサービス業が「業」である限り、それはビジネスであり、ビジネスとしていかに利益を確保するかは製造業や金融業と変わることのない「最終目標」である。

　コストを無視して充実したサービスを提供すれば顧客満足度は高まるが、経営的にはやがて破綻する。より良いサービスの提供とそれを通じてのビジネスとしての持続可能性の両立を図ることこそ、ホテル業の基本であることを改めてここで強調しておきたい。

　さて、首尾よく採用にこぎつけたら、次は教育である。ホテルのほとんどの職場には制服が定められ、それを着用して仕事をすることになる。一度制服に身を包めば、顧客からは誰が新人で誰がベテランなのかを区別することは困難である。したがって、制服を着用し業務に就くその時点で、すべての従業員はそのホテルに関する一通りの知識を身に着けておく必要がある。顧客からの視点でも、顧客は誰がフロント、誰がコンシェルジュ、あるいはレストランスタッフなのか、あまり意識を持たない方が多い。そのため、顧客が持つ目的を誰がいつ、どのように対応して達成するかがサービスの良し悪しの判断基準となる。そのためにホテルに関する知識、product knowledge はもちろん、地域の情報、そして顧客から頻繁に聞かれるトップ10あるいは20の質問に対する答えを知識として持つべきと考える。時間が価値であるこの時代、顧客は客室や商品だけに対価として支払いをしておらず、そこで過ごした時間、環境、そしてサービスを含めて money for value を追求していると考える。

　ホテルは町の縮図であり、さまざまな利用目的をもった国籍や文化背景の

異なる顧客がありとあらゆる質問を投げかけてくることを前提として、それに応えられるだけの最低限の知識に関して初期研修を通じて学ぶことになるのである。したがって、インターンシップのような短期間の就労であったとしても、初期研修を踏むことなく現場に配属することはない。

　少子高齢化が進む日本において観光立国として海外からの顧客を迎えるためにも語学力の必要性がある。ただその場合、政治・経済・文学など専門的な会話ではなく、ホテルが得意とする一般的な生活・飲食・観光に関連した言葉、そして product knowledge についての言葉を身に着けることが必要と考える。もちろん、多言語で、様々な分野の話ができることはホスピタリティとしても大いにウエルカムであり、ホスピタリティ産業は、日本の文化資本を他分野を通して紹介できることが極東にある海洋国家、島国、日本の競争力になると考える。

　また教育は採用直後にのみ行われるのではなく、その後も継続的に行われる。それは例えば担当部門の責任者になればそれにふさわしい管理者としてのスキル、考え方、人事管理、リスク・コンプライアンスへの意識と取り組みなどが求められるわけであり、そのための研修なども必要になる。

　さらに、サービスがホテルのソフト面でのカギである以上、経験値を上げ、顧客満足度を向上させることでリピーターを獲得し、ホテルの評価を上げるために不断の改善が必要であり、そのために教育・研修は常に行われる必要がある。同時に、従業員との対話―コミュニケーションは必要である。日々の会話この際、仕事や所作、顧客対応に対しての対話、そして定期的（年に2回、年半ばと年度末、あるいは4回各シーズン）なコミュニケーションを通してお互い、会社を理解するだけではなく、さらに、例えば日常的な1対1のコミュニケーションを通じて、今後のキャリアパスや仕事の相談を職場を離れて個別に話をすることはお互いに効果的であり生産性のあるコミュニケーションになると考える。

　採用、教育と並んで従業員に関して重要なのは「評価」とそれに見合った待遇を用意することである。チップ制の定着した米国などにおいては現場の従業員の評価はある意味にチップの額によって厳正に「査定」されていると

もいえよう。

　例えば同じレストランに長年勤務したサービススタッフは、多くの顧客の名前はもとよりその好みも正確に把握し、顧客が来店した場合には名前で呼ぶことから始まり、顧客の嗜好を的確に反映したメニューを進め、スピーディかつエレガントなサービスを流れるように提供する必要がある。それができれば顧客満足度が高まり、結果としてサービス係のチップ収入が増えるという構造になっている。ホテルの経営サイドから見れば、例えば、混雑するレストランに通常であれば人員を増やすべきところ、より多くのチップ収入を得るために従業員がより多くのテーブルを担当し、サービスの生産性を上げることによって人員増を防ぐことができるというメリットを享受できることになる。これは経営側、従業員側の双方にとっての win-win 関係が構築できることになる。

　これに対して、サービス料制度が中心の日本などにあっては、本来であればサービス料を公平に分配し、従業員の経験値を正確に「評価」することができればと考える。各従業員の貢献度や経験値、目標達成率などの諸指標を正確に評価しなければモチベーションが向上せず、ひいてはホテルの評価を下げることになる。しかしながら人の評価には主観が入ることが多々ある、そして今までの外資系ホテル人事評価制度は、経済成長の後押しもあり、成長を促すためのものであり、給与との連動がされていない場合が多々あった。

　目標設定 –SMART（Specific, Measurable, Achievable, Relevant and Time-bound）が大切であるが、個人の目標が会社の目標、ホテルの目標、部門の目標と関連がなければならない。そして個人資質の向上のための目標も必要である。個々人の目標が達成しても、会社全体の目標が大きく下回った場合は、個人はどのように経済的に評価されるのであろうか。ホテルにとって売上・収益を継続的にかつわずかでも向上させなければ、給与・賞与の原資ができないため、オーナー会社あるいは親会社からの支援を仰ぐことになる。オーナー会社あるいは親会社の本業が難しくなればホテルにおいてもリストラや減給もあり得る。だからこそ、ホテルは単体で、常に売上を伸ばし、常

にコスト削減を行い、収益を出し続けることが GM に課せられた命題である。それをサポートするマネジメント、そしてフロントラインでブランド、GM の意思を継承し、サービス・商品を提供するスタッフが一体、one team として曲を奏でることができればと考える。

そのような意味で、ホテルにおける人事管理は極めて重要であるとともに、その面での最終責任を負っているのもくどいようだが、GM なのである。

以上、見てきたようにホテル、とりわけ外資系ホテルにおける GM の業務範囲はホテル全般にわたっており、広く深い知識や経験を求められる。

日本の伝統的な家族経営の旅館経営においては、旅館の内部統制は「女将」と呼ばれる女性が担当し、対外的な活動や営業、マーケティングなどは「社長」もしくは「館主」と呼ばれる男性の主人が行うという役割分担が一般的で、その意味では家族内での男女の分業体制が成立していたということもできる。

これに対して、外資系ホテルの GM は日本の旅館の「女将」「社長」を一人で兼務する存在であるともいえよう。このため、外資系ホテルでは「リブイン」というシステムが採用されてきた。これは文字通り GM が館内に「居住」するというシステムであり、これによって、館内の動静を逐次モニターし、トラブルが発生した場合にはいち早く対処することを目的としている。

以前の上司、GM に言われたことを思い出す。GM は船の船長と一緒であり、船が万が一沈む時には船と運命を共にする、のだと彼は話をしてくれた。もちろん現代において様々なリスク管理があり、最善を尽くせ、と伝えたかったのだと思うが、その時はなかなか理解ができなかった、GM を15年経験させて頂くことでほんの少しその GM に近づくことができたのではないだろうか。もちろん個人差があるが、生活と仕事は同義語であり、顧客の"今"は、まさに今、この瞬間であった。小さいより、大きい、少ないより多く、遅いより早く、を意識し、少しでも知識を得るために、常に会話をし、ものを読み、出向き、食をして、顧客と対峙した。

ホテルは我が家であり、その我が家に最も大切な人を招くその時にはその

方の趣味、嗜好、そして好みの色や味、食事、飲み物、音楽をある程度分かっており、その準備を行う。また、季節、12 か月、24 節季を踏まえ、その瞬間に最も適切な設えを施す、まだかまだかと心を弾ませながら玄関で待つ、これが GM としての想いであった。

　ホテルの日々の運営は車の運転に近いと感じる。細い道、坂道、そしてバックや縦列駐車など車が運転者と一体になることで壁やスペースとの距離感が肌身を感じてわかる、バンパーをこすらず、狭いスペースのなかで、駐車中の車にぶつけることなく縦列駐車ができる、これは経験、時間がなせる業なのであろうか。ロビーを歩くと何かが違う、いつもと違う感じがする、電球がきれていた、異臭がある、いつもと違うところに椅子が置いてある、荷物が置いてある。自身の家であればきっと気が付くであろう。消防士が毎日、常に火災や災害に備えてトレーニングを行う、体に動きを叩き込む、意志がなくとも体が動くまでトレーニングを行うと聞いたことがある。同様に、日々の運営においては、GM、そしてスタッフは、何か必要な方、何か必要そうに見える方、困っている方に対して自然に、通りすがりに、手がでたり、一歩前に足が出るようになることができればと考える。

　やはり、そしてすべてにおいて主客同一こそが GM であると考える。客観視、鳥瞰的な視野を持ちながら "私の"、"私事" を実践する、多分これはホテルに限らずすべての仕事に当てはまるかもしれない。

　同時にホテルの運営をまさに全面的に任され、自分の望む方向に望む形で運営できるという点からみれば実にやりがいのある仕事であるといえよう。

　ただ、ホテルの売上・収益はほとんど外的な要因によって左右されることが多々あることも事実である、マネジメントの難しさは時には恐怖でもあるが、日が昇り、日が沈む、一日一日が流れていくなかで計り知れない出会いがあり、知識を頂戴する、社会経済を担う小さな一端であることも GM の楽しさである。

　コーネル大学などのホスピタリティ学部などにおいては、将来 GM になるための理論的基礎がコース内で教育され、それをもとに様々な経験を重ねてゆくことによって、大都会の巨大ホテルからリゾート地にあるこじんまり

したホテルまで、様々なタイプのホテル経営者を育てるシステムを作り上げてきた。

　ホテル産業は観光産業のコアとして今後もますますの発展が期待されている。今まではとかく国内に閉じこもり、グローバルな活躍にかけるといわれていた日本人にも国際的に活躍できるより多くのGM人材が生まれてくることを願っている。同時に、海外やインターナショナルホテルチェーンやインディペンデントホテルで経験を積んだ日本人が、日本にあるインターナショナルホテルチェーンでGMとなること、また、日本の会社の資本で運営をしている日本のホテルで活躍する場がさらに増えることを期待する。将来は国籍、性別を問わず日本のホテル産業、観光産業で働く人たちが輝き、個人の成長とホテル、ひいては産業の成長が促され日本のGDPを支える根幹産業となることを目指し、日本の持つ自然・経済・社会そして文化資本を次の世代に引き継げることができればと考える。

注

1)　ホールセラーとは、一般的には「卸売り」を意味するが、旅行業界において旅行会社は、ホールセール部門とリテール部門からなっている。前者はパッケージツアー商品を企画、卸売りを行い、後者が小売りを行っている。ホールセラーは旅行を企画し、これに伴う交通機関の座席や宿泊施設の客室、食事などの手配といった「仕入れ」を行っている。

2)　バッグログとは、受注残、積み残し、未処理分の受注などを意味し、本来処理されるべき期限を越えて未処理のままになっている作業や業務のことを指す。ここでは、未処理のままで放置されている予約記録を意味する。

3)　PMS（Property Management System）のことで、広義では宿泊施設の管理システムを意味するが、狭義では宿泊部門の管理システムを指し、予約管理、空室確認から請求まで一貫した管理システムを意味する。

第7章
宿泊サービスの変化とイノベーション

1. 新しい「快適性」の提供へ

1）宿泊特化型ホテル「Wi-Fi」「大浴場」「朝食」

　1990年代のバブル経済が崩壊し、2008年のリーマンショックと経済環境が悪化してから以降、宿泊業界の構図が変わった。法人依存から個人需要喚起に変わり、宴会主導型のシティホテルは減り、代わって台頭してきたのが宿泊特化型ホテルである。宴会場はできるだけ少なく、または付帯せず、レストランも必要最低限備えて、宿泊を主軸に置いたホテルである。それまでビジネスホテルというカテゴリーでホテルの一業態を構成していたが、2003年から始まった「ビジット・ジャパンキャンペーン」により、インバウンド需要が目に見えるようになってきてから、さらに進化。「バジェットホテル」「エコノミーホテル」というカテゴリーで、多彩なホテルブランドが登場。新規参入するホテルオペレーターも増えて一大勢力を構成している[1]。

　ホテル事業は宿泊が基本であり、宴会や料飲各部門と比較して宿泊がもっとも利益を生む。その収益のよい部分だけに絞ったのが宿泊特化型ホテルで、確実な需要があれば、良きビジネスである。その意味で、「ビジットキャンペーン」以降に展開された観光施策により、増加してきたインバウンド需要が宿泊特化型ホテルの隆盛をもたらしたといえよう。

急増している宿泊特化型ホテル。高級からエコノミーまで国内外から新規参入ラッシュが続いている。

　宿泊特化型ホテルはサービスを絞り込み、リーズナブルな価格を実現する。「快適性」「利便性」「機能性」を追求した究極のホテルで、その３つのポイントとなるのが「Wi-Fi（インターネット無料接続サービス）」「大浴場」「朝食」である。

　「Wi-Fi」は情報化社会において必須サービスであり、「大浴場」や「朝食」は宿泊特化型ホテルのホテル選びのポイントになってきた。「大浴場」は、新しいホテルほど立派になってきている。「カンデオホテルズ」（東京）は、ホテルの最上階に『天空のスパ』と称して、旅館の展望浴場レベルの温浴空間を設けて差別化。さらに露天風呂やサウナを設け、最新のホテルではインフィニティ風呂も整備している。宿泊客のみ入浴でき、無料。差別化と集客に大いに貢献しているという。地元の人から利用したいとの声があり、このほど一部ホテルで一般利用を開始した。また「スーパーホテル」（大阪市）では、近くの温泉からタンクローリーで運んできた天然温泉を売りにしている。また松山市道後温泉の「道後hakuro」の大浴場は高級温泉旅館並みのレベルで、ネットエージェントの口コミ評価が高い。

　そして「朝食」。福岡市博多区の「ホテルアクティブ博多」は種類の豊富さと手作り感のある内容が好評であり、「スーパーホテル」は身体に優しい「健康朝食」を提供。共立メンテナンス（東京）の「ドーミーイン」はご当地メニューを加え、夜食に「夜鳴きそば」を用意して特徴づけている。このように、「朝食」はブッフェ、バイキングを中心に、セット

「朝食」で各ホテル差別化を図る。写真は京都のホテルの三段の重箱入りの朝食で、ボリュウムたっぷり。

メニューなど提供スタイルはさまざまで、料金も無料・有料とある。宿泊特化型ホテルの“差別化”のアイテムの１つとなっている。

2）進化系カプセルホテル「ロビー」

　カプセルホテルは畳１畳ほどの広さのカプセルを重ねて客室した簡易宿所で、安価な宿というイメージが強かった。それがロビーを『リビングロ

ビー』として"集える"場として充実させて、ミレニアム世代を対象にした宿泊施設として生まれかわった。「ファーストキャビン」(東京)「ナインアワーズ」(同)「ザ・ミレニアルズ」(同) などが、その代表例といえよう。とはいっても、すべてがカプセルではない。「ファーストキャビン」「ザ・ミレニアルズ」は個室風で、簡易宿所の新タイプともいえる。共通するのはロビースペースが広く、デザインが施され、カッコいい。ソファやテーブル、ワーキングスペースなどを設けて、「集う」「遊ぶ」「話す」など「仕事をする」を含めて生活シーンの一部として使う。

　「ファーストキャビン」は、飛行機のファーストクラスのようなゴージャスな空間を創造し、人気を博していた。空港や駅にも出店していたが、2020年にコロナ禍の影響で やむなく倒産した。「ナインアワーズ」は、1時間単位で利用でき、シャワーだけも OK。空港や駅、都会の中心に立地し、都市機能の一部になっている。「ザ・ミレニアルズ」は、ロビーにコワワーキングスペース、キッチン、会議室などを備えて、リビングロビーとし て活用。さまざまな人出会い、新たな仕事の発生や新たな仲間づくりに繋げていこうという狙いもある。またスペースビジネスとして会員制のコワワーキングスペースや私書箱がある。ホテルの住所で郵便が受け取れオフィス代わりにもなるという具合だ。

　新たな視点といえるのが「コリビング」[2]をテーマにしたシンガポールのアスコット社が開発した新ホテルブランド「lyf (ライフ)」だ。国内 1 号店の「天神福岡」が福岡市に 2021 年 6 月に開業している。ロビーにワーキングスペース、カフェ、フロント、ソーシャルキッチン (台所) を備え、1 つの空間として構成している。カフェでドリンクをセルフサービスでもらってきて、ロビーで寛いだり、ワーキングスペースで仕事をしたり、地元の食材を買ってきてキッチンで料理を作り楽しむこともできる。宿泊者同士、宿泊客と地元の人、宿泊客とホテルスタッフとさまざまな交流のきっかけがそこにはある。

3）分散型ホテル「古民家ホテル」

最近増えてきたのが古民家を改修・改装した「古民家ホテル」。旅館業法の改正により、フロントと客室が分散してもよくなり、さらにその数を増やしてきている。空き家対策や町並み対策、観光資源の開発や地域活性化など、観光を切り口に宿泊施設を整備し、地域活性化に繋げていくこともできる。一方、国内外か

古民家ホテルは、できるだけ往時の素材をいかし、日本の伝統と文化に触れられる。冷暖房は万全。

らの観光客にしても日本の文化や歴史を肌で感じられることができる貴重な非日常空間となっている。

　古民家の場合、地域的な背景があってこそ価値があるわけで、地域全休という面的な視点で開発を進めていく必要がある。開発を手掛ける企業には地元で旅館を経営している事業者が少なくない。

　広島県福山市で旅館を4軒展開する㈱スコレ・コーポレーション（広島県福山市）もその1社である。尾道市に2020年12月に尾道市に老舗旅館を改修した「おのみち帆聲」を開業。同社は古民家を改修した旅館「汀邸 遠音近音」、「潮待ちホテル 櫓屋」を運営しており、古民家の宿は3軒目。兵庫県赤穂市の旅館「潮彩きらら 祥吉」は、旅館の近くで「古民家の宿 加里屋旅館Q」を運営。いずれも地域活性化を考えての取り組みである。㈱スコ

レ・コーポレーションの次なる計画は、「潮待ちホテル 櫓屋」の近くにある古民家2軒を改修。櫓屋を含めて分散型ホテルを構築していく予定だ。

　また京都市では、町家を活用した宿泊施設の整備が進んでいる。情報誌「Leaf」がプロデュースし、先斗町の町家を改装した「先斗町別邸」や、大津市の運営会社 nazuna が手掛ける「nazu-

環境保全の視点から、アメニティグッズや客室の備品類などに自然素材を用いるホテルも増えている。

na 京都二条」「nazuna 姉小路」など、いずれも古き良さを残しつつ、水回りなどを現代のスタンダード基準をクリアしたモダンで魅力的な宿として再生されている。

さらに地域デベロッパーとして地域再生に取り組んでいるのが、㈱NOTE（兵庫県丹波篠山市）である。「NIPPONIA（ニッポニア）」というブランドで地域開発事業を手掛けており、現在全国約30箇所に展開している。

このほかビルをコンバージョンしてホテルにするケースも 増えている。京都市の「ホテルカンラ京都」は、少子高齢化によって学生が少なくなった予備校の校舎を改装。和室とベッドルームの和洋折衷の客室で、個人客から修学旅行まで対応している。大阪市ではオフィスビルをコンバージョンし、デザインにこだわった「THE BOLY　OSAKA（ザ ボリー オオサカ）」など斬新でスタイリッシュなホテルが登場している。

2.　進化する宿泊サービス

1）客室の多様化（スペースの有効利用）

限られた空間をいかに効率的に、快適に、利便性の高い客室にしていくのか。広さや天井高など基本的な構造もあるが、バスルームやベッドルーム、ベッドやテレビなどの備品や家具の開発などにも影響されるため、宿泊客のニーズとともに客室も変化してきた。客室創りに大きな変化を与えたのが薄型液晶テレビだ。壁に取り付けが可能になり、一挙に客室創りの自由度が高まった。

ベッドはホテルの快適性を決めるといっても過言ではない。幅はツインベッドで 1,100㎜ から 1,200㎜ と、最近はベッド幅が広くなり、宿泊特化型ホテルでもセミダブルサイズを導入し、特徴づけている。逆に、幅 1,100㎜ を 2 台ハリウッ

バスルームから出てきたベーシン。洗面やポットに水を補充など、利便性が向上し、部屋が広くみえる。

ド型にセットし、ツインやクイーンベッドとするなど汎用性も出てきた。

　バスルームも変容してきた。洗い場付きはすでに定番だが、昨今増えたのがシャワーブースのみというスタイル。阪急阪神ホテルズ（大阪市）が展開する宿泊特化型ホテル「Lemm（レム）」をはじめ、最近では大阪・北新地に開業したパレスホテル（東京）の宿泊特化型ホテルブランド「Zentis Osaka（ゼンティス大阪）」も一部客室はシャワーブースのみとなっている。

　次いでベーシン（洗面台）がバスルームから出てきた。バスルームからベーシンが独立し、ベッドルームに進出。別府温泉の「ガレリア御堂原」[3]（別府市）は独自のベーシンカウンターをリビングスペースに取り入れ、洗面やミニバーなどの機能を集約させている。これによって部屋がすっきりとまとまり、使いやすくなっている。

　客室タイプでは、畳敷や絨毯、フローリングなどを敷きつめた「和モダン」も和風タイプが増えてきた。靴を脱いで利用し、使い勝手がよいとファミリー客などに重宝されているほか、インバウンドには和の文化に触れられるとして、人気の客室となっている。

　このほか、高床式のベッド台にベッドマット2つを敷いた「マイクロツイン」、2段ベッドとダブルベッドを組ませて「ファミリールーム」とするなど、1室に多人数を収容する工夫も出てきた。ベッド下を収納箇所として活用し、スペースの有効利用にもアイデアが出てきた。星野リゾートの「OMO」シリーズでは上がベッド、下がリビングスペースという櫓寝台のような構造もある。さらにバスルームの上にベッドルームを配置した広さ約8㎡前後の沖縄県のかりゆしグループの「OKINAWA KARIYUSH LCH. izumizaki 県庁前」（那覇市）もある。平面ではなく立体的に客室を考える時代に入ってきたようである。

2）旅館の浴場の変身「入浴から寛ぎの空間へ」

　宿泊施設の利用客が団体客から個人客へシフトしてきたといわれて久しい。それに併せて、風呂を中心に客室を整備する傾向が強くなり、浴場のさらなる進化がある。入浴するだけではなく、入浴時間を長く楽しむ、すなわ

ち "寛ぎのバスタイム" の提供である。信楽焼きの陶器から檜風呂、御影石と素材がバラエティになり、ベランダやバルコニーを設けてデイベッドを配置。入浴したり、寝たり、音楽を聞きながらワインを楽しんだりと思い思いのスタイルで過ごすことができる。鹿児島の「忘れの里　雅叙苑」の古民家を改修した客室の広々とした岩風呂をはじめ、2020 年に開業した道後温泉の旅館「葛城　琴の庭」は浴室を中心に客室を創った。入浴時間を少しでも長くして、満足度を高めようというところだろう。

　大浴場にも変化がある。和歌山の白浜温泉の「ホテル川久」（白浜町）の「ロイヤルスパ」にいたっては秀逸の作品といえる。大きく開放部を設け、白浜湾を眼前に日かえ、中央に大きな湯船があり、それを囲むようにデイベッドを配置。隣の浴場には暖炉を囲むようにソファを配置している。もう大浴場は "入浴" だけではなくなった。

　非日常空間を楽しむという意味で、インフィニティ風呂が登場。露天風呂で湯船と海の 水平線が一致するように設えられ、入浴するとあたかも海の中にいるような面持ちになる。湯船の深さが 1m20cm と深いものがあり、立って入浴すれば海との一体感は最高潮となる。こうした浴場の作り方、過ごし方の変化は、日本の風呂文化がもたらす "寛ぎ" や "癒し" が、これからの宿泊施設に求められるサービスになってきたといえるのではないか。

　なぜならば、宿泊特化型ホテルの必須アイテムになっていることや、「ホテルニューアワジ」（兵庫県洲本市）が運営する「神戸ベイシェラトンホテル＆タワーズ」（神戸市）に 2014 年、ホテルに併設して自家源泉の温浴施設「神戸六甲温泉　濱泉」が開業するなど、世界的なチェーンホテルにも付帯が認められる施設になってきたからだ。

3）IT 化……効率化・合理化・省エネ化

　飲食業や物販業などで IT 化が進んでいるように、ホテルや旅館業にもかなりのレベルで導入されてきている。自動チェックイン・アウト機、自動マネーチェンジ機をはじめ、チェックインの手続きのペーパーレス化が進み、ペンタッチで完了する。京都などでは無人ホテルも多く、インターネットで

予約。スマートフォンに送られてきた番号などをホテルに設置してあるタブレットに入力してチェックインするというスタイルも出てきた。

福岡市の宿泊特化型ホテル「lyf（ライフ）天神福岡」は、チェックイン・アウトの手続きをスマートフォン専用アプリ「Discver ASR」またはQRコードを活用するため、フロントは究極なくてもいい存在となった。

自動チェックイン・アウト、マネーチェンジなど自動化が進み、効率化を推進。最近はペーパーレス化も進んでいる。

客室のテレビは多機能化し、スマートフォンで撮影した写真を画面に映し出すミラーリング機能や、YouTubeやネットフリックスなどネット関係の動画をはじめレストランや浴場、コインランドリーの込み具合まで教えてくれる。チェックアウトも可能だ。このほか、音楽再生のスピーカー、エスプレッソマシン、空気清浄機などはスタンダードの仕様といえる。

セルフサービス化も進む。アメニティの類はロビーラウンジに「アメニティブッフェ」「アメニティバイキング」といった名称で、利用客が自由に好きなものを好きなだけ持っていくことができる。ランドリーにはアイロンを備え、宿泊客が自分でプレスする。高級ホテルのクローゼットにもアイロンとアイロン台を用意されている。

かつてファックスが導入され、続いて室内の電話に留守電機能のボイスメール機能が付き、パソコンが設置された。直近では、部屋の電話を外出先でも受けられて無料で使えるハンディフォンと次々にテクノロジーが取り入れられたが、現在どれ一つ残っていない。

さて、テクノロジーといえば、ロボットホテルである。エイチ・アイ・エス（東京）が、長崎の「ハウステンボス」に2015年に開業した「変なホテル」は2021年10月現在、関東を中心に京都、大阪など国内19店舗、海外2店舗という急成長ぶり。フロントでアンドロイドの女性や恐竜などのロボットが迎えてくれ、観光案内やホテルガイドなどはミニロボットが担当。

客室内の照明が 1,600 万色に変化し、清掃ロボットが入っていたこともある。合理化・効率化を推進するのが狙いで、同規模のホテルと比べて従業員数の削減につながっているという。

3. イノベーションを推進する企業

　インバウンド需要を含めて旅行需要が拡大したことにより、ホテルや旅館が自由に活動を展開できるようになった。その意味で、いよいよ宿泊業界にも本格的なマーケティング手法が必要な時代に突入してきたといえるかもしれない。

　次に紹介する 4 企業は、宿泊業界のイノベーターとして注目されている。まずは温泉旅館をチェーン化した「湯快リゾート」である。旅館は地域を背景にして固有の存在として扱われていたように考えるが、そうしたイメージを払拭。コンセプトを明確に設定し、マーケティング、マネジメント、マーチャンダイジングを進めていき、科学的に経営を進めている。旅館業界にとって新たなビジネスモデルを構築したといっても過言ではない。

　次に「ホテルニューアワジ」である。淡路島（洲本温泉）を拠点に、京都、神戸、岡山、四国などにホテルや旅館を展開。常に念頭に置くのは地元・淡路島である。地元の活性化を目指して、経営難に陥った旅館やホテルを中心に取得し、グループ化。現在 17 店舗 15 ブランドを展開し、有料老人ホームまで運営している。併せて、太陽光発電、風力発電など自然エネルギーにも力を入れ、常に淡路島の将来を考えて行動する。

　3 つ目の企業は「ホロニック」である。神戸市を拠点にコミュニティホテル「SETRE（セトレ）」を展開する。「地元」に視点を置き、地元の文化や習慣、工芸や料理など地元の魅力の発信基地

昔ながらの銭湯を付帯するホテルもある。シャンプーバイキングやアメニティブッフェなど新たな楽しみを創出。

となる。地元の魅力をみつける作業を続けるうちに人と人の繋がりができ、ホテルのファンに繋がっていく。現在5軒を展開し、2020年10月に京都市に「京都梅小路ポテル」を開業し、宿泊業の新境地を開いている。

　最後が、「NOTE（ノオト）」である。地域に残されている古民家を再生し、分散型ホテルを中心にまちづくりを進める「NIPPONIA（ニッポニア）」という地域創生ブランドを生み出した。開発デベロッパーとして、地域主導で、地域に観光という新たな産業を芽生えさせ、地域活性化に繋げていく、というものだ。

　さて、どういう企業で、どのような事業展開なのか、探ってみよう。

【事例1】

「日本の温泉を身近にする」をコンセプトに
格安温泉旅館チェーンを構築

湯快リゾート株式会社

本店所在地：京都市下京区五条通河原町西入本覚寺前町830
エクセルヒューマンビル5階
創業年月日：2003年9月17日
店　舗　数：30館（2021年現在）
従業員数：約1,744人（2020年4月現在）

●1泊2食付き7,800円1年365日同一料金

　以前から減少傾向を示していた旅館もバブル経済が崩壊した2000年前後から2013年頃まで、特に減少が顕著になってきた。2008年にリーマンショック、2011年の東日本大震災に発生した影響を受けた経済環境悪化によるもので、全国津々浦々の温泉地で旅館の倒産、破産、閉館が相次いだ[4]。旅館の再生ビジネスを手掛ける企業が次々に登場し、そのうちの1つが「湯快リゾート」である。「日本の温泉を身近にする」をコンセプトに、経営破綻した温泉旅館を格安で取得し、居ぬきでビジネスを開始。1人1泊2食

付き 7,800 円（税込み）というリーズナ
ブルな価格で、しかも 1 年 365 日同一
料金という画期的なサービスを提供し、
今や西日本中心に計 30 軒の旅館を展開
する一大チェーンに成長している。2019
年度は年間約 200 万人の利用客があり、
総売上約 184 億 4,950 万円。

2021 年 8 月に開業した大分県別府市の
「別府鉄輪温泉　湯快リゾートプレミアム
ホテル風月」（96 室）。

　湯快リゾート㈱は「ジャンボカラオ
ケ広場」を経営する㈱ TOAI（京都市）のグループ会社として 2003 年 9 月
に設立。翌 2004 年 8 月、1 号店の石川県山代温泉に「彩朝楽」（69 室）を開
業した。直近では、2021 年 8 月、大分県別府温泉に「別府鉄輪温泉 湯快リ
ゾートプレミアム ホテル風月」（96 室）を開業し、大分県に初進出している。
ちなみに現在の湯快リゾートは、料金サービスの異なる 3 つのカテゴリーが
ある。1 泊 2 食付き 7,500 円（税別）から、が「バイキングタイプ」、同 9,980
円（同）から、が「プレミアムタイプ」、そして同 8,500 円（同）から、の
「会席タイプ」がある。

　東日本を中心に約 40 軒の旅館を展開する「伊東園ホテルズ」の親会社で
あるクリアックス（東京）は「カラオケ歌広場」を展開しており、同社が社
員寮として購入した静岡県の温泉ホテル「伊東園ホテル」（69 室）を、運営
コストを削減し、翌年営業を再開したところ、好評だったことから旅館再生
を成功させた。このノウハウを西日本地区でも活用しようとなり、「湯快リ
ゾート」が生まれたというわけだ。2004 年 1 号店を開業以降、直近 10 年で
運営施設数は約 2.6 倍と急速に事業を拡大してきた。2019 年に投資ファンド
「日本企業成長投資」に全株式を売却している。

　同リゾートの強みは格安料金で温泉旅館を楽しめるというところにある。
しかも現地まで直行往復バスを運行。創業当時の考え方では宿泊料金と往復
バス料金を合わせて 1 万円という設定だった。つまり「北陸温泉旅行が 1 万
円」というお手軽さなのである。往復バスというアイデアは創業当時の社長
から出てきた。平日のバス会社を見ると、駐車場にバスがズラリと並んでい

る。レジャー需要が週末中心だったので、バスは平日ほとんど稼働していない状況だった。それに着目した当時の社長が、平日にバス運行というサービスを発案。平日に稼働できるとあってバス会社は快く受け入れ、湯快リゾートはバス運行の費用をかなり抑えられた結果、往復バス料金2,000円という低料金を実現させた。つまり「1泊2食付き7,800円プラス2,000円＝9,800円の北陸温泉一泊旅行」が可能になった。これは子供が大学を卒業して初任給で両親に温泉旅行をプレゼントできるものであり、シニア世代においては「年金旅行」として手軽に楽しめる温泉旅行となった。

　日本人の行ってみたい旅行タイプのアンケートで[5]、最も回答が多かったのが「温泉旅行」次いで「自然観光」「グルメ」となっている。では、旅館の宿泊料金はいくらか。参考までに、一般社団法人日本旅館協会の加盟旅館の宿泊客1人当たりの総売上をみてみると、大・中・小旅館を平均すると約2万円前後というところ[6]。

　「行きたい温泉旅行が1万円で」となれば、人気が出てくるのは当然のことである。かくして「日本の温泉を身近にする」というコンセプトに、ターゲットは平日が50〜70代のシニア夫婦、週末は30〜40代のファミリー層に設定。稼働は平均して8割以上といい、平日のシニア層の利用が多いに貢献している。

「日本の温泉を身近にする」をコンセプトにチェーン展開。現在西日本を中心に30館を営業している。

　リピーターは全体の約4割を占め、うちシニア層は約7割だという。「普段使いの温泉旅館」という位置づけを生み出した。ちなみに毎月来る人、1カ月滞在する人、スタンプラリーを実施すれば20館制覇する人など、さまざまな旅館の過ごし方を楽しんでいるといってもいいだろう。

●「増やす」「追加する」「減らす」「なくす」の4つの視点
　低価格を実現するには、従来の旅館のあり方を見直し、改善することが必

要となる。同リゾートは装置産業である
旅館において、もっとも大きな投資であ
る初期投資をできるだけ抑えた。破産・
倒産・閉店などの経営悪化物件を探すと
いう理由はそこにあるが、規模のメリッ
トを享受するために一応の基準があり、
客室数は 70 室前後としている。宴会場
などを多く付帯している場合には客室に
改装したり、キッズルームを設けたり、

家族連れ向けにキッズルームやグランピン
グ気分が楽しめる客室など、各旅館の内
容に応じて改装計画をたてる。

ホテル並みの豪華なキャンプ（グランピング）が楽しめる客室に改装したり
と、各旅館の内容によって計画を立てていく。従来の旅館のような女将はい
ない、部屋食はない、案内の仲居もいない、布団敷きのサービスもしない。
従来のサービスを取捨選択し、力点を置くところ、なくてもいいところなど
を「増やす」「追加する」「減らす」「なくす」の 4 つの視点から考えて、まっ
たく新たな温泉リゾート体験ができる施設を創り出した。

　取得した建物の状況に応じて、補修が必要なのかどうか、必要ならば調査
してチェックする。状況に応じては取得してまもなく開業できる場合もあれ
ば、半年ぐらい時間をかけて開業準備をするケースもあるという。「増やす」
は、チェックアウトを 12 時に設定。一般の旅館は 10 時が多いが、2 時間延
長し、入浴可能時間も長くしている。こうしたことは滞在時間が長い＝顧
客満足度のアップに通じる。仕事はマルチタスクとし、多能工型に変えた。
加えて時間に合わせて適切に配置することで人的ロスを低減する。

　次に「減らす」は、施設改修などは改修チームを設置し、改修費を最大限
カット。客室内での菓子のサービスをやめ、歯ブラシやタオルを人数分のみ
用意する。逆に「なくす」は、浴衣は室内には入れずに、ロビーに設置し、
セルフサービスでもっていってもらう。さまざまな絵柄の浴衣を用意し、好
きな絵柄と自分のサイズの浴衣を自分で探す。これによって探す楽しみが加
わり、セルフサービスならではの醍醐味に変わった。というのも、室内に浴
衣を入れて、もっとも効率が悪いのは「浴衣のサイズ」の交換だという。「サ

イズが合わない」と連絡を受けて、スタッフが部屋に行く時間と手間を削減する。たとえば、大阪府の最低賃金992円[7]。1分当たり16.5円。浴衣の交換にかかる時間を10分とすると、165円のロスになるわけである。部屋には事前に布団が敷いてあり、客室に出入りがないこともプライバシーを尊重した宿の計らいとなろう。

「追加する」では、パブリックスペースの充実がある。3,000冊の蔵書があるまんがコーナーや子供たちが遊べるキッズコーナー、卓球台もあれば、カラオケルームも備える。サービス面では、自動精算機を導入し、チェックアウト時にスムーズな精算を実現すると同時に、スタッフの作業を削減できるし、何よりも金銭を扱う煩わしさから開放される。

以上のように、4つの視点から従来の旅館を見直し、より効率的でより効果的なサービスを提供し、同時にそれは顧客満足に貢献するものとなっている。

●「食」を科学する

同リゾートはリーズナブルな価格であるが、「料理」が付いているところが魅力の一つだ。いうまでもなくコストコントロールが重要な分野でもある。同リゾートは夕食・朝食ともにバイキングスタイルで提供する。1号店がオープンした頃は旅館でのバイキング料理は珍しいものであったが、今では多くの旅館が採

バイキング料理は常時130〜140種類を用意。うち定番メニュー約7割、残り3割を四季折々に入れ替える。

用。量だけではなく質も問われるなど厳しい競争下にある。

コスト面から考えて、まず気になるところは食材費である。同リゾートは本部でコントロールできる仕組みを整えている。商品部のなかに、商品開発課メニュー開発チームと仕入れ発注チームがあり、原材料費の管理から仕入れ、メニュー開発を行っている。毎日新しいメニューを開発し、年4回入れ替える。現在バイキング料理は常時130〜140種類あり、うち1年中対応する定番が約7割占める。残り3割を四季折々の季節感を入れて提供する。本

部ですべての料理のレシピー（作り方、盛り付け方法など）、食材を調達し、現場へ送る。現場では、レシピーに基づいて調理すればよく、専門的技術は要らない。また要らないようにレシピーを作成する。年4回メニューが入れ替わる際に説明会を開催し、現場に持ちかえってもらう。

　料理によって旅館は3つのカテゴリーに分けており、「バイキングタイプ」はバイキング料理を提供するスタンダードなタイプ、「プレミアムタイプ」は地元の名物食材を用いてワンランク上の料理を提供し、「会席タイプ」は食事処で1品ずつ提供する。たとえば、「プレミアムタイプ」は、南紀勝浦温泉の「越之湯」（85室）が"紀伊勝浦の生マグロ"、南紀白浜温泉の「白浜御苑」（115室）は"熊野牛"といった案配だ。「会席タイプ」の旅館、山中温泉の「よしのや依緑園」（71室）、三朝温泉の「斉木別館」（70室）などには調理人を配置し、決められたフードコストの中でコントロールしていく。調理人の腕と創意工夫が試されるというわけだ。

　こうしたことにより、食材費の削減が可能になり、フードコストは当然約30％を切っており、人件費も、サービスの絞り込みや調理専門スタッフが不要ということから、従来の旅館の3分の1程度に抑えた。また人件費の変動費化も進め、従業員約1,744人のうち正社員が約300人。1旅館1軒当たり約10人で運営を担当している。

●第2創業期と位置づけ

　創業して約20年。経営会社も変わり、同リゾートは今後3カ年かけて、これまでの反省と振り返りをし、新たな時代に対応する強靭な経営基盤を築いていく。「顧客満足」と「従業員満足」を中心に、従業員満足度を高めていき、さらに旅館を「普段使い」として活用してもらえるように、「湯快リゾート」を使うオケージョンを明確にし、ブランド力を強化。

　「このようなケースは『湯快リゾート』を使う」、というような明確なブランド化を進めていく。同時に、積極的に出店し、さらに規模の経済を追求していき、レベニューマネジメント活動を本格的に活用し、均一料金の見直しを含め収益の最大化を目指す。

【事例2】

淡路島の地域活性化を目指し、旅館からホテル、クルーザーまで展開

ホテルニューアワジグループ（兵庫県洲本市）

本店所在地：兵庫県洲本市小路20番地

創業年月日：1953年

店　舗　数：15館17ブランド従業員数：約1,500人

総 売 上 高：約165億円（2019年12月度）

●破綻した旅館やホテルを再生

　淡路島（兵庫県）に1953年創業の民宿「水月荘」を前身とするホテルニューアワジグループ。創業から約70年が過ぎた今、洲本温泉に旅館「ホテルニューアワジ」（117室）を中心に島内に10軒、四国や岡山、神戸、京都に計15館17ブランドを展開している。そして2021年7月、グループホテル「海のホテル島花」（47室）にクルーザーに宿泊する「クルーザーキャビン」をオープンした。船は旅の究極の形ともいわれ、最高級の贅沢を提案する。こうした時代を先取りした「宿泊」商品を提供し続ける一方で、住宅型有料老人ホーム事業や風力発電・太陽光発電など自然エネルギー事業など、事業展開は多岐にわたる。あくまでも地元・淡路島を中心に活動を展開し、年商約120億円のホテル・旅館グループを形成している。

　多店舗展開が顕著に始まったのは2004年頃からだが、それまでも動きがあった。バブル経済崩壊により、「ホテルプラザ」（大阪市、1999年閉館）が淡路島に進出した「ホテルプラザ淡路島」が閉館。1998年にホテルニューアワジが買収し、「ホテルニューアワジプラザ淡路島」（78室）として開業した。以降、淡路島内で経営難に陥った旅館を取得し、

海を臨む「ホテルニューアワジ」（洲本市）の大浴場「淡路棚田の湯」。宿によって浴場の設えが異なるのも魅力。

次々に再生。因縁深いのは旅館「四州園」である。2004 年に経営難に陥り、ホテルニューアワジが買収し、「ホテルニューアワジ別亭淡路夢泉景」（60 室）として開業。歴史をたどれば、ホテルニューアワジが旅館業に着手する際、土地を分けてもらったのが隣接地の「四州園」だったという。

　同グループの場合、同じタイプの旅館やホテルはなく、その地域の良さをとりいれて、こういう施設があればいいな、という視点で施設構想を生み出している。たとえば、香川県の旅館「阿讃琴南」（28 室）は旧・ビレッジ美合を取得し、「山のリゾート」として改装。同グループは「海のリゾート」が多いことから、「山のリゾート」にはこれまで以上に力が入ったという。以前の建物はヘルスセンターのような宿泊施設付きの大衆温泉浴場と、山側に点在するヒュッテで構成されていた。山の自然を取り込んだ温泉浴場を備えた宿泊施設にし、ヒュッテはペット同伴の宿にした。ペットブームを考えてのことで、貸し切りの客室でテラス付きとし、テラスにはハンモックを備え、リゾート雰囲気を演出。これがペットの写真スポットとして人気になり、コロナ禍でも高稼働を示している。2011 年には神戸市の「神戸ベイシェラトンホテル＆タワーズ」（270 室）を買収。世界的ホテルチェーンのマリオットグループの一員になり、世界への進出を果たした。同ホテルでも「ニューアワジ」らしさを打ち出した。2014 年、温泉を掘削し、神戸六甲温泉「濱泉」をオープンしたのだ。世界広しといえど、温泉施設付きのホテルブランド「シェラトン」は珍しい。多彩な湯船を設けた露天風呂が好評で、日帰り客も少なくない。併せて、隣接する複合施設内には淡路の食材を販売するマルシェもオープンしている。「神戸から淡路を発信する」である。

　そして、2017 年には京都市に「坂のホテル京都」（京都市東山区、38 室）を開業し、和の佇まいのある旅館風の宿泊施設で、温泉施設も整備し、食事は淡路の食材をふんだんに用いた懐石料理を部屋出し[8]で提供する。

　宿泊施設は常にどこかで淡路と繋がりをもっており、神戸と京都の出店は、淡路島への入り込み客の約 8 割が関西圏であることから、「淡路の旅」の発地[9]といえる。それらの都市に出店し、淡路を訪れる利用客の動向を知るというのも目的の一つとなっている。

　こうして経営難に陥ったり、閉店や閉業している宿泊施設を取得し、再生を手掛けている。いずれのケースも受動的な場合が多く、「旅館が破産した」と聞けば、なんとかできないか、と考える。決して積極的に買収して再生という動きではない。

　バブル経済崩壊後、全国津々浦々で温泉街全体が衰退していくケースが見られた。関西では、北陸の片山津温泉などが典型的な事例といえよう。大型旅館が次々に廃業。経済環境の悪化に加え、団体から個人へと利用者が変わり、ニーズの変化に対応しきれなかったというのが一般的な見解である。淡路島でもバブル

「神戸ベイシェラトンホテル＆タワーズ」（神戸市）の温浴施設「濱泉」は温泉掘削に成功し、天然温泉を楽しめる。

経済が崩壊し、阪神淡路大震災が発生と、旅館の廃業が相次いだ。このままでは地域が衰退するという危機感からホテルニューアワジが立ちあがったといえる。

　次第に同グループのホテルや旅館の再生の手法が評価され、他の地域からの引き合いが相次いできた。岡山県津山市の津山国際ホテルの建て替え案件もその一つ。津山市の地元の企業や人々からの申し出があり、運営を受託。「ザ・シロヤマテラス津山別邸」（65室）を2019年にオープンした。2020年7月には、津山市の「城東町並み保存地区」にある国の重要文化財に指定された造り酒屋だった4棟続きの町家を改修。3棟を宿泊棟、1棟をパブリッククラウンジとして、1日3組限定の「城下小宿糀や」を開業している。

　淡路島の民宿から始まった旅館が、リーズナブルな旅館から高級旅館、別荘タイプの貸し切りの宿、シティホテルに世界的な高級ホテルまでをグループ化。価格帯は1泊2食付き1万円少しから同5万円まで、という幅の広さ

高級客室棟「ヴィラ楽園　星の庭」。3世代旅行を意識し、広めの露天風呂を付帯した贅沢な造りで家族客に人気。

だ。それぞれ独立したブランドで、個性をいかした形で運営を行う。それらの中心にあるのが「地元＝淡路島」である。グループ内での予約システムを構築しており、「ニューアワジグループ」内で顧客が回遊するという動きが出てきている。

　PR 面ではテレビ CM に着手したのも早く、1982 年頃からといい、約 40 年が過ぎる。テーマソングは、シンガーソングライターの西浦達雄が手掛けた。

●常に「淡路島」を念頭に

　兵庫県淡路市、洲本市、南あわじ市で構成する淡路島は人口約 13.5 万人の瀬戸内海に浮かぶ大きな島である [10]。1985 年鳴門大橋が開通し、四国と繋がり、1998 年には明石海峡大橋が開通したことで、関西の主要マーケットである京阪神地区との距離が近くなった。大阪市内から車で約 1 時間と通勤圏内といえるような「近場のリゾート」として人気が高い。

　2016 年の観光入りこみ客数は約 1,278 万人。うち宿泊客数は約 130 万人で、観光消費額は 1,144 億円という数字が出ている [11]。GDP に対する観光産業の寄与額の比率が高く、県内を 5 エリアに分けて比較したところ、約 15％と淡路島はもっとも高い [12]。観光産業が淡路の主力といっても過言ではない。一方で、少子高齢化がすすみ、人口の減少傾向が顕著でもある。このままで行くと、2015 年と 2040 年との比較では、淡路市が 4.4 万人から 3.0 万人、洲本市が 4.4 万人から 3.3 万人、南あわじ市は 4.7 万人から 3.4 万人になると試算されている [13]。人口減少は淡路島だけの現象ではないにしろ、全産業で考えていく大きな課題である。

　いうまでもなくホテルや旅館の宿泊事業における経済効果は地域経済に影響を及ぼすことが判明した [14]。確かにここ数年、合言葉のごとく出てくる「地産地消」に始まり、雇用に至るまで地元に与える経済効果は並々ではない。となれば、ホテルニューアワジの事業展開は、まさに地元・淡路島の活性化を考えてのことであろう。

　2019 年に兵庫県加古川市の加古川経営者協会で、ホテルニューアワジ代

表取締役の木下学は次のように話している。

「平成7年の淡路島を震源とする阪神・淡路大震災を震源とする阪神・淡路大震災が発生。その後の3年間は非常に厳しい状態でした。平成10年明石海峡大橋開通・平成12年淡路花博開催により淡路に賑わいが戻った。しかし、架橋効果で宿泊者減、日帰り旅行者の増加、団体旅行や海水浴客の減少により、業界を取り巻く環境が変化していた。そのころ業界では団体旅行隆盛時代からの脱却が進まず、経営破綻する旅館が増加しました。旅館、ホテル業界に厳しい環境となりつつあるなか、平成10年〜平成20年のホテルニューアワジの取り組みは、淡路の伝統ある洲本温泉の灯りを消してはならない使命感を感じ、その再生にエネルギーを注ぎました」

こうした地域への思いは、自然エネルギー事業や有料老人ホームなどの事業展開にも通じることではないか。さらに観光は6次産業と言われており、その意味でさまざまな産業界へ影響を及ぼすことは言うまでもない。2020〜2021年の新型コロナで観光業界が打撃を受けている際、ニューアワジグループは一部店舗を除き、できるだけ営業を続けてきた。「すべてが閉まっていたらみんなの気持ちが暗くなるだろう」（木下社長）という配慮に加え、少しでも経済活動することで助かる企業もあるだろうという判断だ。

旅館再生ビジネスに取り組み企業は多々ある。ホテルニューアワジは、まずは「地元・淡路」なのである。たとえば、淡路島は食の宝庫である。「鯛」「ふぐ」「鱧」「サクラマス」などのシーズンは食を求めてくる観光客で賑わう。それがコロナ禍で観光客が見込めないことにより、通年予定している「淡路島サクラマス」をすべて買い取った。そうしないと漁業関係や卸関係の企業に影響するからだ。グループの規模のメリットを駆使し、朝食などに組み込むなどですべてを使い切ったという。

また宿泊業は「衣食住」に加え「雇用」など人に関わることも大きい。「人」はサービスをする上で大切であり、淡路島の活性化にも欠かせない。若い世代が生き生きと働ける職場創りに加え、従業員が定着する取り組みが進められている。

●「人」を育成

少子高齢社会の昨今、人手不足は深刻な問題である。とくにリゾート地での事業では労働力確保は事業の存続にも影響しかねない重要なことだ。ホテルニューアワジグループも「都心の一等地ではない」ために学生たちは「もう一度学校へいく感覚でくる」¹⁵⁾としており、それらを見込んで「人」の確保や人材育成を進めている。

グループ全体の社員数は約 1,700 人。基本的に地元での採用を進めているが、実際は約 7 割が島外からやってくる。新卒採用は 10 年前から開始し、毎年約 150 ～ 200 人を募集。応募者は約 1,000 人前後という。エリアは中部以西が大半とのこと。

温泉旅館のイメージが強いためか、本人はともかく両親が「大学までいかして温泉旅館に就職するなんて・・」という印象を持つ場合も少なくない。しかし、テレビ CM をはじめ、京都や神戸にグループ旅館やホテルがあることで認知度が次第に高まっていったという。グループ展開は企業の信頼度の構築にも繋がっているわけである。

定期的に採用が進むと、教育・研修制度も充実し、新人教育から半年すぎての集合研修を実施し、発表会を行う。そして 2 年目のスキルアップセミナー、キャリアアップセミナーなどを実施。5 年後にはジュニアアカデミー、シニアアカデミーなども実施し、新入社員教育も含めて年々教育に力を入れてきた。それによって、以前は 1 年目で新入社員が 10％以上辞めていったというが、随分改善された。

2020 年と 2021 年はコロナ禍で休業を余儀なくされた期間に、教育研修プログラム作成し、実施した。作成も講師もすべて内製化し、自分たちの手で作り上げた。実施期間は 4 月から 6 月にかけて計 10 回。時間は朝 9 時から 17 時までの 1 日コースである。内容は「ホテルニューアワジの歴史・社会貢献・誇り」「ワンチーム（相談の大切さ・学校と仕事のつながり）」といった仕事に対する基本的な姿勢を考える講座をはじめ、「3 ～ 5 年後の自分のありたい姿」というキャリアプラン、「ホテルの新たな役割」や「料飲サービス研修」として実際の仕事についての講義や実技など、実に多彩な内容を盛

り込んだ。

「働く意義」や「サービスの心得」など新入社員に仕事の基本を伝えていくことで、現場で考える力を養えるとしている。最初から実務に近いことばかりだと、仕事に面白味がなくなり、考えることをしなくなるから、だという。

研修成果として、新入社員はもちろん、ダーが目を見張るほど成長。研修とは、上に立つものも成長させるということが見えてきたとのこと。

社員にとって働くために大切なのが福利厚生である。5年前に事業所内保育所を設置。

2人の保育士が常駐し、旅館の営業に合わせて、朝は7時から夜23時まで開

事業所内保育所を2016年に開設。7〜23時まで長時間対応し、従業員に喜ばれている。社宅も整備した。

いており、社員たちをサポートしている。独身寮は約400室を備え、現在は社宅の建設を進めている。立地は、旅館の近くではなく街中に地上4階建てを建設。1階にテナントと社宅1室、2〜3階に各4室の計9室。1室あたり約60㎡以上というファミリータイプである。街中に建設を決めたのは、社員ではなく社員の家族のニーズに応えて、学校や買い物に便利な方がいいだろうという判断だ。家族が喜べば、社員の働く意欲もさらに湧いてくる。

地域に貢献し、社員（従業員）に目を向け、企業を取り巻く環境を整備していく。少子高齢化が進む社会変容の中で、「地域貢献」と「人材確保」は、これから宿泊事業を継続していくための生命線といえるだろう。

次なる目標として2023年に淡路島に新たな旅館を誕生させる。客室数は25室。災害に強く、自然エネルギーを活用するホテル。高温浴と低温浴の露天風呂に外気浴ができる施設を整備する。交互に入浴することで、集中力を高めて、より交感神経を刺激する。繰り返すうちに癒しの効果をもたらすのだそうだ。

これまで「健康」と「スポーツ」はビジネスになりにくかったが、最高の

「癒し」を提供できれば、価値を生む。現代の新たな温泉の楽しみ方を提案し、新たなストレスフリーのサービスの提供を目指す。ちなみに 1 泊 2 食付きで 6 万円を想定している。温泉旅館の強みをさらなる段階へと押し上げていくホテルニューアワジグループ。社会の変容に合わせて、どこまでも「温泉」をキーワードに「癒し」を追求していく。

【事例 3】
"地域資源を企画・編集する"
人と人の繋がりを大切にしたコミュニティホテル

株式会社ホロニック

本店所在地：神戸市東灘区向洋町中 6-9
　　　　　　神戸ファッションマート 10 階
創業年月日：1998 年 12 月
店　舗　数：5 店舗
従 業 員 数：約 270 名
総 売 上 高：約 20 億円（2020 年度）

●ブライダルを収益の主軸に置き、ホテルを立て直し
　「景観」「地域資源」「過ごし」という 3 つの特徴を持つコミュニティホテル「SETRE（セトレ）」。2021 年現在で神戸、姫路、琵琶湖、奈良、長崎に計 5 店舗展開している。2020 年 10 月には㈱ JR 西日本と合弁会社を設立し、京都市に新ブランド「Potel（ポテル）」を開業した。ホテル運営や経営分析、コンサルティング業務などを含めてグループ総売上は約 20 億円。
　創業は 1998 年。ブライダル事業からスタートした。なぜか、といえば、社長の長田一郎は、起業する前に友人のブライダル事業を手伝い、東京の代官山にあった空き家を活用できないかということでブライダル施設にしたところ大人気となり成功を収めたという経験がある。今でいう「邸宅ウエディング」の先駆けである。

　そこで学んだのが、ブライダル施設は立地を選ばない。別段繁華街でなくとも成立する。別荘でも一軒家でもブライダルは可能であり、資金が潤沢になくとも工夫次第で事業として成り立つ可能性が大きい、ということだった。そうしたこともあり、最初に手掛けたのが阪神間にある邸宅を活用したブライダル施設の運営。広大な庭にモダンな洋館建てのブライダル施設は若い二人の心を射止め、人気を博した。

　2000年代の初めといえば、バブル経済が崩壊し、全国津々浦々でホテルや旅館の倒産が相次ぎ、経営難に陥るホテルが続出していた。そんななか同社も、西宮市（兵庫県）や泉大津市（大阪府）、加古川市（兵庫県）などのホテルの再生やブライダル部門の運営受注などを手掛け、ブライダルを主軸にホテル再生のノウハウを構築し、いよいよ本格的にホテルビジネスに乗り出していった。

　「SETRE（セトレ）」の第1号は、2005年に神戸市垂水区に開業した「SETRE（セトレ）神戸・舞子」。明石海峡大橋のたもとに建ち、海と大橋を目の前にしたロケーションの良さは言うまでもない。客室数24室、イタリアンレストラン、パーティ会場などブライダル施設を備える。ウエディング人気が高まり、年間平

2005年に開業したホテルブランド「セトレ」第1号の「セトレ神戸・舞子」は関西近郊リゾートとして人気。

均約200件を受注し、最も多い時で約300件はあったという。年間売上のうち約3割にあたる約5億〜6億円をブライダル部門で占めるという収益構造だ。

　ホテルは以前別の会社が運営していたが、経営不振により撤退を余儀なくされた。その後、購入し、その際立ち上げたブランドが「SETRE（セトレ）」である。

　「ブライダル」という商品は、いわゆる婚礼商品。景気に左右されない個人消費であり、高額商品であることが大きな特徴だ。たとえば、1組あたり平均60人の参列者数で1人当たりの消費単価が約5万円とすると、1組約

300万円という具合だ。

　バブル経済崩壊後、競ってホテルはもちろん神社仏閣をはじめレストランが競ってブライダル事業に参入。「貸し切りウエディング」「ゲストハウス」、「邸宅ウエディング」などをはじめ「観光ウエディング」や「リゾートウエディング」「海外ウエディング」などウエディングも多彩を極めた。そのうちホテルで行う「ホテルウエディング」[16] が陰りを見せ、その代わり台頭してきたのが「ゲストハウスウエディング」であった。

　「ゲストハウスウエディング」は、古い一軒家などの活用した邸宅ウエディングをはじめ、邸宅風の専用式場での挙式・披露宴を意味する。

　アットホームで貸し切り感やオリジナル感があり、瞬く間に若い人たちの心を射止めた。その成功の理由は、ブライダル専業事業者となれば常に新規顧客の開

「セトレ神戸・舞子」のチャペル。ブライダルの人気は高く、年間平均約200組、多い時は300組を受注。

発を進めていかなくてはならない。婚礼ニーズをくみ取り、婚礼客よりは一歩先を行くぐらいでないと、需要を取り込めないであろう。そこにはリピーターの創造を望めないブライダル事業独特のノウハウがある。

　「SETRE（セトレ）」が提供するブライダルは「ホテルウエディング」ではなく「ゲストハウスウエディング」の性格を持ち、それだからこそホテルの収益の柱にできたといえる。

　「SETRE（セトレ）神戸・舞子」は、「海を望む絶景のウエディング」であり、「SETRE（セトレ）ハイランドヴィラ姫路」は山頂の立地をいかし、「姫路で一番空に近いチャペル」といった打ち出しである。グループホテルだからといって一様ではなく、そのホテルの立地特性をいかしている。まさに「地

姫路市の広嶺山の山頂にあり、「姫路で一番空に近いチャペル」を打ち出した「セトレハイランヴィラ姫路」。

域の魅力を探しだす」コミュニティホテルならではのブライダル商品といえよう。次々にホテル運営に乗り出すなか、2014年にブライダル業界に新しい価値観を提供することを主眼に結婚式場などの運営を手掛ける㈱ノバレーゼ（東京）と業務提携している。ノバレーゼが取り扱う婚礼衣装や装花、映像、写真、引き出物など専属的に販売できるというものである。これ以上強い味方があろうか。

●人と人との関わりをつなげていく「コミュニティホテル」

そもそもブライダル事業からホテル運営に乗り出してきたきっかけとなったのが、「人と人との繋がり」である。ブライダルは顧客と担当者（ウエディングプランナーやウエディングコーディネーターなど）との付き合い[17]が、挙式予定の3～4カ月前から始まる。最初の打ち合わせから挙式前までの打ち合わせは1回平均約2時間、平均5～7回という。そして当日は二人に付きっきりである。婚礼を媒介にして顧客とブライダル担当者という関係で、長期にわたる挙式準備を通して信頼度や親密度がさらに高まっていく。

ブライダルは担当者と顧客との間に濃密な人間関係が構築されるわけだが、それが挙式当日を境に終わってしまうケースが多い。個人的な関係で年賀状のやり取りをしている場合もあろうが、顧客との関係はどうしても属人的になってしまう。極端な例だが、挙式・披露宴が終了した後、挙式会場を訪れるカップルはどれだけいるだろうか、ということだ。その点、宿泊や飲食など機能が多いホテルは、挙式・披露宴が終了しても利用することは多い。ホテルの中には「ゆりかごから墓場まで」と、人々の生活を生涯にわたりサポートできる。老舗ホテルの中には、すでに2世代、3世代、4世代にわたり婚礼を請け負っているところも少なくない。

そうしたホテルという宿泊業の特性に点に着眼し、ブライダルを通して親密になった人間関係を終わることなく継続していこう、というところからホテル事業へ乗り出した。そして「ホテル」でもブライダルを手掛けているのは都市に立地している「シティホテル」だが、規模も大きく弱小企業では難しい。そこで、長田社長が思い立ったのが「誰も注目しないようなホテルを

運営する」である。つまり郊外に立地するシティホテルの機能を備える「コミュニティホテル」であったのだ。

●地域の魅力を掘り起こす

2005 年の「神戸・舞子」(24 室) に続き、2008 年に「姫路」(15 室)、2013 年に「びわ湖」(14 室)、2015 年が「長崎」(23 室)、2018 年「ならまち」(32 室) と順調に軒数を伸ばしてきた。いずれも地域の魅力を掘り起こしてホテルから情報を発信。地域と繋がり、地域の人と繋がり、人から人への輪が広がっていく。そうした繋がりの中から、地域ならでの食材や名産、名物、伝統工芸や伝統文化など、地域の魅力が見えてくる。それは人と人との繋がりや共感、絆を大切にし、コミュニティを創り地域資源の発見や発掘を進め地域創生につなげていき、豊かなライフスタイルの提供を目指す企業との連携へと繋がっていく。

たとえば、2017 年に「セトレハイランドヴィラ姫路」では、「その地域の資源を掘り起こす」をコンセプトにテーマ別にコンセプトルーム 3 部屋を設けた。かねてより付き合いのある「WISE・WISE (ワイス・ワイス)」(東京)、「西粟倉・森の学校」(岡山県西粟倉村)、「和える (あえる)」(東京) の 3 社がそれぞれのコンセプトに基づいた世界観のある客室をプロデュース。「『和』aeru room (和えるルーム)」[18]、「『愉』ワイス・ワイスルーム」[19]、「『樹』森の学校」[20] である。各社の製品や活動などを紹介するショールーム的な役割も兼ねており、販売は各社とホテルが協力して行う。そして客室売上の一部を各企業に還元するという仕組みだ。ホテルという場を活用し、日本のホンモノの良さに触れてもらう、広く知ってもらいたいという意味もこめられている。ちなみにコンセプトルームは 1 泊 2 食付き 2 名 1 室 2 名 5 万 8,000 円から (2018 年 1 月現在)。

また 2018 年にオープンした「ならまち」(32 室) も奈良ならではの土壁の技術を用い、ロビーには県産品と県の伝統技術を集めた「匠室～マイスタールーム～」を設けた。県産の吉野杉を使い、釘を使わない三方格子で組まれた空間は屋根、壁、畳に至るまで奈良で培われた素材と技術を巧みに表現し

ている²¹⁾。

地元には、いろんな分野ですばらし
い人たちがいるが、脚光を浴びる機会
がない。そこでホテルを一つの舞台と
して紹介し、こんなに素晴らしい人が
いるのだということをアピールしてい
く。それが人から人に伝わり、輪がで
き、さらに繋がっていく。そういう関

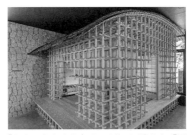

「セトレならまち」のロビーに設けた「匠
室～マイスタールーム」。県産素材と伝統
技術に触れられる。

わりを少しずつ増やしていくことが大切だと考えているわけである。

ホテルのある地域の背景はそれぞれである。だからホテルもそれぞれの地
域に合わせて作られており、「SETRE（セトレ）」というブランドながら、ど
れ一つ同じデザインのものがないというのも特徴の一つである。

そうしたホテルを生み出す続けるホロニックの企業ミッションは「つなが
りつなぐコミュニティ創出企業」を目指すことである。

●新ブランド「Potel（ポテル）」を生み出す

これまでホテル再生という事業が多く、
立地条件や経営条件など厳しい物件が多
かった。それは「誰も注目しないホテル
を運営する」というところから始まっ
た。それが卓越したブライダル専業のノ
ウハウと、とことんまで地域の魅力を追
求するという企業姿勢が成功へと導いて
きた。

その一つの大きな節目となるのが新
ブランド「Potel（ポテル）」の誕生であ
る。JR西日本、JR西日本ホテルズ、ホ

2020年秋に開業した「梅小路ポテル京
都」。昔なつかしい銭湯や日本の発酵文化
を伝える発酵所がある。

ロニックの３社で運営会社「JR西日本ホロニック」を設立し、2020年10
月、京都市に「梅小路Potel（ポテル）京都」を開業。「Potel（ポテル）」は、

「Port（港）」と「Hotel（ホテル）」を組み合わせた造語で、ホテルを港と見立て、そこからいろんな価値ある出会いを生み出し、地域との関わりを持つ拠点にしよう、という考え方である。客室数は 144 室、付帯施設はレストラン、テイクアウトができるカフェ（珈琲と紅茶とそれぞれの豆や茶菓にこだわった"ホンモノの美味しさ"を提供するお店）、そしてオープンキッチン付きのパーティ会場も備える。別棟には、日本の発酵文化を伝える梅小路発酵所、その昔庶民の社交の場であった銭湯「ぽて湯」などを備える。

　客室棟には、同社が展開するコミュニティホテルの特徴である「客室を飛び出して過ごす」というコンセプトに沿って、「あわいの間」と称したパブリックスペースを設けた。「Game（ゲーム）」「Music（音楽）」「Book（本）」「Moku（木のスペース）」と 4 つのテーマにわけた 4 エリアにフリードリンクのドリンクスペースも設けている。宿泊するだけでなく、滞在中、思い思いの時間を過ごしてほしい、という思いをこめてのことだ。

　地域の魅力を発掘し、発信するコミュニティホテル「SETRE（セトレ）」。現在同社には約 270 人の社員（パート・アルバイト含む）が在籍している。教育・訓練というようなことは少なく、理念や考え方などミーティングを通じて、同社のビジョンを共有し、身体に浸透させていく。各ホテルのスタッフは自然に地域へと足を運び、地域の人とコミュニケーションを通じて地域の魅力を見つけ出していく。そういう行動が自然にできるような企業風土でもある。ちなみに社員の平均年齢は約 33 歳と若い集団である。男女分け隔てなく活躍しており、「SETRE（セトレ）ならまち」の開業時の総支配人には若干 27 歳の女性が就任し、話題になった。

　すでに鎌倉（神奈川）と広島の老舗旅館再生案件も決まっている。どのような地域の魅力を見つけ出していくのか。まずは地域を歩きまわることから始まる。

【事例4】

古民家を宿泊施設に再生し、
観光を切り口に持続可能な地域創生の礎を創る

NOTE（ノオト）グループ

株式会社 NOTE

　　本 店 所 在 地：兵庫県丹波篠山市二階町 18-1

　　創 業 年 月 日：2016 年 5 月

　　事業実施地域数：約 30 地域

　　従 業 員 数：約 20 人

一般社団法人 ノオト

　　本 店 所 在 地：兵庫県丹波篠山市丸山 42

　　創 業 年 月 日：2009 年 2 月

　　従 業 員 数：約 10 人

●古民家を再生し、地域活性化へ

　少子高齢化が進み、人口の都市へ集中する傾向がみられる昨今、全国津々浦々空き家となった古民家は多いこと。全国で約 150 万棟の歴史的建造物[22] が残されているが、そのうち指定文化財となって保存措置をとられているのは約 1.5 万棟だという。わずか 1％という心細さである。江戸時代以前に成立した歴史地区が切り捨てられていくことは、地域が積み重ねてきた歴史や文化がまるごと一つ消失する。そうしたことに大きな危機感を抱いたのが㈱ NOTE である。

　丹波篠山市に本拠を置き、『なつかしくて、あたらしい、日本の暮らしをつくる。』をコンセプトに、古民家など歴史的建築物を宿泊施設や飲食施設、物販施設などに改修し、分散型ホテルを

できるだけ手を入れずに、当時の良さを今に伝えようと、これまで再生してきた古民家は約 150 棟。

中核に地域に新しい生業を創出し、歴史文化を次世代へ繋ぐ地域再生事業ブランド「NIPPONIA（ニッポニア）」を展開。2021 年現在、全国約 30 か所で展開されている。これまで再生してきた古民家は全国 150 棟近くに上り、古民家再生の最先端を走るプロフェッショナル集団である。

　古民家を再生するビジネスを展開している企業は多々あるが、㈱NOTEは「郷にいること」を大切にし、地域に入り込んで地域の人々の気持ちを汲み取り、地域の状況に合わせて、無理のない事業スキームを構築。状況に合わせて、地域で運営、あるいは専門事業者に任せるなど柔軟に対応する。あくまで地域内で経済の循環を生み出し、地域が将来にわたって存続する基礎を造るということだ。

　NOTE はもともと丹波篠山市の指定管理などを行うまちづくり会社から始まり、2009 年に一般社団法人ノオト、2016 年に株式会社 NOTE が設立。2 つの組織は連携して事業を推進している。ちなみに商号の「ノオト」は、「農の都」を意味する。篠山のまちづくり会社から始まったことから、篠山を象徴する農業だというところからきている。そしてもう一つが「ノートパッド（notepad）」のように、地域の文化や歴史を書き留める役割でいたいという思いをこめたという。

●限界集落が年間2,200万円を生み出す宿へ

　ノオトの活動は、2008 年の篠山市（当時）の丸山集落の地域再生から始まった。丸山集落は全 12 戸のうち 7 戸が空き家という限界集落である。このままではいつか消滅する、というところまできていた。当時の篠山市の副市長の金野幸雄（一般社団法人ノオトの初代理事長）は、日本の原風景を思わせるような美しい里山を見て、なんとか景観地区として指定し、残していきたいと考えていた。地元に話を持ち掛けるも高齢化も進んでおり、住民たちに

日本の原風景を思わせる美しい里山の「古民家の宿　集落丸山」。年間約 800 人もの利用があるという。

はあきらめの境地のようなムードが漂っていた。この時、金野は「景観地区の指定やルールだけではこの地域を守れない。この景観と集落を守るためには具体的なプランが必要」と考え、具体的なプラン作りに向けて動きだしたのである[23]。

　同年から計14回ものワークショップを開催した。地域の内発的な力を生み出すために、集落の住民たちと共に話しあい、そして明確な方向性を打ち出した。それは「今も残る日本の暮らしを体験できる場所にする」「空き家を宿泊施設やレストランとして活用する」である。誰からか押し付けられたものではなく、集落の住民たちが自ら自分のものとして打ち出した。

　こうして「古民家の宿 集落丸山」の基礎ができてきたわけであるが、事業化していくには集落の住民たちだけでは難しい。そこで、一般社団法人ノオトが事業支援をすることになる。2009年、住民側で「NPO法人 集落丸山」を設立し、さらにこの2つの団体でLLP（有限責任事業組合）を設立した。それによって「古民家の宿 集落丸山」の事業運営がスタートしたのである。役割としては、住民側の「NPO法人 集落丸山」が予約受付や接客サービスなどの実務を受け持ち、ノオトは資金調達やリノベーション、事業戦略・運営など、事業の根幹をサポートする事業分担を決めた。

　改修にあたり、文化財改修の考え方を踏襲し、その建物がもっとも輝いていた時期に戻すことにこだわった。基本的に必要以上の改修は行わず、屋根などの断熱工事を行い、崩れた天井や壁は丁寧に修復するという考えだ。約10年前に空き家になっていた古民家を改修し、1棟貸し切りの宿2戸を整備。隣接した蔵を改修したフランス料理店「ひわの蔵」と、元々集落内にあったそば懐石「ろあん松田」という2店舗で夕食を提供する。そして朝食は地域の婦人たちの手作り料理という具合に、夕食と朝食にメリハリをつけた。集客目標は国内客を中心に約3割稼働と、無理のない範囲に設定した。

　その結果、人口が5世帯計19人という消滅寸前の限界集落が年間約800人もの利用客を集め、約2,200万円を売り上げる地域になったのである。

　2015年には丹波篠山市で、古民家を改修した分散型ホテルを中核にした地域再生事業「NIPPONIA（ニッポニア）」を立ち上げ、最初の事例となる

「篠山城下町ホテル NIPPONIA」を開業している。

●地域会社「まちづくりビークル」とキャピタルデザイン（資金調達）

　空き家は活用しなければ、資産価値はゼロ。それを宿泊施設などに改修し、地域まるごと1つのホテルとして構成することで、人の交流が始まり、経済の循環が生まれる。NOTE が展開する事業の大枠である。空き家問題は、個人だけはなく地域にとっても国や地方自治体にとっても大きな問題になっている。NOTE が手掛けている事業は、個人はもとより国や自治体にとって救世主ではなかろうか。

　ノオト（NOTE）には「一般社団法人」と「株式会社」がある。「一般社団法人ノオト」は古民家の歴史的資源を活用した分散型エリア開発による地方創生事業において、調査研究や制度設計・政策提言などの公益事業を担当する。一方、「株式会社 NOTE」は、歴史地区における地域デベロッパーとして、事業企画・計画策定から事業体組成、物件・資金調達、事業者誘致まで一体的に実施するという形で収益事業を手掛けるとしている。もちろん両社は状況や条件に応じて連携して事業を進めている。

　開発手順として、まず具体的なエリア開発事業の実施に向け、エリア開発事業の企画・計画を策定する。地域資源の調査やコンセプト、空き家調査や資金計画・収支計画などを立てていく。ここで重要なのは無理のない計画である。たとえば、収支計画において数字が一人歩きし、数字に苦しめられることないように現実的な数値に設定。先ほどの「古民家の宿 集落丸山」では稼働率は約3割に設定し、それでも採算がとれている。

　価格設定や稼働率について、次のような流れで算出している。地域の状況にもよるが、最初に改修費用や投資にかかる費用を算出し、次に月あたりの販売可能室数を計算、そこから必要な稼働率を把握する。その稼働率に無理があると判断した場合は初期投資を再検討し、最終的な返済スケジュールと客室単価などの各費用の調整を進めていく。たとえば、計算の結果、1泊15万円と算出されたとしよう。高額すぎて売れにくい。加えて、高額であればあるほど、サービスレベルを上げなくてはいけない。しかし、NOTE が提

供しようとしているのは、高級ホテル並みの手厚いサービスではなく、地域だから体感できる本物の暮らしである。そうしたニーズはある一定量はあるわけで、そうした利用客の誘致を図っていくのである（JTBF、2021、88頁）。

　次に、エリア開発の事業を担う事業体を組成する。通称「まちづくりビークル（乗り物の意）」で、地域人材とNOTEで構成する。物件所有者、行政、地域、金融機関、物件で事業を始めたい事業者、工事を担う工務店など、あらゆる団体との間をとりもち、すべてを調整する役割を担う。同時に、資金面の計画を立てるキャピタルデザインを行う。中心となるのは観光系ファンドや銀行融資で、地元企業のスポンサード、国や自治体の補助金などの導入も可能とする。こうして計画の詳細が決まると、施設運営事業者のマッチングとして、ホテルやカフェ、レストランなどの企業や個人とマッチングする。この時、まちづくりビークルが、地域内に同じ業種が偏らないように配慮し、開発エリアにとってもっとも魅力的なものになるように検討を進めていく。地域との連携を基本とするため、まちづくりビークルは約27〜28社に及ぶ。つまり、地域ごとに地元企業や専門業者を巻き込み事業体を組成することで、地元の雇用と収益を生み出す。

　運営形態は「地域運営型」と「事業者運営型」の2つがある。「地域運営型」は、「古民家の宿　集落丸山」のように地域コミュニティと連携して地域住民らによる運営事業体を立ち上げて運営するスタイルである。「事業者運営型」は「篠山城下町ホテルNIPPONIA」のように運営部分は外部のプロの事業者に委託している。ちなみに「篠山城下町ホテルNIPPONIA」はバリューマネジメント（大阪市）が担当している。

　各プロジェクトの管理はNOTEが中心になり、地域ごとに担当のエリアマネジャーを配置し、常日頃からコミュニケーションをとり情報共有をすることで、地域相互の連帯感が高まりチームの結束力も強くなる。

　現在一般社団法ノオトと株式会社NOTEの従業員はそれぞれ約10人と約20人。元銀行員や元IT企業勤務などキャリアはさまざま。一貫していえるのは、地域と一緒になって汗をかきたいという思いで集まってきた人が多いという。ちなみに広報担当者の1人は、東京の大学を卒業し、生まれて初め

て丹波篠山にやってきた。就職活動の際、NOTE の考え方に共感し、どうしても入社したかったという。「地域に行って掃除をしたり、住民と話をしたり、とにかく毎日楽しく、充実している」と話していた。

●分散型ホテルを中心に地域再生事業「NIPPONIA」

分散型ホテルとは、フロント棟を設け、周辺に宿泊棟やレストラン棟、物販店やカフェなどが入居する棟など、複数の棟で構成する。2015 年にスタートした丹波篠山市の「篠山城下町ホテル NIPPONIA」（以下 篠山城下町）。分散型ホテルの先駆けで、計画当時の旅館業法は 1 棟ごとにフロントを設置することが義務づけられていた。そのため分散型ホテルの事業スキームを組み立て、許可を訴えた。国家戦略特区によって、やっと開業できたという経緯がある。その後、2018 年に旅館業法が改正され、今ではどこでも分散型ホテルを開業することができる。

「篠山城下町」は約 400 年の歴史のある城下町を 1 つのホテルと見立て、点在する古民家を改修し、宿泊棟、レストラン、パン屋、アンティークショップなどに再生。宿泊棟は 5 期に分けて進められており、最終 11 棟計 21 室の規模になる。

現在「NIPPONIA」は全国で約 30 か所展開している。そのうちの 1 軒、「NIPPONIA 田原本 マルト醤油」は奈良県田原本町に 2020 年 8 月開業した約 330 年の歴史を持つマルト醤油の蔵元の屋敷を改修した宿だ。約 70 年前に天然醸造製法にこだわるあまり原材料の調達が難しくなり閉業した祖父の思いをくみ取り、宿の開業に合わせて、18 代当主のオーナーが醤油醸造を再興。途切れていた醤油の醸造文化を今に伝えることができたのである。そして、宿では宿泊客に醸造体験をしてもらい、天然醸造の醤油を味わってもらうという。古民家再生事業としては最高の成果ではなかろうか。

約 330 年の歴史を持つマルト醤油の蔵元の屋敷を宿に再生。併せて 18 代当主が醤油醸造を再興した。

屋敷は、書庫や原材料庫の蔵をできるだけ往時の趣を残しながら、ベッドルームに檜風呂のバスルームという計7室、23人収容というモダンな宿泊施設に生まれ変わっている。

●「観光」から「関光」へ

古民家を再生し、分散型ホテルを核にした地域再生事業「NIPPONIA（ニッポニア）」。観光事業の一環ではあるが、その内容は地域との関わりが深い。つまり観光資源を開発し、見て聞いて楽しいものにするという視点ではなく、関わりを楽しむという方がふさわしい。一般社団法人ノオトの伊藤清花（当時）は次のように話している。「『観光』は『国の光を観る』という概念から、『光に関わる』という『関光』という発想を持ち、地域住民と地域以外の人が関われるような仕掛けづくりが大切になってくる」と、次の時代の観光を示唆している（JTBF、2021、85-89頁）。

注

1) ホテル特化メディア『Hotel Bank』日本全国の宿泊施設数5万552施設のうち、旅館が1万4,050施設、ビジネスホテルが8416施設、シティホテルが1179施設、リゾートホテルが1,576施設。
https://hotelbank.jp/japan-hotel-statistics-2020january/（2021年10月20日閲覧）
2) 「泊まる・暮らす」「働く」「遊ぶ」を一体にしたホテル。シンガポールのアスコット社が開発したホテルブランド「lyf（ライフ）」がそれだ。
3) 美術館ホテルともいい、館内には別府にかかわるテーマのアート作品が展示されている。加えて、客室の風呂は御影石をくり抜いたもので、1個約500kgだといい、重いためバスルームを造る前に設置した。『月刊ホテル旅館』、2021年、8月号。
4) 平成18年度版　観光白書（観光の現状に関する年次報告）
https://www.mlit.go.jp/npcc/hakusyo/npcc/2006/npcc200601_main_103.html（2021年9月30日閲覧）
5) 「旅行年報　2018」の「1-4 日本人の旅行に関する意識」58頁
https://www.jtb.or.jp/wp-content/uploads/2018/10/nenpo2018_1-4.pdf（2021年9月30日閲覧）
6) 一般社団法人日本旅館協会『営業状況等統計調査—平成30年度—』（一般社団法人日本旅館協会発行　平成31年1月）13頁
・大旅館（100室以上）2万145円　・中旅館（31室以上99室）1万8,662円
・小旅館（30室以下）2万431円
7) 大阪府の最低賃金、2021年10月1日現在。
8) 旅館が客室で料理を提供するサービス。ホテルならルームサービスという。
9) 旅行の出発地を「発地（はつち）」、旅行先を「着地（ちゃくち）」という。最近は

「着地型旅行」といい、着地で旅行プログラムの造成が増えている。

10)　総務省統計局「国勢調査」（2015 年）

11)　『淡路島総合観光戦略（概要版）　日本のはじまり淡路島』(2018 年度〜 2002 年度)
淡路島総合観光戦略策定会議　2018 年 2 月

12)　兵庫県統計課「兵庫県民計算」(2015 年度　実質 2015 年暦年基準　試算値)

13)　総務省統計局「国勢調査」（2015 年）

14)　観光経済新聞、https://www.kankokeizai.com/（2021 年 10 月 1 日閲覧）

15)　ニューアワジグループ代表取締役木下学氏インタビューから、2021 年 8 月 18 日。

16)　「ゲストハウスウエディング」と区別するためにホテルでの婚礼を「ホテルウエ
ディング」と表現している。

17)　「結婚スタイルマガジン」https://www.niwaka.com/ksm/radio/wedding/wedding-
place/bridal-fair/18/（2021 年 10 月 15 日閲覧）

18)　「日本の伝統や先陣の智慧を次世代へ繋ぐ」を目指し、全国の職人の協力し、一生
使えるオリジナル日用品を製造・販売している会社「和える」（東京）がプロデュース。
同 様の客室は同グループの「SETRE（セトレ）長崎グラバーズハウス」にも設置し
ている。『月刊ホテル旅館』、2018 年 1 月号

19)　「国産材を通じて、人と自然との関係を通じて、人と自然との関係を結び直す家具
創り」を目指し、森と自然と地域を繋ぎ、自然と共にあるクラスを提案している家具
会社「WISE・WISE（ワイス・ワイス』（東京）がプロデュース。『月刊ホテル旅館』、
2018 年 1 月号

20)　斜陽産業である林業をみなし、国産材の良さを伝える岡山県西粟倉村の地域再生プ
ロジェクトから始まった会社「西粟倉・森の学校」（岡山県西粟倉村）がプロデュース。
『月刊ホテル旅館』、2018 年 1 月号

21)　屋根は吉野地域の銘木商の徳田銘木が杉皮を使用して製作、壁は奈良の伝統技術を
守り続けている井上左官工業の職人が奈良の天理と月ヶ瀬の土とセメント混ぜたもの
を使用し、畳は吉野の畳製造販売の浜田商店がそれぞれ担当している。『月刊ホテル旅
館』、2019 年 2 月号

22)　不動産ジャパンサイト、https://www.fudousan.or.jp/topics/1504/04_5.html（2021
年 10 月 20 日閲覧）

23)　日経ビジネス電子版「兵庫県篠山市『集落丸山』に見る農泊の成功法則」https://
special.nikkeibp.co.jp/NBO/businessfarm/bizseed/12/（2021 年 10 月 20 日閲覧）

第8章
宿泊業の事業再生と事業承継

1. 宿泊業の経営とは

1）旅館経営とホテル経営

　我が国には、さまざまなタイプの宿泊施設が存在する。代表的な宿泊施設のタイプは旅館とホテルである。多くの旅行者は宿泊施設を選ぶ際に、和室に布団で寝る旅館タイプか、洋室にベッドで寝るホテルタイプかの選択を求められる。

　これらの宿泊施設は、旅館業法という法律で明確に定義されていたが、2017年公布の改正でホテル営業及び旅館営業の営業種別は統合され、旅館・ホテル営業と一括りにされている（厚生労働省、旅館業法の一部を改正する法律、2017）。また、もともと○○ホテルという名前ではあるが、中身は純和風の温泉旅館であるものや、昨今は温泉旅館でありながら低層ベッドを客室に備え、和モダンという名の下、和風と洋風が織り交ざっている施設が増えていることもあり、旅館とホテルという区別は曖昧になっている。

　一方、旅館とホテルの経営スタイルや財務体質には大きな隔たりがある。本章では、旅館とホテルの宿泊施設の経営、財務の特徴を見ながら、特に旅館における事業再生の方法や事業承継の在り方について考察を進めたい。

　なお、先の改正旅館業法においては、宿泊施設の種別は旅館・ホテル営業、簡易宿所営業、下宿営業の3分類となっているが本章では簡易宿所、下宿営業への言及は割愛する。

　さて、まずは旅館とホテルの経営スタイルの違いを確認する。

①　経営主体者と組織図

　旅館における経営の多くは、家族経営であることがまず挙げられる。先祖代々その土地で温泉宿を経営しており、○代目当主として家業を継ぐ形で経営することが多い。また、従業員も長年その旅館に携わっている支配人が予約から配膳、清掃まで全てを担当することや、繁忙期のみパート・アルバイトを採用し、人材の一時的な補充をすることが常態としてある。

　一方、ホテルの多くは企業体で経営をしていることが多く、家族で経営している旅館とは異なる。各部署に人材を配置し、組織図が明確になっていることが多い。このような経営主体者の違いが旅館とホテルの経営そのものに大きな影響を与えている。

②　所有と運営の分離

　宿泊施設は土地や建物といったハードを活用した装置産業的な要素が強くなるが、その所有と運営の仕方も旅館とホテルで異なる。旅館の土地や建物は、その地域で代々継承することが多いため、自社・家族で所有し、運営も自ら実施しているスタイルが多い。このような運営スタイルは、所有直営方式という。もちろん昨今では、会社として旅館を新たに始める企業や、バブル期の過剰投資などで銀行返済ができなくなって経営破綻した旅館を買い取り、サービスの均一化、業務の効率化を図ってグループとして経営している企業も見られるが、数としてはまだ少なく、多くは小規模の家族経営である。なお、宿泊施設の経営においては、所有、経営、運営という概念が分かれているが、ここでは話を単純化するために、宿泊施設の所有と宿泊業の運営に焦点を絞って説明する。

　ホテルは、土地・建物の所有と運営を明確に分け、効率的に経営して収益を上げる仕組みを有していることが多い。所有と運営を明確に分けることで、その物件ごとに最適な手法、最も収益が出る方法を採っている。外資系ホテル等によく見られるマネジメントコントラクト契約（＝MC契約）がその代表で、土地、建物の所有者と運営主体が異なり、経費の使い方、収益の配分、活用するホテルのブランド、従業員の雇用など、宿泊施設の経営にま

つわる様々な事柄が合理的に決められている。その他、土地、建物の所有者から施設を借りて運営を担うリース契約をすることもある。この形式では、運営者が毎月決まった賃借料を所有者に支払うこととなる。収益が沢山出ている際は良いが、稼働率が減少して収益が出ない状況でも決まった金額を支払う必要があるので、運営者の負担となることがある。このように、ホテルは土地、建物の所有と運営を分けることで、比較的合理的な経営スタイルを取るものが多い。

③　宿泊料金の決め方

　旅館とホテルの経営手法における 3 つ目の違いは、宿泊客に課す料金設定の方法にある。旅館は 1 泊 2 食一人いくらというように、宿泊する「人」で金額を設定することが多く、泊食分離[1] の必要性が叫ばれている昨今ではあるが、あくまで食事と宿泊のセットが前提である。当然 1 部屋あたりの利用人数が多い方が、収益が上がる形となっている。ホテルのように多くのシングルルーム・ツインルームがあるわけではないので、1 つの客室にはできるだけ定員に近い宿泊者を泊めたいと望む傾向が見られる。

　他方、ホテルは、「客室」に対して、料金設定がされており、飲食部分についてはホテル内のレストラン部門で個別に売上・経費を管理している。これにより、各部門の収益管理は明確に分けられ、管理者にとって収益性が一目瞭然である。

　どちらの方式が良いのかは議論の余地があるが、団体旅行から個人旅行への需要の変化が進行し、また、宿泊施設の外で食事を楽しみたいというインバウンド顧客が多くなったことや、一人旅が全体の旅行の 20% 近い割合まで占める現状では（リクルート、2021、6 頁）、1 泊 2 食で定員利用を経営のベースに置くスタイルには厳しい側面があるといえる。今後は、定員稼働率[2] ではなく、客室稼働率[3] を経営のベースに置き、1 室あたりの平均販売単価である ADR（= Average Daily Rate）や販売可能な客室 1 室あたりの収益を表す RevPAR（= Revenue Per Available Room）といったホテル業界では周知の経営指標を旅館経営でも活用する必要があるであろう。

　因みに、稼働率を上げるためには、単価を下げることが有効であるが、単価を下げると収益性が下がるので、宿泊施設の運営の基本は稼働率と単価の両方をコントロールすることといえる。この基本を実施するためには、客室単価である ADR と客室稼働率を表す OCC（= Occupancy rate）のバランスを見ながら、また、この2つの相反する性質を RevPAR という指標でしっかりと管理することが重要であり、それが収益の最大化に寄与することとなる。このようにホテル業界では明確な経営指標があり、またそれをしっかりと実行できる体制、人材がいることが強みといえる。

2）各宿泊施設の財務構造の特徴

　旅館、ホテルの財務構造の特徴を実際の数字を使って分析してみる。表8-1は、代表的な旅館、リゾートホテル、ビジネスホテルの2年分（新型コロナウイルスの影響を受ける前のもの）の損益計算書[4]、貸借対照表[5]、キャッ

表8-1　宿泊施設の財務ハイライト（参考）

ビジネスホテル			シティーホテル			旅　館		
決算期	1年目	2年目	決算期	1年目	2年目	決算期	1年目	2年目
売上高	80,141	81,970	売上高	57,236	58,426	売上高	4,100	4,054
売上原価	57,906	60,400	売上原価	12,585	12,788	売上原価	641	610
売上総利益	22,235	21,570	売上総利益	44,651	45,638	売上総利益	3,458	3,443
販売費及び一般管理費	4,197	4,357	販売費及び一般管理費	39,952	40,600	販売費及び一般管理費	3,282	3,306
営業利益	18,037	17,213	営業利益	4,698	5,036	営業利益	176	137
経常利益	17,719	17,446	経常利益	4,961	5,314	経常利益	119	96
当期純利益	11,018	9,876	当期純利益	3,399	3,686	当期純利益	125	72
流動資産	30,129	33,980	流動資産	39,907	42,788	流動資産	1,497	1,445
固定資産	58,836	70,444	固定資産	39,318	38,278	固定資産	4,962	4,850
資産合計	88,966	104,423	資産合計	79,225	81,067	資産合計	6,459	6,294
流動負債	14,566	18,257	流動負債	9,845	9,029	流動負債	4,676	4,151
固定負債	27,511	29,878	固定負債	12,802	12,701	固定負債	733	1,016
負債合計	42,077	48,135	負債合計	22,648	21,731	負債合計	5,409	5,167
利益剰余金	48,966	58,331	利益剰余金	53,410	56,206	利益剰余金	-96	-24
純資産合計	46,888	56,288	純資産合計	56,577	59,335	純資産合計	1,050	1,128
営業キャッシュフロー	14,315	12,522	営業キャッシュフロー	7,964	6,073	営業キャッシュフロー	407	318
投資キャッシュフロー	-11,736	-18,879	投資キャッシュフロー	-4,928	-844	投資キャッシュフロー	-43	-145
財務キャッシュフロー	737	5,024	財務キャッシュフロー	-890	-889	財務キャッシュフロー	-215	-224

出典：株式会社ビズユナイテッド

シュフロー計算書 ⁶⁾ のハイライトを示したものである。これらの数字を分
析することで多くのことが見えてくる。

　まず、企業としてどれだけ儲かるかという「収益性」を表す指標は利益率
である（表8-2参照）。利益率と一言で言っても営業利益率、経常利益率な
ど多くのものがあるが、ここでは本業の利益率を表す「営業利益率」に注
目してみる。ビジネスホテルおける営業利益率は1年目で23%、2年目で
21%となっており、収益性が高いことがわかる。一方、シティーホテルにお
ける営業利益率は1年目で8%、2年目で9%となっており、ビジネスホテ
ルと比べるとそれほど高くはない。最後に、旅館の営業利益率を見てみる
と、1年目で4%、2年目で3%と、他の2つの種別の宿泊施設と比べて低い
ことがわかる。

　次に、企業の「健全性」を比較してみる。健全性とは簡単に言うと、倒
産する可能性を表す指標で、健全性が低いほど倒産する可能性が高いとい
える。健全性を表す代表的な指標に「流動比率」というものがあるが、こ
れは流動資産と流動負債を除算（≒比較）したものを%で表したもので、一
般的に120%以上あれば安心といえる。ビジネスホテルでは、1年目207%、
2年目186%と流動負債よりも流動資産の方が多く健全性は高い。また、シ
ティーホテルでは、1年目405%、2年目474%とこちらも全く問題はない。
他方、旅館は、1年目32%、2年目35%とかなり低く、どうにかして1年以
内に現金を工面しなくては、倒産の危機に瀕することを意味する。

表8-2　宿泊施設の経営指標（参考）

宿種別	ビジネスホテル		シティーホテル		旅　館	
年度	1年目	2年目	1年目	2年目	1年目	2年目
収益性						
売上総利益率	28%	26%	78%	78%	84%	85%
営業利益率	23%	21%	8%	9%	4%	3%
経常利益率	22%	21%	9%	9%	3%	2%
当期純利益率	14%	12%	6%	6%	3%	2%
健全性						
流動比率	207%	186%	405%	474%	32%	35%
自己資本比率	53%	54%	71%	73%	16%	18%

　出典：株式会社ビズユナイテッド

　また、現在の資産の内、負債に頼らず自己資本に頼る割合を表す指標を「自己資本比率」というが、ビジネスホテルでは1年目53%、2年目54%と、自己資本で総資産の半分以上を賄っていることがわかる。同様に、シティーホテルでも1年目71%、2年目73%と7割以上となっている。一方、旅館における自己資本比率は、1年目16%、2年目18%と総資産の8割以上が負債によって賄われている。つまり、旅館の経営は多くの借金で成り立っていることを意味する。

　その他、キャッシュフローの状況も見てみる（表8-3参照）。キャッシュフローとは、その名の通り現金の動きに注目して企業の財務状態を判断する方法だが、営業活動の資金の動き、投資活動における資金の動き、財務活動における資金の動きをそれぞれ確認する。ビジネスホテルにおいては、営業活動におけるキャッシュフローが両年ともプラスとなっており、しっかりと営業活動で企業に現金が入ってきている。また、シティーホテルでも同様である。旅館においても、売上金額こそホテルタイプと異なるが、営業活動でしっかりと現金が入ってきている。次に、投資活動におけるキャッシュフローだが、3つのタイプともしっかりと投資活動ができている。この投資活動におけるキャッシュフローは、マイナスであることが通常の企業活動においては良いとされ、つまり、投資に現金を使っているということになる。なお、営業キャッシュフローと投資キャッシュフローを比較する指標でフリーキャッシュフロー[7]というものがあるが、このフリーキャッシュフローがプラスということは、稼いだ現金の中から投資をしていることを意味し、シティーホテル、旅館ではそのような安全な投資姿勢が見られる。一方、ビジネスホテルの2年目は、稼いだ金額以上に投資を実施しており、フリーキャッシュフローがマイナスとなっている。これには、積極的な事業投資を進めている可能性が考えられる。財務キャッシュフローとは、銀行や株主とのお金のやり取りを表すキャッシュフローだが、シティーホテル、旅館ともにマイナスとなっており、おおよそ銀行等に返済をしていることがわかる。一方、ビジネスホテルの2年目は財務キャッシュフローが大きくプラスとなっており、投資活動に使うために金融機関などから資金を調達してい

表8-3　キャッシュフロー計算書（参考）

ビジネスホテル	1年目	2年目	シティーホテル	1年目	2年目	旅　館	1年目	2年目
営業キャッシュフロー	14,315	12,522	営業キャッシュフロー	7,964	6,073	営業キャッシュフロー	407	318
投資キャッシュフロー	-11,736	-18,879	投資キャッシュフロー	-4,928	-844	投資キャッシュフロー	-43	-145
財務キャッシュフロー	737	5,024	財務キャッシュフロー	-890	-889	財務キャッシュフロー	-215	-224
フリーキャッシュフロー	2,579	-6,357	フリーキャッシュフロー	3,036	5,229	フリーキャッシュフロー	364	173

出典：株式会社ビズユナイテッド

とが考えられる。これはプラスであるから良いとか、マイナスであるから良くないということではなく、ビジネスホテルの2年目は何かしらの理由で資金を調達しているといえる。このように財務三表を細かく分析することでその施設の経営状態や経営姿勢を理解することができる。

3）ステークホルダーから見た宿泊経営

　宿泊施設を運営するには様々な関係者が存在する。特に何かしらの利害がある関係者を「ステークホルダー」と言う。このステークホルダーを理解することも宿泊施設の運営では重要なことである。まず考えられるステークホルダーは、「宿泊客」とそこで働く「従業員」である。宿泊施設は宿泊客の生命を預かるビジネスであり、また、衣食住のサービスを提供するビジネスでもあり、極めて責任の重い役目を担う。よって、単にサービス内容が良いというだけではなく、保安要員としての役目や緊急時など、場合によっては宿泊客に様々な協力要請をしなくてはならない。

　次に考えなくてはいけないのが、「仕入先企業等」である。特に地方部に立地する宿泊施設の場合、食材の仕入れ、リネンサービス、建物の保守管理など、ありとあらゆる業務・サービスを提供される立場となる。いわば、地域経済のセンターともいえる立場である。それ以外にも近隣の「レストラン、飲食店、観光施設」等、観光活動を支える事業者、「行政」、「観光協会」、「DMO[8]」、「組合」などの各種団体などとも密接な関係を構築する。もちろん、「金融機関」との関係もあり、宿泊施設の周りには、非常に多様なステークホルダーが存在することになる。昨今のSDGsの重要性、持続可能な観光の推進という側面では、「自然環境」、「地域住民」といった要素にも配慮し

た経営が求められる。

　このように、宿泊施設の経営においては、単に営利を追求すること以外にも、宿泊客の安全面の確保、地域経済・雇用面での効果、自然環境、地域住民への影響など、ありとあらゆることを考慮して、企業としての意思決定をすることが求められる。

2. 旅館経営の特徴

1）旅館経営の特徴

　本節では、著者が実際に経営する温泉旅館やコンサルティングを実施する施設を例に旅館経営の特徴を確認していく。旅館の経営とホテルの経営は大きく異なることを前節で確認したが、特に旅館の経営を①経営者、②従業員・組織、③オペレーション、④マーケティング、⑤施設維持という5つの観点から確認する。

①　経営者

　小規模旅館といわれるクラスの旅館（客室数30室未満）の経営は家族で経営されることが多い。代々旅館業に従事しており、〇代目などいわれる「当主」が存在する。家族をイメージした場合、父親が社長であり、母親が女将となり、長男が副社長といった家族間で企業の役員を占めることが多い。また、長男と結婚した女性がその家に入ると、若女将として事業に参画することがある。さらに旅館内や同じ敷地内に居住することもあり、まさに仕事とプライベートが一体となった状況が作り出される。このような場合、家族的な経営が行われ、地域や馴染客との付き合いが重視される経営スタイルが取られることが多い。

②　従業員・組織

　旅館の従業員は、長年その旅館で働いている番頭のような社員が定着するケースと、比較的短期間で従業員が離職する両極端なケースが見られる。地

域住民が働く場として旅館が選ばれる場合もあり、近所の住民がパートなどという雇用形態で働くケースもある。コロナ前の観光業が盛況の頃は、リゾートアルバイトのように他地域から働きに来る学生を採用することや人材派遣会社などから人材の供給を受けている施設も見られた。いずれにしても、雇用の定着という問題や働く従業員のキャリアデザインという問題を抱えている施設もあり、課題となっている。また、前節で示したように、組織図もホテルなどのようにしっかりと固まっているわけではなく、一人で何役もこなす必要があることや、宿泊客のリクエストによっては追加の業務を実施しなくてはいけないことも多々発生する。このような組織内の業務効率化といった問題も旅館経営の課題となっている。

③　オペレーション

　オペレーションとは、旅館というビジネスをどのように実施するかという社内の業務のことであるが、どの施設もオペレーションに関するマニュアルを整えている。但し、このマニュアル通りに業務が実施されるわけでもなく、宿泊客の到着時間が遅れることや特別なリクエストを顧客から受けることなどは日常茶飯事であり、マニュアル通りに進むことは稀ともいえる。さらに、ICT を始めとしたデジタル活用が遅れており、未だにアナログで業務が行われていることもあり、これにより業務効率が悪くなることがある。デジタル化が進まない理由は、経営者・従業員の ICT に関する姿勢、リテラシーの問題もあるが、そこに多額の投資ができないという財務的な要因も存在する。

④　マーケティング

　長らく宿泊施設は旅行会社からの送客によって宿泊客を獲得してきた。旅行会社はマーケティング力、企画力、ブランド力を駆使して、大量に観光地へ送客して効率的な旅行ビジネスを成立させている。ところが、昨今は団体旅行から個人旅行に顧客ニーズが変化したこと、ICT 技術の劇的な変化やデジタルデバイスの普及によって、顧客が直接宿泊施設の予約を取ることが

可能になると、宿泊施設自体がマーケティング活動を実施しなくてはいけなくなった。

　マーケティングと一言で言っても、自分の旅館に適したターゲット顧客を見つけること、その顧客の個別ニーズに合致したサービスを作ること、また、魅力的な宿泊プランを適正な価格に設定し、インターネットなどの売り場を整え、プロモーションを実施するといった一連の活動には一定のスキルや経験が求められる。これら一連の作業は家族経営である小規模旅館には大きな負担となっている。昨今は、OTA[9]（＝オンライントラベルエージェント）という便利なプラットフォームを活用して比較的容易に潜在顧客にアプローチできるものの、結局は、自ら顧客との関係構築ができなければ、お得意様を増やすことは困難となり、自社でマーケティング力を地道に培うことは必要不可欠である。

⑤　施設維持

　宿泊事業は、土地・建物・設備を活用する装置産業的なビジネスであり、事業開始時には莫大な資金を必要とする。これが金融機関等から多額の借入をする理由である。また、借入期間も10年、20年と長期にわたる。ビジネス環境が大きく変わらないのであれば、計画通りの資金返済と建物維持ができるが、建物や設備の経年劣化による不具合・故障、外部環境のニーズの変化による改修、災害などによる予想できない修繕などが頻繁に発生するため、建物・設備の維持は多くの労力を有する。特に、バブル期などに過剰に投資した旅館は、その返済や減価償却が終わらない中で追加のコストが発生し、経営が継続できないとったケースにつながることも起きている。このように装置産業的ビジネスである宿泊施設においては、建物・設備をどのように維持・活用して、無事に減価償却や返済を終えることができるかが重要なポイントとなってくる。

　以上5つの点が旅館経営の主な特徴といえる。

2）旅館経営における財務問題

　旅館経営における財務問題は長年大きな問題となっている。それは旅館業という事業特性と、過去に旅館を取り巻いた環境に大きく起因する。ここでは、旅館業の事業特性、外部環境を見ながら、旅館経営を財務の観点から考察する。

①　旅館業の事業特性

　旅館業の事業特性を 6 点に整理する。

　まず、先述の通り多額の先行投資が必要であることが特性の 1 つ目といえる。旅館を建設するには広大な土地が必要で、そこに客室、温泉、大広間、レストランといった建物・施設を建設する必要がある。これを賄うには初期の段階で莫大な資金が必要であり、主に地域の銀行等から融資を受ける。

　2 つ目に、旅館が立地するエリアに経営が大きく影響を受けることがいえる。温泉地であれば旅館にも温泉が求められるし、近隣にスキー場があれば冬期のスキーシーズンにスキー客らが多数来館する。このように旅館の立地や外部環境で大きく経営が変わる。

　3 つ目は、観光産業全般にいえることだが、季節変動の影響を大きく受けることである。四季折々で旅行の目的・内容が大きく変わることから、旅行者の需要の波が動き、経営に影響を与える。

　4 つ目は、景気動向、社会的状況の影響を受ける点である。生きていくうえで必須とはいえない旅館業であるがゆえ、世の中の景気が良いときは大きな需要期となるが、景気が悪くなると一気に需要が減少・消滅する。同様に、今般の新型コロナウイルスのように疫病の流行や天変地異、国同士の政治的動向などにも大きく影響を受けるビジネスといえる。

　5 つ目は、提供する客室やサービスは翌日以降在庫にできないという消滅性を有している点である。本日空室の客室は、翌日に取っておいて明日販売することができないのである。

　そして 6 つ目は、宿泊業はサービス業の一部であり、無形性を有しているということである。つまり、形があるものではなく、旅館の女将や従業員か

ら顧客に提供される無形のサービスが顧客満足の善し悪しを大きく決める。以上のように、1. 資本集約性、2. 立地性、3. 季節変動、4. 外的要因、5. 消滅性、6. 無形性といった要素が旅館業の主な事業特性といえる。

② 過去に旅館を取り巻いた環境

旅館業の歴史は大変長いものである。山梨県西山温泉にある慶雲館は世界最古の宿としてギネスブックから認定を受けている。他にも日本の各地域には、100年を優に超えた歴史を感じさせる老舗旅館が多数ある。なぜこのような長期にわたり経営ができたかということであるが、まず、旅館業が家族経営であった点が挙げられる。また、地域に根差した経営を長年にわたって実施していたことも考えられる。このような要因があり、旅館業は他産業と比較しても事業継続ができていた業界といえる。

旅館は、江戸時代に「旅籠」といったスタイルや、温泉場にあった「湯治宿」といったスタイルが普及し、多くの庶民が旅行できる現在の形に近づいたといわれている。戦後、旅館業法が整備され、今のような宿泊業としての旅館が日本全国に展開されるようになった。団体旅行全盛の1980年には、全国に83,000軒もの旅館があったが、先に述べたように2018年には、38,000軒と半減してしまった（石崎、2020、54頁）。これには複数の要因があったが、特にいわれるのがマーケットニーズを的確に捉えることができなかった点とインターネット等デジタル移行が遅かった点である。

マーケットニーズへの対応という点では、バブル経済の崩壊前後で生まれた「団体旅行から個人旅行へのマーケットニーズの変化に対応できなかったこと」が挙げられる（石崎、2020、58頁）。バブル期までは、旅行会社から多くの団体客が送客され、各客室定員一杯の利用、宴会場を使った大宴会の実施、二次会も旅館内の施設を活用するという極めて効率がよいビジネスとなっていた。この効率的な需要を取り込もうと旅館は施設を増設したり改修したりすることでより多額の投資をすることとなった。また、旅行会社からの送客がもっとも重要な販売チャネルとされ、目の前にいる宿泊客の声に真摯に耳を傾けることができていない状況にもあった。ところが、バブル崩壊

という経済環境の大きな転換、宿泊客ニーズの変化という本質的な問題に直面し、大きな施設と多額の負債が残るという結果につながった。

　また、インターネットやスマートフォンの普及といった情報化の進展も旅館経営に大きな影響を与えた。2000 年前後に我々の生活にインターネットという新しいテクノロジーが入ってくると、顧客は瞬時に宿泊施設をリサーチ、比較し、予約ができる環境を手に入れた。また、実際に泊まった顧客の口コミが評点としてインターネット上に公開され、それが顧客購買行動の基準となった。

　また、その後 2010 年前後から現在にわたり、そのインターネットを使う環境がパソコンからスマートフォンに移ると、よりスピーディーに、また個々人に向けて情報を提供することが求められてきた。このようなインターネットやスマートフォンでの顧客とのコミュニケーションや、そもそも宿泊客に対するマーケティングを実施してこなかった宿は、経営上、大きな損害を受けることとなった。

③　旅館経営における財務問題

　旅館経営における財務問題を貸借対照表と損益計算書から考察する。貸借対照表とは、その企業の資産の状況とその資産をどのように調達したかを返済の義務のある負債と返済の義務のない純資産で表したものである。1 年に 1 回この貸借対照表を作成し、企業がどこから資金を調達し、調達した資金をどのように運用しているかを社内外に公表することになっている。

　一方、損益計算書とは、企業の売上と利益を明記する書類で、貸借対照表と併せて決算ごとに発表する。具体的には、売上＝収益、費用、利益の 3 項目がルールに従った順番で記載されており、一定期間でどれだけ利益が出たかが容易にわかるようになっている。事業として実施している以上、最終的には利益を残すことが求められており、黒字となることが企業の目標となっている。

　旅館業における貸借対照表や損益計算書の特徴を見ると、旅館業における貸借対照表の大きな特徴は、土地、建物、施設といった資産を多く有してい

ることである。先に述べたように装置産業たる旅館業は当然資産の額も大きくなる。また、資金調達の方法、つまり貸借対照表でいう右側については、自己資金よりも負債が大きいことが2つ目の特徴といえる。多額の資金が必要な旅館業では事業開始当初から銀行等からの借入が多いこと、バブル期などの事業転換で新館などの別棟を建てた旅館では、この時点で多額の借入を銀行から受けており、この負債が多いことが目に付く。

　実際に著者はいくつもの旅館の決算書を見てきたが、そのほとんどが負債の割合が高いものであった。つまり、自己資本比率が極めて低いのである。もちろん、全く借金をしないで事業をするということは現実的にも経営的にもあり得ず、決して好ましいとはいえないので、いずれの企業にも負債は存在する。この自己資本比率が40％を超えると、おおよそ健全性が高いといわれることが多いが、旅館業においては自己資本比率が40％以下であることが多く、場合によっては10％以下という企業も存在する。3つ目の特徴は、資産よりも負債の方が多い債務超過 [10) になっている企業が見られる点である。

　この債務超過に陥る原因は様々であるが、旅館業における主な原因は万年赤字化と幾度にもよる借入の実行によるところが大きい。なお、債務超過という状態は即倒産につながるというわけではないが、通常、金融機関からの借入ができない状態を意味し、また事業を継承する際にも大きな阻害要因となり得る。

　旅館業における損益計算書の特徴は、赤字体質の旅館が多いという点である。旅館はホテルなどの宿泊施設と比べて低稼働であることが多く、また、経費の割合が高く低収益である。さらに、季節変動の影響を受けやすく売上が安定しない。このような要因から恒常的に低収益や赤字になる傾向がある。日本旅館協会が実施した営業状況等統計調査（平成30年）によると、2017年度の旅館業の損益の状況は大規模旅館で黒字が73％、中規模旅館では68％、小規模旅館では黒字は50％となっている（日本旅館協会、2018、2頁）。地方等で家族経営が多い小規模旅館においては半分の企業が赤字であり、ここに旅館業の赤字体質が透けて見える。

　以上のように、貸借対照表の観点からは企業としての持ち物が多く（資産が多い）、動きが遅くなる要因となり、また、借入比率が高く銀行に依存している経営の状態がわかる。また、損益計算書の観点からは収益が出づらく、場合によっては赤字となる企業が多いという財政面での非常に厳しい旅館経営の側面が見られる。

3.　宿泊業の事業再生

　厳しい外部環境が続く中、企業の倒産、事業の清算、事業売買・譲渡ということがより一層増加することが懸念される。このような動きが増えると、経営が立ちゆかなくなった旅館業を立て直す動きが見られる。過去にもバブル崩壊、リーマン・ショック、東日本大震災などがあり、その度に旅館業の経営再建・事業再生が行われてきた。そして、今回の新型コロナウイルスの影響で多くの旅館の経営が厳しくなると、より一層旅館経営の再編が進む。また、そもそも負債が重くのしかかっていて銀行等への返済が難しくなった旅館は、このような景気低迷等に関係なく第三者の手を借りて再生することが求められていた。ここでは、旅館の再生について確認する。

①　自主的な再生
　経営者自ら経営の不振を自覚し、なんとか事業の再生を図ろうとした場合、自主的な再生に向けた動きを行うことになる。まずは、自社内で幹部や従業員と問題点を話し合い、解決を図るような動きを進める。本来であれば、各種利益率、稼働率、各種経費の比率、先行予約の状況、客単価、客室稼働率、定員稼働率、リピート率などの定量的指標で経営状態を客観的に確認するが、一般的には資金繰り表での現預金の減少が顕著になることを契機に事業の再生に動くことが多い。社内での会議を重ねる中で、売上向上策の実施、経費削減の徹底などが話し合われて経営指標の改善に取り組む。
　しかしながら、自社で実施してもなかなか経営指標の改善が見られない、つまり、赤字が止まらず、預貯金の減少が続くことがある。このように改善

の効果が見られない場合は、第三者に頼る段階に移ることになる。

　第三者を巻き込んだ経営再建・事業再生の方法は、通常は付き合いのある税理士・会計士など日常的にその企業の経営・財務について詳しい専門家に相談することが多い。また、旅館業に詳しい経営コンサルタントなどに相談することもある。その他、取引の関係上、経営者から積極的に相談することは少ないが、メインバンクから経営状態の確認が入り、色々と説明・相談する場面が増えることがある。このような段階に来ると、経営再建・事業再建が一気にフォーカスされ、社内外で真剣に取り組む機運が醸成されることとなる。メインバンクから中小企業診断士の資格を持つ経営に詳しい行員が来訪し、改善策を一緒に考え、定期的に確認をすることや、旅館のコンセプトやターゲット顧客を変更することを求められるなど、大胆な事業変革を迫られることとなる。また、経営コンサルタントなどの派遣や各都道府県に設置されている公的支援機関である中小企業再生支援協議会に相談することもあり、専門家を交えた事業再生が一気に進む。

②　第三者主導による再生

　①で見たような自主的な再生が難しい場合は、第三者主導による再生が実施されることもある。例えば、メインバンク主導で企業の売買が実施されたり（株式譲渡）、事業単位で売買されたりする（事業譲渡）いわゆるM&A[11]や、旅館の不動産売買が行われることもある。この場合、経営者の変更や既存企業の清算といった大変厳しい意思決定がされることもあり、いわゆる外科的治療で旅館という事業を再生させることになる。なお、このような第三者主導による再生が行われる場合は、通常メインバンクを始めとした銀行が主体的な役割を果たすことが多い。金融機関自体も債権放棄など痛みを伴う判断をすることもあるため、より厳しい再生手法が取られることが多い。

4. 金融機関と協力した再生

　前節で見たように、旅館の経営再建・事業再生にはメインバンクを始めと

した金融機関の協力が欠かせない。日常的に銀行担当者と経営者の面談が実施されることも多いが、経営再建・事業再生となると、再生計画書を作成したうえでどのように再生が進んでいるか銀行による定期的なチェックが入ることになる。この再生計画書と併せて様々な痛みが伴う改善を経営者、金融機関双方で実施することになる。まずは、経営側は、再生計画書という新しい事業計画書を作ることが求められ、ここでは、どのように事業が再生されるか具体的な方法を記すことになる。当然、経営者の役員報酬の減額や各種経費削減など、経営者や企業自ら痛みを伴う方法も求められる。

　また、銀行はリスケと呼ばれる資金繰りが困難な取引先に実施する返済条件の変更で協力することがある。リスケとは、一定期間の返済をストップすることで、資金繰りの負担を軽くする方法である。例えば、半年間、元金の支払いをストップして利息だけを支払うことなどであり、これにより一時的な支出の抑制につながる。いずれにしても、このような形で銀行等と協力して、まずは目の前の支出を減らすことや、どのようにして事業再生を実施するかをしっかりと決めて定期的なチェックが行われる。

　なお、銀行には取引先を客観的に評価する指標が存在する。債権者区分と言われ、取引先の経営状況により融資可能かどうか、どのような姿勢で向き合うかなどを決める指標としている。表 8-4 によると、リスケを実施する企業は「破綻懸念先」という区分となり、新規融資の対象外となる。また、銀行自身も企業の破綻を想定して、引当金という将来発生し得る損失に備えた

表 8-4　金融機関による債務者区分例

債務者区分	内容	金利条件	担保条件	融資方針	引当金
正常先	業績の良い企業	金利低	無担保	積極的	0.2% ～ 5.0%
	今後注意が必要となる企業				
要注意先	業績が悪化していて注意が必要な企業	金利高	担保必須	回収	
要管理先	融資条件を緩和している企業				15%
破綻懸念先	融資返済が滞っている企業		融資対象外		50-70%
実質破綻先	融資返済が長期間滞っていて再建の見込みが薄い企業				100%
破綻先	倒産、民事再生法、会社更生法適用企業、破綻宣告した企業				

出典：株式会社ビズユナイテッド

お金を用意する必要があり、これは銀行や銀行担当者としての評価に直結するので慎重な判断がなされる。

　以上のように、旅館の再生には第一にメインバンクなど金融機関と協力して行う、財務体質の改善が主となることが多い。

5. 売上利益の向上による旅館再生

　前節で見たように、金融機関と協力して、再生計画書が作成されるが、経費削減やリスケだけでは限界を迎え、再生が完了しないケースも多い。つまり、どのようにしてそもそもの売上を上げていくか、また高収益を目指すかということが経営再建・事業再生では必要となる。ここでは、売上利益の向上について確認する。

① ターゲットとターゲットニーズの確認

　経営が苦しい旅館の多くが、自社が狙うべきターゲットが明確になっておらず、誰でも良いから来てほしいという営業活動を実施していることが少なくない。また、団体旅行から個人旅行に顧客トレンドが変化していることは理解しているものの、個人客のニーズを明確に捉えておらず、未だに団体旅行者向けのサービスが主となっている旅館もある。このような不明瞭なターゲティングやターゲットニーズを捉えていない商品・サービスを変えることが売上利益向上の第一歩である。

　では、どのようにターゲットを変えるべきなのか。マーケティングの世界ではターゲットとなる顧客セグメントを決めてからどのような商品・サービスを提供するかを作るマーケットイン [12] という考え方が主流であるが、旅館という事業特性を見ると自らの特性（客室数、料理スタイルなど）、周辺の地域資源や立地、各季節で提供できるものなどからターゲットを定めるプロダクトアウト [13] 的な考えでターゲットを定めるやり方も必要となる。つまり、おおよそのターゲットとなる顧客層とそのニーズを把握したうえで、自社の特性を上手にマッチングさせることが大切である。

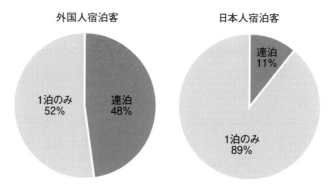

図 8-1　外国人宿泊客と日本人宿泊客における連泊の割合の比較（2018 年度）
出典：株式会社ビズユナイテッド

　筆者が経営する旅館は、長野県の山間部にある旅館で、経営に携わる前は日本人の個人客を主体とした経営をしていたが、思い切ってインバウンド旅行者にメインターゲットを変更した。特に欧州から来る滞在型個人客をターゲットに据えた。それによりわかったことは、彼らは連泊しながら、旅館の周りの観光地に出かけたり、滞在の中日は、旅館の周辺の山あいを散歩したりするという過ごし方をすることであった。日本人から見たら単なる山間部であるが、遠くに見える北アルプスの景色、山、川、畑や民家など日本の原風景ともいえる素朴な景色・雰囲気がヨーロッパ人の心に響いたのである。このような顧客層のニーズに気づいたことで、2 泊したら 3 泊目を無料にするという大胆な宿泊プランを作ったところ、これが多くの欧米豪客に支持された。データで見ると、インバウンド宿泊客の連泊の割合は 48％と、日本人宿泊者の連泊率 11％を大きく上回ることとなった（図 8-1）。

② 　販売チャネルとプロモーションの確認
　ターゲットを変更したら、そのターゲットに最も適した販売チャネル＝売り場を用意し、適切な方法でプロモーション＝宣伝告知活動を実施することが必要となる。先の長野の旅館の例でいうと、欧米豪客に最も適した販売チャネルは海外系 OTA ということがわかった。これら海外系 OTA では、

連泊プランをより多く投入することや早割プランを投入して積極的な事前の予約促進を進めた。一方、リアルエージェントといわれる店舗等を有する旅行会社との取引は大きく制限をすることとした。本来であれば販売チャネルを広げることが売上拡大につながるのであるが、客室在庫の提供を求められることや料金のコントロールが難しいこともあり、リアルエージェントとの取引は戦略的に見直すこととした。

プロモーションについても、OTA や Web を活用したことが中心となる。OTA で販売すること自体が世界中に露出されることとなり、高額な手数料を課せられるが、それは広告宣伝費とみなして積極的な露出拡大を図った。また、Web プロモーションについても積極的に実施した。ここで大事なのは、宿泊客の声が Web 上でより拡散するような仕組みを作ることである。小規模旅館では自前で多額の広告宣伝費をかけられるわけではなく、有料のインターネット広告を実施しても効果が出づらい。

一方、第三者による口コミ評価は拡散力があり、また信ぴょう性も高いので、積極的に活用を促すことが大切である。特に多くのユーザーを抱える口コミサイトや OTA での口コミは集客に直結する重要な取組みといえる。その他に効果があるプロモーションとして推奨できるのは、地元 TV 局やラジオ局の取材を積極的に受けることだ。これは、広告宣伝ではなく先方からの取材を受けるパブリシティー[14]といわれるものであるが、広告宣伝と違い費用をかけずに効果が期待できる。このように旅館におけるプロモーションにおいては、直接的な広告宣伝費をかけるのではなく、第三者からの口コミや発信を促し、また TV 局等の媒体からの取材を受けることが有効である。

③　収益性の確認

旅館ビジネスの問題の 1 つに各プランの収益性がしっかりと計算されていないということが挙げられる。いわゆるどんぶり勘定というものであるが、日銭が入りなんとなくお金があるという現金ビジネスがゆえ、収益性に対しての意識が弱い。資金繰りが厳しく利益が出ない経営再建・事業再生を実施

する旅館では収益管理をしっかりと行う必要がある。

　収益性の確認の際に大切になってくるのが各プランの原価と売値が明確に決まることである。ホテルと異なり旅館は伝統的に1泊2食での売上管理がされており、また、顧客に対しても1泊2食でしか課金して来なかった。このような理由で宿泊と料飲を分けないことが原因で各プランの原価管理が曖昧であった。このような旅館は、まずそれぞれ提供しているプランの販売価格と原価をしっかりと計算することが必要で、その際に大切なことは限界利益[15]を明確にすることである。限界利益とは、売上から変動費を引いたときに残る利益のことであるが、つまり、これは固定費を賄う最低ラインの売値を意味する。限界利益がマイナスになるのであれば、その金額で売るべきではないが、限界利益がプラスになるのであれば、他のサービスとの兼ね合いで販売しても良いということになる。つまり、この限界利益を計算することで、いくらまで値段を変えて良いかがわかるようになり、プラン毎の値下げの基準ができる。このように、各プランの原価を明確にして、料金設定に一定のルールを設けると、企業として収益の管理ができるようになり経営が上向くことにつながる。

6.　事業承継の在り方

1）事業承継とは

　事業承継とは、その言葉の通り会社の経営を後継者に引き継ぐことである。家族経営や中小企業が多い旅館業にとっては現社長の経営手腕、人脈で会社を経営しているケースが多く、誰を後継者にして事業を引き継ぐのかは重要な経営課題といえる。旅館業における事業承継の実態であるが、オーナー系企業、家業として旅館業を営む場合は、親族に承継することが多い。または、親族への承継が難しい場合、現在働いている役員・従業員が継ぐ場合もある。但し、承継の方法は様々であり、自社株を譲るのか（会社所有自体の承継）、会社の株は現オーナーが所有して、経営のみ承継するのか、または、土地・建物を不動産売買で承継するのかなど様々な方法がある。

2) 宿泊施設における事業承継の問題

　先に見た旅館における経営再建・事業再生を進める施設では事業継続がうまくいかない場合も多い。まず、十分な収益が出ておらず、親族や従業員に引き継ぐのが憚られるケースがある。引き継ぐ方も引き継がれる方も難しいと判断するケースであり、第三者に引き継ぐこともある。なお、第三者から見ても事業としての価値が見いだせない、再生の目途が立たない場合は廃業となる。先に見たように、旅館の件数は全盛期の半分となっており、多くが廃業しているなかでなかなか事業の承継が進んでいないことは想像に難くない。

　次に、経営としては問題ないが親族などに継ぎ手がいない場合もある。実際に子供がいないケースもあれば、子息子女がいても継ぎたがらない場合もある。大学などの進学で地元を離れ、都市部で既に仕事や家庭があるなど、なかなか家業を継ぐのが難しいのが理由である。特に旅館業というのは、宿泊をビジネスとするため24時間サービスの提供があり、また一般的に繁忙期は祝日休日となるので、提供する側の負担が大きい仕事となっているのも要因の一つである。

　それ以外にも十分に設備投資がされていない施設においては、事業を承継しても莫大な改修費、修繕費がかかり、それが理由で承継が難しいという場合がある。継ぎたいと思う承継相手がいても未だ終わっていない金融機関への返済に加えて、さらに膨大な借金を背負うとなると承継に慎重になる。

　以上のような理由により、オーナー系企業、家業としての旅館業の事業承継は難しい面があり、それがゆえに施設数の急減につながっている。

3) 旅館業における事業承継のポイント

　日本文化を体現できる場でもあり、観光業の中心的存在、また、地域経済でも重要な役割を担う旅館業では、事業承継がスムーズに進むことが今後重要となってくる。ここでは旅館業の事業承継における大切なポイントを整理する。

①　家業として自社内で承継する場合

　家業として自社内で承継する場合は、より時間をかけた事業承継が求められる。家族としての生活、子どものキャリア形成、財産の相続など様々なことが関係するからである。また、事業を承継する子息子女に配偶者がいる場合、その配偶者の意向や役割についてもしっかりと話し合うことが大切となってくる。家業として承継する場合のポイントは、1．承継する側の意思を確認すること（私生活の方向性、キャリアデザインが明確に話されているか）、2．承継するものを明確にすること（会社株式の承継、土地・建物の承継、経営権の承継など）、3．承継後の前社長（親）の経営への関わり方を決めること、4．兄弟、親戚などの業務上の役割を明確にすること、5．承継する側が中長期の事業計画を明確にすることの5点が挙げられる。これら5点をしっかりと話し合い、納得できる形を作って書面化することが大切となる。家族ゆえにプライベートと仕事が一緒になりがちで、それが良いこともあれば、足を引っ張ることにもなり得るのでしっかりと線引きすることが肝要である。

②　第三者に承継する場合

　親族には承継せず、第三者に承継する場合は適切な企業評価を実施することが必要である。企業の評価を実施し、企業価値やリスクなどを調査することをデューデリジェンス[16]というが、デューデリジェンスを実施し、第三者に明確に引き継ぐ作業が必要となる。通常、デューデリジェンスは買い手側が行う。組織や事業活動、財務活動を調査する「事業デューデリジェンス」と、財務内容からリスクを確認する「財務デューデリジェンス」、定款や登記事項などの法的なものを確認する「法務デューデリジェンス」などがある。また、不動産の適正な価値を査定することが必要であり、不動産鑑定士などの専門家による不動産価値を査定するデューデリジェンスは、エンジニアリングレポート[17]という不動産の診断書を作成することが一般的である。このように、自社が所有・運営する旅館が明確な形で査定を受けることで現経営者は自社の価値を理解し、初めて事業の承継が可能となる。

4）経営者教育の重要性

　自社内での事業承継を目指す場合、重要になるのが経営者教育となる。旅館業は接客部門を始め研修などの人材育成を実施することが多いが、次世代経営者教育もまた重要な仕事となる。経営者となるためにまず大切なのが、社内の従業員から名実ともに社長として認められることである。よく若社長、〇代目と言われるが、名前だけの社長ではなく名実ともに経営者になることが大切である。このような経営者教育が事業承継の成功のポイントの一つとなる。では、どのような教育が必要なのであろうか。

　よくOTAなどの業務に長けていてICTの知識やスキルはあるという若社長がいるが、それだけでは十分とはいえない。まず社長として大事なのが、経営者として事業に対するビジョンがあり、強い改善意欲を持つことである。父親と同じことをすれば成功するという時代ではなく、自ら新しい旅館像を唱え、そのために様々な改革を実行する意思が必要となる。

　次に大切なことは、従業員と適切なコミュニケーションが取れているかである。旅館には、新社長が幼い頃から働いている古参社員から人材派遣会社から派遣される派遣社員まで様々な従業員が存在する。そのような従業員としっかりとコミュニケーションを取り、他者の意見に耳を傾ける姿勢が求められる。それから自らの意思で企業としての意思決定を下せる経験と判断力を有するために、常に学び続ける努力も大切である。いつまでも前社長へお伺いをたてることや、外部ブレインに頼っていては真の経営者とはいえない。重要な判断は自らの意思でできる意思決定力と、その決定力を裏付ける経験と学びが求められる。このような経営者としての実力を承継前から教育することやその仕組みが大切である。以上のような素養ができている承継者がいれば旅館業の承継は比較的スムーズにいく。

5）財務指標を活用した経営の重要性

　事業承継したばかりの企業では、前社長が経営に口を出すことがある。特に金融機関から前社長の経営関与を求められ、経営会議等に同席せざるを得ないケースもある。ところが、新社長のカラーが徐々に出てきて、発言に重

みが増してくると社内外の新社長を見る目が変わってくる。前社長ではなく新社長に連絡が入り、全ての情報が新社長に集まるようになる。このようになると、旅館の事業はうまくバトンがつながったといえる。

　新しい経営者のもと、様々な改革が行われるが、これからの旅館を取り巻く環境を鑑みると、より一層堅実な経営が求められる。具体的には、売上重視の経営、稼働率重視の経営から利益率重視の経営、客単価重視の経営が求められる。また、何度も来館してもらえるお得意様を作ることと、そのお得意様との長い関係を重視するマーケティング戦略が必須となる。一人の顧客から生涯にわたって得られる利益を LTV[18]（Life Time Value）というが、この LTV の最大化こそ旅館経営の指標といえる。

　また、旅館業というビジネスは金融機関との取引が切っても切れない関係であることを考えると、新しい経営者は当然財務に明るくなる必要がある。前項で確認したように、収益を表す各種収益率、企業の健全性を表す指標、効率的に資産を活用できているかという効率性といった指標を使いこなすのは必須である。その他、キャッシュフローを重視した経営も必須といえる。家族経営、中小企業ではキャッシュフロー計算書の提出は求められないが、まずはキャッシュフロー計算書を作ることから始め、自社のキャッシュの流れを 3 つのキャッシュフローの視点（営業／財務／投資）で理解し、どのようにキャッシュを生み出し、効果的に活用するかを決めることが経営者には求められる。

　新型コロナウイルスが猛威を振るう中、厳しい環境が続く観光産業は日本の成長産業の一つとされ、またその中でも日本の文化や歴史を体感できる旅館は重要な役割を担っている。旅館業で働く若者、新たに事業を承継する者が一人でも増えることを祈念する。

注
1)　泊食分離：宿泊者が宿泊施設に泊まる際、宿泊施設で食事せず外の飲食店を利用すること。
2)　定員稼働率：総収容人数（定員）に対するのべ宿泊人数の割合。
3)　客室稼働率：全客室の内、実際に顧客に利用されている客室の割合。
4)　損益計算書：一定期間における企業の業績。

5) 貸借対照表：決算時点での企業の財務状況。

6) キャッシュフロー計算書：現金や預金の流れ。キャッシュフロー計算書は、営業活動、投資活動、財務活動の3つの構造から成る計算書。

7) フリーキャッシュフロー（FCF）：営業CFから投資CFを差し引いたもの。

8) DMO：地域の「稼ぐ力」を引き出すとともに地域への誇りと愛着を醸成する「観光地経営」の視点に立った観光地域づくりの舵取り役として、多様な関係者と協同しながら、明確なコンセプトに基づいた観光地域づくりを実現するための戦略を策定するとともに、戦略を着実に実施するための調整機能を備えた法人。Destination Management Organization。

9) OTA：インターネット上だけで取引を行う旅行会社のこと。Online Travel Agent。

10) 債務超過：負債の総額が資産の総額を超えている財務状況。

11) M&A：企業の合併買収。Mergers（合併）and Acquisitions（買収）。

12) マーケットイン：顧客の声を聴き、顧客ニーズを捉えてから商品・サービスを市場に投入しようとする考え方。

13) プロダクトアウト：商品・サービスを提供する企業側が良いと判断したものを市場に投入しようとする考え方。

14) パブリシティー：プレスリリースやプレス向けイベントなど報道関係者に向けて発信し、ニュース掲載や報道に繋げる宣伝方法。

15) 限界利益：売上から変動費を引いたときに残る利益。

16) デューデリジェンス：企業価値の査定や法律に関わる資産について調査する作業のこと。

17) エンジニアリングレポート：不動産売買を実施するために、対象不動産の状況を把握するために行う、対象不動産のデューデリジェンス。物的状況に関する調査（物的調査）、法的状況に関する調査（法的調査）、経済的状況に関する調査（経済的調査）などから構成される。

18) LTV：顧客生涯価値。一人の顧客が一生涯に自社に対してどれだけ利益をもたらしたか、収益の総額。

第9章
民泊の制度設計

1. 広義の民泊

　広い意味で、民泊と呼ばれる宿泊施設は、現行法では、住宅宿泊事業法によるものと、それ以外のものがある[1]。

　本節では、住宅宿泊事業法によるもの以外について述べ、住宅宿泊事業法については、3節で論じることにする。

1）簡易宿所

　旅館業法では、旅館業は、「旅館・ホテル営業」、「簡易宿所営業」、「下宿営業」の種別に分けている。このうち、「簡易宿所営業」とは、宿泊する場所を多数人で共用する構造及び設備を主とする施設を設けて、宿泊料を受けて、人を宿泊させる営業をいう（第4章2.2）参照）。「簡易宿所営業」は、「旅館・ホテル営業」と比べ、適合しなければならない基準が緩い（第4章2.3）参照）ので、相対的に参入が容易で、多様な形態の宿泊施設がみられる。例えば、京都市における同法に基づく許可施設一覧に掲載される簡易宿所には、キャンプ場、ゲストハウス、イン、B＆B、庵、ホステル、町屋、民宿、宿坊、ペンション、会館、カプセル、ユースホステル、ゼミナールハウス、野外活動施設などの語が含まれる施設がある[2]。

　とはいうものの、簡易宿所営業も旅館業なので、都市計画法で定める用途地域のうち、第一種低層住居専用地域、第二種低層住居専用地域、第一種中高層住居専用地域、第二種中高層住居専用地域などでは建築できない（第4章3.1）（1）参照）。

　簡易宿所営業の許可を受けるには、同法施行令第1条第2項で、構造設備の基準として、第4章2.2）で述べた、客室の延床面積が33㎡以上（宿泊者数が10人未満の場合は、宿泊者数×3.3㎡以上）であることのほか、階層式寝台を有する場合には、上段と下段の間隔は、おおむね一メートル以上であること、適当な換気、採光、照明、防湿及び排水の設備を有すること、当該施設に近接して公衆浴場がある等入浴に支障をきたさないと認められる場合を除き、宿泊者の需要を満たすことができる規模の入浴設備を有すること、宿泊者の需要を満たすことができる適当な規模の洗面設備を有すること、適当な数の便所を有すること、その他都道府県が条例で定める構造設備の基準に適合することを定めている（第4章表1参照）。求められる客室延床面積は、従来、33㎡以上と定められていただけであったが、2016年の改正で、宿泊者数が10人未満の場合は、宿泊者数×3.3㎡以上であってもよいこととなった。

　また、キャンプ場、スキー場、海水浴場等特定の季節に限り営業する施設、交通が著しく不便な地域にある施設で利用度の低いもの、体育会、博覧会等で一時的に営業する施設は、客室の延床面積の基準は、適用されない（同法施行令第2条、同法施行規則第5条、「旅館・ホテル営業」の場合も同様）。また、宿泊者の需要を満たす入浴設備の基準も、この規定によらないことができる（同条）。

　なお、旅館業法施行規則で要件が緩和される体育会、博覧会等で一時的に営業する施設は、いわゆる「イベント民泊」[3]とは異なる。イベント民泊は、年1回（2〜3日程度）のイベント開催時に、宿泊施設の不足が見込まれることにより、開催地の自治体の要請等により自宅を提供するものであり、旅館業に該当する要件である宿泊の提供が繰り返し「反復継続」する「業」には当たらない[4]ため、旅館業法の対象外となり、旅館業の許可は必要ない。したがって、イベント開催時に一時的に営業する施設であっても、「反復継続」する場合は、要件は緩和されるものの旅館業の許可が必要になる[5]。

　このほか、農山漁村滞在型余暇活動のための基盤整備の促進に関する法律に基づく農林漁業体験民宿業に係る施設も、客室の延床面積の基準は、適用

されない（次項参照）。

2）農林漁業体験民宿業

　農林漁業体験民宿業は、「農山漁村滞在型余暇活動のための基盤整備の促進に関する法律」（「農山漁村余暇法」、「グリーンツーリズム法」）に基づき登録された宿泊施設である。この法律の所管は、農林水産省であるが、登録は、農林水産大臣の登録を受けた登録実施機関[6]が行う（同法第 16 条）。

　農林漁業体験民宿業は旅館業の許可を受けることが必要であるが、簡易宿所営業である農林漁業体験民宿業には、客室の延床面積の基準は適用されない（前項参照）。これは、2016 年改正前の旅館業法施行令であれば、簡易宿所営業においても、客室延床面積が 33㎡以上必要であったため、小規模な施設が参入するにおいて、この特例は有用であった。

　また、消防法施行令第 32 条に基づく特例により、適切な防火管理が行われていると認められた農林漁業体験民宿業は、「誘導灯」及び「誘導標識」、「消防機関へ通報する火災報知設備」の設置は要しない[7]。

　農林漁業体験民宿業の登録は、登録実施機関が、農山漁村滞在型余暇活動に必要な役務の内容、損害が生じた場合に損害をてん補する措置、地域の農林漁業者との調整についての基準に従っている申請者に対して行う（農山漁村余暇法第 16 条）。農山漁村滞在型余暇活動に必要な役務の提供については、自ら提供することのほか、あっせんにより提供することも可能である（同法施行規則第 14 条）。

　なお、宿泊施設が、自ら保有する自家用自動車を用いて、送迎を行う場合は、対価を収受しなければ、道路運送法に基づく旅客自動車運送事業の許可を要しない[8]。

3）国家戦略特別区域外国人滞在施設

　いわゆる「特区民泊」といわれる国家戦略特別区域外国人滞在施設経営事業である。

　国家戦略特別区域法第 13 条では、旅館業法の特例を定め、国家戦略特別

区域において、外国人旅客の滞在に適した施設を賃貸借契約で使用させ、外国語を用いた案内や外国人旅客の滞在に必要な役務を提供する事業の認定を受けた場合、旅館業法上の旅館業に該当にしても、旅館業の許可は要しない、としている。すなわち、この施設は住宅として取り扱われ、滞在者は、賃貸借契約を締結するのであり、宿泊契約を締結するのではない、という考え方である。なお、対象となる施設は、外国人旅客の滞在に適した施設であるが、実際に、滞在するのは外国人でなくても、日本人でも問題ない[9]。

特区民泊としての要件に該当するには、賃貸借契約及び付随契約に基づき、所在地が国家戦略特別区域にあること、使用期間が3日（2泊）から10日までの条例で定める期間以上であること、1居室の床面積が原則25㎡以上であること、施設の使用方法に関する外国語を用いた案内、緊急時における外国語を用いた情報提供がされること、滞在者名簿が備えられること、周辺住民に適切な説明が行われていること、などが必要である（同法施行令第13条）。

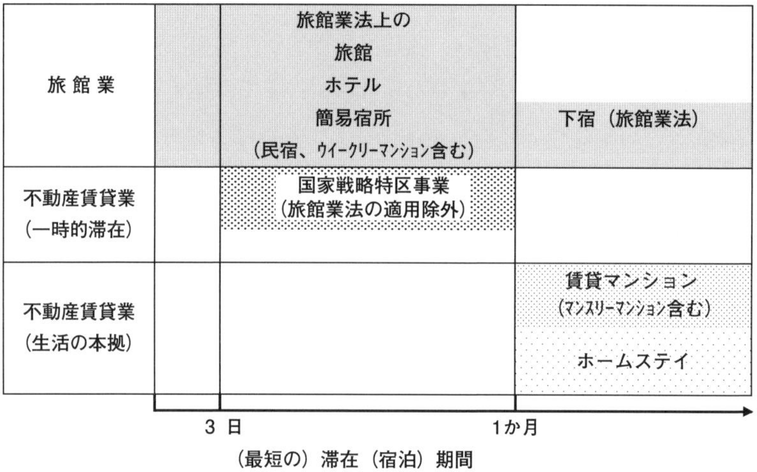

旅館業		旅館業法上の 旅館 ホテル 簡易宿所 （民宿、ウイークリーマンション含む）	下宿（旅館業法）
不動産賃貸業 （一時的滞在）		国家戦略特区事業 （旅館業法の適用除外）	
不動産賃貸業 （生活の本拠）			賃貸マンション （マンスリーマンション含む） ホームステイ

3日　　　　　　　　　　　　　　1か月

（最短の）滞在（宿泊）期間

図9-1　旅館業と不動産賃貸業の関係

出典：第1回「民泊サービス」のあり方に関する検討会　資料4-1「旅館業に関する規制について（厚生労働省）」より改変して作成
https://www.mhlw.go.jp/file/05-Shingikai-11121000-Iyakushokuhinkyoku-Soumuka/0000105312.pdf（2021年8月25日閲覧）

特区民泊は、2015 年 10 月東京都大田区で区域計画認定がされて以降、北九州市、新潟市、千葉市、大阪府、大阪市で、区域計画認定がされ、2021 年 6 月 30 日時点で、3354 施設が認定されている[10]。

　なお、旅行者のために宿泊サービスの提供を受けることについて、代理、媒介、取次ぎをする行為及び宿泊サービスを提供する者のため、代理、媒介をする行為は旅行業に該当し旅行業の登録が必要であり（旅行業法第 2 条、第 3 条）、建物の貸借の代理、媒介をする行為を業として行うものは、宅地建物取引業の免許が必要である（宅地建物取引業法第 2 条、第 3 条）が、施設を自ら賃貸する行為は代理、媒介、取次ぎに該当しない。また、特区民泊を紹介・あっせんする行為が含まれる場合であっても、特区民泊は、宿泊サービスを提供する施設ではなく、住宅を短期に賃貸借するものであるため旅行業法の対象にはならない。宅地建物取引業法との関係においては、その適用の有無は、施設の使用に係る契約の内容によって実質的に判断しているため、生活の本拠を有しないと考えられる滞在者を対象とする特区民泊の事業は、宅地建物取引業には該当しない[11]、とされる。

2.　民泊の出現

1）民宿、国民宿舎、ユースホステル

　民泊と似た語に民宿がある。観光学辞典によれば「民宿とは、観光地、リゾート地において宿泊を本業としない民家が、不特定多数の旅行者を宿泊させて営業活動を行うものをいう」（長谷編、1997、157 頁）としている。民泊についても、「民泊サービス」のあり方に関し検討する発端となったのは、後述する「規制改革に関する第 3 次答申」で、自宅や別荘等を自ら使用していない期間等に、インターネットを通じ宿泊者を募集するし他人に有償で貸し出す場合の問題を幅広い観点から検討し結論を得ることを求められた[12]ことからも、宿泊を本業としない民家などが有償で旅行者を宿泊させるという点では、同様である。

　民宿は、もともとは、季節的・臨時的に営業していたもので民家の副業で

あった（原、1984、161 頁）。しかし、急増するレジャー需要に対応するために、行楽地や観光地で農・漁業家が現金収入に対する欲求もあって、全国的に展開され、簡易宿所営業などの旅館業法の許可（長谷編、1997、157 頁）を受けている。それゆえ、営業者も、業としての認識をしていると考えられる[13]。そのため、当初は、素朴さが魅力であったものが、商売気を出し始めるとホテルなみの施設を整えるものもあり、そうなると、宿泊料金も高くなる（種村、1977、230 頁）。そのような民宿と旅館との差異は、わかりにくい。このように、民宿の定義は統一されておらず、簡単に定義できないのが実状である（石井、1970、607-608 頁）。

　一方、民泊は、「民泊サービス」のあり方に関し検討される以前は、旅館業法上の営業許可を受けていない例も多く、新たなサービス形態として、実態が先行していた[14]。この時点では、民泊サービスの提供者においては、インターネットを用い、空きキャパシティの利活用の観点をもつものの[15]、有償で旅行者を宿泊させることに対して、許可の必要性についての認識が十分であったとは考えられない。

　民宿は、大正末から昭和初期にかけて、白馬山麓の細野ではじまったといわれている（石井、1970、608 頁）[16]。旅館業法の制定後、民宿は、1950 年頃から正式な旅館業の許可を受けはじめた（石井、1970、609 頁）。そして、1966 年頃から一種の民宿ブームがおこっている。これは、私鉄などの働きかけで開設された企業的色彩の濃い民宿も数多く出現したこともある（石井、1970、610 頁）。その結果、「民宿村」とよばれる民宿地域が、各地に形成される。こういう民宿地域は、地域住民がその地域で経営的有利性を民宿経営に見出しえたところで成立する（石井、1970、607 頁）。

　民宿は、一般に安い宿と認識されている（種村、1977、234 頁）が、民間で広がったものであり、経営的観点からは、旅館に近いものもある。一方、政策的には、内閣に設置された「観光事業審議会」が、1955 年「ソーシアル・ツーリズム研究部会」を設け、国民大衆の観光旅行についての研究を開始した（盛山、2012、48 頁）。この目標は、戦後、国民所得水準の向上と余暇の増大、生活意識の変化は、国民の旅行意欲の向上が促進されたが、旅行資金

が乏しいなどで、観光旅行の外にある国民層も大きく、これらが観光に参加できるような状況を作るためである。その結果、国民宿舎、ユースホステル等低廉、快適な宿泊施設の整備などの中間報告を行っている（内閣、1964、597-598頁）。

　以上のような経緯で、「公共の宿」は推進され、さまざまな公共の宿泊施設が建設されている。そうした中で、国民宿舎とユースホステルは、施設数や利用者実績も大きい[17]。

　国民宿舎は、1956年、当時の厚生省（現・厚生労働省、環境省設置後は環境庁・省）が、自然公園内に整備を始めた低廉な宿舎である（長谷編、1997、158頁）。地方公共団体が厚生年金保険積立金還元融資ならびに国民年金特別融資を受けて建設し、運営（環境白書、1973、349頁）されていた。なお、国民宿舎とは別に国民休暇村がある。国民休暇村の建設も厚生省（のち環境庁・省）の施策（加治、2009、34頁）であるが、有料施設は全て㈶休暇村協会が整備する（加治、2009、8頁）。国民休暇村は、国立公園、国定公園の自然環境のすぐれた休養適地に、自然との調和を図りながら、低廉で健全な宿泊施設をはじめ、その地域に応じた各種の野外レクリエーション施設を総合的に整備したものである（環境白書、1973、350頁）。もっとも、2001年、「国民休暇村」は「休暇村」に改称された。これは、「国民」は国の施設であるというイメージを利用者に与えること、「国民宿舎」と混同される弊害が見られること、既に「休暇村」という呼称が一般に定着していることなどを、休暇村協会ではその理由として挙げている（加治、2009、9頁）。

　ユースホステルは、青少年の旅が安全で楽しく、経済的に有意義なものになるように各国に設置された宿泊施設で、日本では、1951年に日本ユースホステル協会が設立された（長谷編、1997、158頁）。

　ユースホステルは、日本ユースホステル協会の直営、公営、民営がある。ユースホステルの整備については、運輸省（現・国土交通省）が、1957年、国庫補助金を予算要求する。そして、地方自治体の建設するユースホステルに対し建設費の一部を補助することになった。1959年には、公営第1号の「軽井沢ユースホステル」が建設された（加治、2009、28頁）。

　国民宿舎もユースホステルも、2019年の施設数、利用者数をみると最盛期と比べると大幅に減少している（注17参照）。設立母体の県や市町村が赤字を補てんしている国民宿舎は多く、建物の老朽化や施設供給側に立った運営から抜け切れていないとの指摘[18]に対する改善がなされていないためである、と考えられる。もっとも、2000年には国民宿舎の新設や修繕の財源であった厚生年金保険積立金還元融資ならびに国民年金特別融資が同時に廃止され（清水、2018、10頁）、国民宿舎等の「休養宿泊施設事業」は、行政改革の一環で、民間と競合する公的な宿泊施設等は、新設、増築の禁止、既存施設の廃止、民営化等の合理化を行うこととされ、新たに観光施設事業を実施する際には、原則として法人格を別にして実施することが求められている。これは、観光施設事業は、必ずしも住民生活に必要不可欠なものではないためで、地方公共団体への財政負担リスクを厳格かつ慎重に判断することが求められるためである[19]。それゆえ、施設数の減少は、政策的な影響もあるものといえるが、公的で安価な宿泊施設の建設によって国民の旅行需要を活性化させ福祉を向上させるという施策は、実態においては、変化しているものとみられる。

　一方、（国民）休暇村の2019年の施設数は、1962年に最初の国民休暇村が開設されて以来最大であり、利用者数の減少も小さい[20]。

2)「民泊問題」以前の民泊

　新聞記事検索システムで、「民泊」をキーワードに過去の新聞記事を検索[21]すると、1990年代より以前は、イベント時、特に国民体育大会（国体）時における民泊の記事が多い。国体時の民泊は、かなり以前の国体からあったようだが、1958年の富山国体から国体での民泊は、特色になったようである[22]。また、東京都オリンピック準備局では、1964年の東京オリンピックで外国人観光客の宿泊施設の確保につとめていたが、どうしても不足することが分かったので、民泊の実施に踏み切ることとなった[23]。

　こうした記事から、1990年代より以前においては、イベント時において不足する宿泊施設に対応するため、民間家庭を宿泊施設として利用する場合

において、民泊という語がつかわれていたといえる。一方で、国際交流団体によって、外国人青年に対し、一般家庭の民泊を世話されることを紹介する記事もある[24]。

　なお、1985 年に行われたつくば科学万博においても、宿泊施設の不足を民泊で補おうとしたが、開幕直前になって加入家庭が旅館業法、食品衛生法などの許可を受けていないことが指摘され混乱が生じた例もある[25]。あっせん団体である茨城県南民泊協会を含めて、旅館業法に対する認識が弱かったことがうかがえる。

　さて、1990 年代になると農業体験を伴う民泊の記事がみられるようになる[26]。1990 年代後半になると大分県の安心院のグリーンツーリズム研究会が、1996 年秋から「農村民泊」の実験を始めた[27] という、組織的な農家民泊についての記事が出る。NPO 法人安心院町グリーンツーリズム研究会のホームページによれば、「農村民泊」に全国で初めて取り組み、都市と農村が交流するグリーンツーリズムの先駆けとして注目を集めてきた、としている[28]。こうした、「農村民泊」は、農山漁村余暇法制定当時は、想定されていなかったため[29]、メンバーカードを発行する会員制にし、特定の人を宿泊させるという方法で、謝礼として農村文化体験料を受け取る方式にしていたが、法的な明確性はなく課題となっていた（曽、2010、27-28 頁）。そこで、大分県は、地方分権一括法の施行により営業許可は自治事務となり、県の判断で処理できることとなったことから[30]、2002 年 4 月 1 日から簡易宿所の営業許可対象とした[31]。その後、旅館業法施行規則が改正され、農家民泊の簡易宿所営業には客室延床面積の基準を適用しないことになるが、新たな観光システムの創出おいての関係者と関係自治体との強いコミットメントがうかがえる。

　ほかにも、長野県飯田市では、1998 年より農家民泊が実施され、人気プログラムとなっている。そして、2001 年、飯田市とその周辺自治体、企業による出資で体験型観光によって地域振興を目指す㈱南信州観光公社が設立される[32] など、組織としてコーディネートされる例がみられるようになってきた。

　こうしたイベント型や体験型民泊以外のインターネットを通じて住宅に宿泊者を募集する民泊の記事が多くみられるようになったのは、2015年からである[33]。ただ、その時は、すでに、多くの課題が浮き彫りになっていた。

3）民泊サービスのあり方の検討

　新聞に民泊の記事が、よく見られるようになった2015年に、民泊仲介サイトのAirbnbが、2014年7月から2015年6月の利用実績として公表した日本に滞在した外国人宿泊者数は52万5千人、ホスト（貸主）数は5030人である[34]。他の仲介サイトの経由等を含めた全体での民泊利用者の数は捕捉しきれないが、この数からも民泊が社会に影響を及ぼしていることをうかがえる。

　こうした民泊は、事業者でない空き室を有するホストと消費者である旅行者・ゲストがマッチングした空室を利用することで双方に利益が生じる。しかし、マッチングできる空室がどこにあるかという情報を共有することはこれまで困難であった。それをインターネットの発達が容易にした。だが、こうした環境の変化は、従来の宿泊関係法制が想定したものではないゆえ、民泊が社会に十分に調和された状態にはなっていなかった。すなわち、民泊が、宿泊にかかる法制度を越えて実態が先行し、その実態に対し取り締まり切れない、把握しきれない実情があった。そこで、厚生労働省と観光庁は、2015年11月より「民泊サービス」のあり方に関する検討会を開催して、この問題を検討することとした[35]。

　第1回検討会では、想定される論点として、旅館業法との関係でいかに民泊を位置付けるか、旅館業となれば、建築基準法によって住居専用地域などである用途地域において民泊は認められないという点の対応、民泊の仲介事業者をいかにとらえ、旅行業法との関係でいかに位置付けるか、などが論点で提示された。そして、検討に際して留意すべき点として、旅館・ホテルとの競争条件、地域ごとの宿泊需給の状況、規制内容や方法に対応した自治体の体制などが示されている[36]。一方、この検討会は、「規制改革実施計画」（平成27年6月30日閣議決定）を踏まえたもので[37]、そこでは、地方創生の

ため、規制改革事項として、空きキャパシティの再生・利用が、視点のひとつとして重点的に取り組むことが示されている[38]。

　このように、民泊については、既存宿泊関係法制が想定しないものであるゆえ、既存の法制に適合できない部分が多く、一方、当該サービスに対する需要が多いため、法制度を越えて実態が先行し、その実態に対し取り締まり切れない、把握しきれない実情がある。それゆえ、これらを解決する制度の設計が求められているのである（廣岡、2018、11 頁）。

　検討がはじまると、民泊に対して、その関係者の相反する利害関係がみえてくる。概ね、宿泊事業者は競合、宿泊サービスの品質の維持の観点から反対し、住民の視点からは住環境の維持という点が重視される。不動産関係者は、空き室の活用から推進を主張する一方不動産価値に維持から慎重な意見もある。民泊事業関係者は、その意義を主張するものの、違法民泊については取り締まりを求める意見もあった[39]。

　地方創生のため、空きキャパシティを活用した宿泊サービスの提供を可能にできるようにし、経済効果を高める前提はあるが、地域における外部不経済の問題、既存の宿泊事業者とのイコールフッティング（競走条件の公正化）の問題、既存の法制度といかに整合させていくのか、の調整をなし、制度を設計していくことが必要になる。

　次節で述べる住宅宿泊事業法は、この議論ののち制定されたものであるた

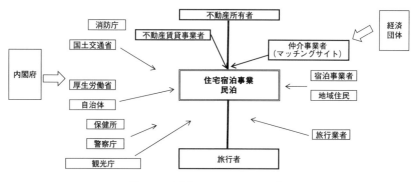

図 9-2　民泊のステークホルダー

出所：廣岡裕一（2018）「民泊条例の波紋～観光立国にふさわしい制度構築に向けて」11 頁

め、当初の時点では、民泊を旅館業法の中に組み込む可能性もあった。しかし、議論を重ねるにつれ、既存の旅館業法のスキームにその限界が顕れてくる（廣岡、2020、27-28頁）。議論では、自治体においてやはり周辺の住民とのトラブルは避けたいという意識がみられる。また、既存の宿泊事業者とのイコールフッティングについては、既存の宿泊事業者は、安全のためには相当なコストをかけているが、民泊であればそこまでの要件が必要ないとすれば不公平ではないのかという意見がある。なお、衛生上の問題、治安の問題、風紀の問題などの配慮は必要で利用者の本人確認などは行っていくことは前提となっている[40]。このように民泊の議論の中で、旅館業法の時代遅れ、意味のない規定を見出すことができ、旅館業法施行令における簡易宿所営業の延床面積について緩和（1節1）参照）することを住宅宿泊事業法、旅館業法改正法の公布に先立ち2016年4月1日から施行している。そして、旅館業法も「必ずしも大幅な改正は必要ない」という意見も多数あったが、民泊などと明確な線引きが必要という判断から「やはり改正が必要」という意見が多数を占めるようになった（寺前、2019、57頁）。

　このような議論が行われていたが、第11回検討会で、「民泊サービスは、……経済効果や国民の利便性向上といった観点から、これを推進していくことが必要である」とした「規制改革に関する第4次答申（平成28年5月19日）」が示されて以降、民泊を推進していく前提で議論が進む。しかし、それぞれの利害関係者の意向は変わるわけではなく、それをいかに調整するかで、議論されることになる（廣岡、2020、33頁）。

　その結果、最終報告書では、民泊を、住宅を活用した宿泊サービスの提供と位置付け、既存の旅館業法とは別の法制度として整備することが適当である、とした。そして、年間提供日数上限を180日以下とすることで、既存の事業者である宿泊施設と違い経営的観点からビジネスとしての参入は難しいものとすることになった[41]。一方、「住宅」であるゆえ住居専用地域でも実施可能とするが、地域の実情に応じて条例等により実施できないこととすることも可能とする。また、宿泊拒否制限規定は設けないこととした[42]。なお、地域の実情に応じて条例等により、より強い制限を加えることについて

は、地方の発意による地方分権[43]や地方の創意工夫[44]と親和する。その結果、各地の実情に応じて、自治体において民泊政策が立てられる余地ができた。

3. 住宅宿泊事業法

1）住宅宿泊事業法の骨格

住宅に宿泊者を、インターネットを通じて募集する新たな民泊サービスへの対応については、前節で述べた過程、議論を経て、旅館業法とは別の法律として、住宅宿泊事業法が、2017 年 6 月 16 日に公布、2018 年 6 月 15 日に施行された。なお、同日には、改正された旅館業法も施行されている。

住宅宿泊事業法は、79 条からなる法律で、第 1 章総則、第 2 章住宅宿泊事業、第 3 章住宅宿泊管理業、第 4 章住宅宿泊仲介業、第 5 章雑則、第 6 章罰則からなる。住宅宿泊事業、住宅宿泊管理業、住宅宿泊仲介業は、第 2 条でそれぞれ定義されるが、本法を理解するには、それぞれの役割を理解することが、必要になる。

対象となる民泊は、住宅を活用した宿泊サービスの提供と位置付け、住宅を 1 日単位で利用者に利用させるもので、「一定の要件」の範囲内で、有償かつ反復継続するものである[45]。これらは、旅館業法上の旅館業にはならない。そこで、「住宅」と何を意味するのか、が問題となる。旅館業の許可を得るにしても、簡易宿所営業における客室の延床面積の規制が緩和された 2016 年 4 月の時点で、旅館業法上の障壁はかなり解消されており、ネックとなっているのは用途地域としての住居専用地域にホテル・旅館の建築を禁止している建築基準法の立地規制である（安念、2018、47 頁）。つまり、旅館業法上の旅館業にはならないことによる宿泊場所としての希少性は住居専用地域に宿泊できることであり、これがこれまでにない旅行体験の創出を可能とする。そのためには、立地規制を維持したまま、民泊の用に供しても当該建築物が、なお住宅たる性質を失わない、と説明できる工夫が必要である（安念、2018、47 頁）。

そのため、「住宅」とは、家屋を生活の本拠として使用するために必要な設備が設けられ、人の居住の用に供されていると認められるものでなければならない、と定義された（同法第2条第1項）。この人の居住の用に供されていると認められる家屋とは、当該家屋の所在地を住民票上の住所としている[46]現に人の生活の本拠として使用されている家屋あるいは入居者の募集が行われている家屋あるいは所有者等が使用の権限を有しており少なくとも年1回以上は使用している[47]ような随時その所有者、賃借人又は転借人の居住の用に供されている家屋である（同法施行規則第2条）。したがって、宿泊事業又は入居事業以外の事業で利用されている場合や居住履歴のない民泊専用の新築建築物は対象とならない[48]。

また、人を宿泊させる上限の日数は、1年で180日が最大（同法第2条第3項）で、条例でさらに、合理的に必要と認められる限度で期間を制限することができる（同法第18条）。これは、諸外国の例も参考としつつ、既存のホテル・旅館との競争条件にも留意した上で、制度の活用が図られるよう実効性の確保にも配慮しつつ、「住宅」として扱い得るようなものとすることを考慮ものである[49]。

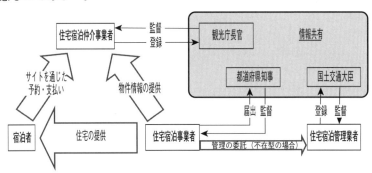

図 9-3　住宅宿泊事業法の概要

出典：観光庁 HP より作成
https://www.mlit.go.jp/common/001309832.gif（2021 年 9 月 20 日閲覧）

2）住宅宿泊事業

いわゆる狭い意味での「民泊」を営むことが住宅宿泊事業である。ここで

の「民泊」は、第 1 節で述べた以外の旅館業法による営業者以外の者が宿泊料を受けて住宅に人を宿泊させる事業とする。住宅宿泊事業を営む場合には、都道府県知事（保健所を設置する市又は特別区の場合は当該保健所設置市等）に届出をしなければならない（同法第 3 条）。住宅宿泊事業のために届け出られた住宅は、「届出住宅」といわれる。

　住宅宿泊事業者には、住宅宿泊事業の適正な遂行のための措置が義務付けられる。具体的には、宿泊者の衛生の確保するために、居室の床面積を宿泊者 1 人当たり 3.3㎡以上確保すること、定期的な清掃及び換気を行うこと（同法第 5 条、厚生労働省関係同法施行規則）、宿泊者の安全の確保するために、非常用照明器具の設置、避難経路の表示など火災などの災害が発生した場合の安全の確保を図るための措置を講ずること（同法第 6 条）、外国人観光旅客の快適性，利便性を確保するために外国語を用いた情報提供などの措置を講ずること（同法第 7 条）、宿泊者名簿を備付け、宿泊者の氏名、住所、職業などの事項を記載すること（同法第 8 条）（なお、宿泊者名簿は、電子計算機に備えられたファイル等に記録しておくことで宿泊者名簿への記載に代えられれる（同法施行規則第 7 条））、宿泊者に対し、周辺地域の生活環境への悪影響の防止に関し必要な事項の説明をすること（同法第 9 条）、届出住宅の周辺地域の住民からの苦情等への対応すること（同法第 10 条）が、あげられる。

　「届出住宅」には、届出住宅内に居住しながら（原則として住民票がある）、届出住宅の一部を宿泊者に利用させている「家主居住型」と、自らが居住していない届出住宅を宿泊者に利用させる「家主不在型」に分けられる（横田他、2018、32 頁）。

　上述の住宅宿泊事業者に義務付けられる住宅宿泊事業の適正な遂行のための措置は、「家主不在型」の届出住宅においては、ひとつの住宅宿泊管理業者に委託しなければならない。なお、「家主居住型」であっても居室が 5 室を超える場合は、住宅宿泊管理業者に委託しなければならない。（同法第 11 条、同法施行規則第 9 条）。住宅宿泊管理業者への委託は、複数の者に分割して委託することはできないが、委託を受けた住宅宿泊管理業者が、一部を再委託すること可能である[50]。

　また、住宅宿泊事業者は、届出住宅ごとに、標識を掲げなければならない（同法第13条）。

　なお、住宅宿泊事業においては、宿泊拒否の制限はなく、合理的な範囲で宿泊者に対し一定の要件を課しても問題ない。これは、予約システムにおいて、ゲスト（旅行者）とホスト（住宅宿泊事業者）がお互いに評価する（Arb、2016、28頁）システムになっており、宿泊拒否制限規定はホームステイ型民泊にはなじまず、インターネットビジネスにおいて、評判の悪いゲストは拒否できる機能が必要であるためである[51]。ただし、宿泊拒否の理由が差別的なものである場合や偏見に基づくものである場合は社会通念上、不適切となることもあること留意することが必要である[52]。

3) 住宅宿泊管理業

　住宅宿泊管理業は、住宅宿泊事業者から委託を受けて、報酬を得て、上述の住宅宿泊事業の適正な遂行のための措置や届出住宅の維持保全、空室時における施錠の確保や鍵の管理[53]を行う事業である。住宅宿泊管理業者は、委託された住宅宿泊管理業務の全部を他の者に再委託できない（同法第35条）が、一部は、当該住宅宿泊管理業者の責任（横田他、2018、82頁）で再委託は可能である。この場合の再委託先は住宅宿泊管理業とはならない[54]。

　住宅宿泊管理業は、国土交通大臣の登録が必要である。この登録の有効期間は、5年である（同法第22条）。住宅宿泊管理業者登録簿は、一般の閲覧に供される（同法第27条）。なお、実際の提出先は、主たる営業所等を管轄する地方整備局等となる[55]。

　住宅宿泊管理業者に委託しなければならない住宅宿泊事業者は、住宅宿泊管理業者と管理受託契約を締結することになる。この場合の住宅宿泊事業者は、自宅の一部や別荘、マンションの空き室などを民泊として活用してする非宿泊事業者であるという建前であるゆえ、住宅宿泊事業者と住宅宿泊管理業者との間の取引は、BtoCであると考えられる。したがって、住宅宿泊事業者には、消費者に対するような保護が必要といえる。

　それゆえ、住宅宿泊管理業者の業務に関する広告における誇大広告等の

禁止（同法第 31 条）、住宅宿泊管理業者が住宅宿泊事業者に管理受託契約の締結の勧誘する際の不当な勧誘等の禁止（同法第 32 条）、管理受託契約の締結前にその内容及びその履行に関する事項を記載した書面の交付と説明（同法第 33 条、国土交通省関係同法施行規則第 14 条）及び管理受託契約の締結時に必要事項を記載した書面の交付（同法第 34 条、国土交通省関係同法施行規則第 17 条）、住宅宿泊管理業者の従業者の証明書の携帯と提示義務（同法第 37 条）、帳簿業務に関する帳簿の備付け義務（同法第 38 条）、標識の掲示（同法第 39 条）、住宅宿泊管理業務の実施状況等を定期的に、住宅宿泊事業者に報告する義務（同法第 40 条）が規定されていると考えられる。

4）住宅宿泊仲介業

　届出住宅の仲介業務を行う場合、宿泊のサービス仲介になるので、旅行業の登録が必要となる。しかし、旅館業の宿泊サービスの仲介は行わず、住宅宿泊仲介業務のみを行う場合には、旅行業の登録は必要ない。ただし、住宅宿泊仲介業者として観光庁長官の登録を受けなければならない。なお、住宅宿泊仲介業に関し不正又は不誠実な行為をするおそれがあると認められる者、必要な財産的基礎を有しない者、住宅宿泊仲介業を的確に遂行するための必要な体制が整備されていない者などは登録が拒否される（同法第 49 条）。この登録の有効期間は、5 年である（同法第 46 条）。住宅宿泊仲介業者登録簿は、一般の閲覧に供される（同法第 51 条）。

　なお、旅行業者が届出住宅の仲介業務を行う場合は、当然に届出住宅も宿泊サービスの仲介対象として、仲介ができ、別途住宅宿泊仲介業の登録を要しない（小澤、2018、50 頁）。

　住宅宿泊仲介業務は、宿泊者と届出住宅の宿泊サービスの提供について仲介する業務なので、届出住宅と旅館業の違いはあれ、旅行業者の業務と類似する。そのため、旅行業法により旅行業者に義務付けられている規定と類似した規定が、住宅宿泊事業法により住宅宿泊仲介業者に義務付けられている。

　具体的には、誠実にその業務を行うこと（同法第 53 条）、自己の名義を

もって、他人に住宅宿泊仲介業を営ませる名義貸しの禁止（同法第54条）、住宅宿泊仲介業約款を定め、観光庁長官に届け出ること、その約款を公示すること（同法第55条）、宿泊者及び住宅宿泊事業者から収受する住宅宿泊仲介業務に関する料金を定め公示すること（同法第56条）、住宅宿泊仲介契約の不当な勧誘の禁止（同法第57条）、違法行為のあっせんの禁止（同法第58条）、住宅宿泊仲介契約の締結前の書面の交付（同法第59条）、住宅宿泊仲介業者登録票の掲示（同法第60条）である。

　旅行業の場合の約款は認可が求められるが、住宅宿泊仲介業約款は、届出である。しかし、不適切な約款については、観光庁長官は、変更を命ずることができる。また、旅行業と同様に標準約款が定められ、観光庁長官が公示する。住宅宿泊仲介業者が、標準住宅宿泊仲介業約款と同一の住宅宿泊仲介業約款を定めた場合は、観光庁長官に約款の届出をしたものとみなされる（同法第55条）。また、標準住宅宿泊仲介業約款の構成も標準旅行業約款・手配旅行契約の部に類似した態様となっている。標準旅行業約款、標準住宅宿泊仲介業約款は、いずれも観光庁観光産業課で所管されている。

　いわゆる「民泊」は、ホストとゲストのマッチングを行うサービスを行う外国の会社によって需要が喚起された。それゆえ、住宅宿泊事業法では、宿泊サービスの仲介に外国会社が入りうることは当然の前提とされている。また、かかる外国会社に対して適切な法的規制をかけることができないならば、新しく法律を制定した意味もない（小澤、2018、52-53頁）。

　したがって、国内に住所又は居所を有しない外国住宅宿泊仲介業者に対する登録や適用は想定されている。住宅宿泊事業法により住宅宿泊仲介業者に義務付けられている規定、観光庁長官による監督の対象は、外国住宅宿泊仲介業者も対象となる（小澤、2018、54頁）。観光庁長官は、適正な運営を確保するため必要があると認めるときは、業務改善命令を命ずることができる。ただ、この場合、外国住宅宿泊仲介業者に対しては、「命ずる」のではなく「請求する」ことになる（同法第61条）。しかし、その請求に応じないなどの外国住宅宿泊仲介業者の登録の取り消しの対象となる（同法第63条）。

4. 民泊の意義とあり方

　本節では、前節までに考察した結果をもとに民泊の意義とあり方について論じる。なお、本節での「民泊」は、広義の民泊で、法制度のカテゴリーにとらわれないで使用する。

　そもそも、民泊は国民体育大会等におけるイベント時に、一時的に増大する宿泊需要に対応するために、行政がその整備に尽力していることがわかる。特に、新聞記事によれば、1964 年の東京オリンピックにおいて、その宿泊対策に注力していた。1964 年の東京オリンピックでは、宿泊施設不足に陥らないために、かなり焦っていたことがうかがえる。こうした先例から、2020 年の東京オリンピックにおいても、当局においては、民泊をもって宿泊施設不足に対応しようと、その数年前から、民泊が実際に運用できるようなシステムを構築しようとする意図が、住宅宿泊事業法の成立に至るひとつの要素にあったのではないか、と考える。この点は、十分に論証できないが、2020 年の東京オリンピックにおいては、なんとしてでも実施したいという政府側の執念をみると、宿泊施設不足で東京オリンピックの成功の足を引っ張られたくないという懸念が、民泊の受容のひとつの裏付けになると思える。以上のことから、民泊の意義のひとつとして、「イベント対応」を示しておく。

　次に、民泊の意義として認められるのは、「体験提供」である。住宅宿泊事業法に先立って、農山漁村余暇法で、農林漁業体験民宿業の場合、簡易宿所許可要件が緩和されている。農家などに宿泊することは、従来の宿泊施設では味わえない旅行体験が得られるため、ニューツーリズム[56]へのニーズの高まりに対応している。そして、都市にある民泊もこの延長線上にあると考えられる[57]。

　民泊仲介サイトを通じてマッチングされる都市の民泊も、「その土地の住民の家」や「住宅地での滞在」といった従来の宿泊施設では味わえない「体験提供」をしているが、一方で、「イベント対応」の要素もある。すなわち、

観光都市において、オーバーツーリズム状況が生じ、宿泊施設の供給が追い付かない状態は、国体やオリンピックで宿泊施設が足らない状況と同じである。来訪者数の上昇期を過ぎても、観光都市における来訪者数は、年中一定ではなく、例えば、京都市においての宿泊者数は紅葉の時期の11月がピークとなる。この時期は、イベント時と同様、他の時期より宿泊提供が逼迫しているといえ、既存の宿泊施設は供給不足になる。それゆえ、旅館・ホテルとの競争という問題も小さくなる。ピーク時にあわせて宿泊施設を建設すると他の時期の稼働率が下がり効果的でないため、この点においては、既存の宿泊施設と WIN-WIN の関係になる[58]。もっとも、この考え方からみると、京都市が原則、住居専用地域での住宅宿泊事業の実施を1月15日から3月16日に限っている[59]ことは、民泊の「イベント対応」的特長に与したものはいえない。

　民泊については提供する側からは、空室や空き家を貸すことで、収入を得られることが大きなメリットとなる（Aib、2016、36頁）。また、不動産を専門とする弁護士[60]は、人口減少や空き家問題を前提として、通常の賃貸物件の需要は総体として減少していくことが容易に予想されることから、新たな不動産活用の手法として民泊への関心はとても多いとの印象を持っている、としている（佐藤、2018、77頁）。そもそも、「民泊サービス」のあり方に関する検討会開催のきっかけとなった「規制改革実施計画」では、地域活性化分野の空きキャパシティの再生・利用を最初に挙げている[61]。また、京都市においては、条例で住居専用地域での住宅宿泊事業の実施を厳しく制限しているが、「京町家」[62]については、緩和されている。これは、景観や文化の保全の側面が強いが、いずれも空き家の活用といった不動産活用の政策意図に呼応する。

　以上のことからは、民泊事業は、従来の旅館業の宿泊サービスの提供、ホスピタリティ産業ではなく、不動産業、不動産投資の一種と捉えて参入している例も多いのではないかと考えられる。そう考えると、住宅宿泊事業で供せられる居室が「住宅」であり、特区民泊においては、一時的滞在の不動産賃貸業であるとしていることは、筋が通る。

　一方、住宅宿泊事業に対しては、180 日の制限があり、ビジネスとして収益を上げるには、限界がある[63]。そのため、180 日を超えて営業するには、住居専用地域ではないなどの環境が許せば、簡易宿所営業を選択することになる。しかし、そうなれば、これは、ホスピタリティ産業である。不動産業であれば、物件から収益を上げることが主と考えるが、ホスピタリティ産業と捉えれば、不動産の活用にも思慮するが、主には、人的な接客におけるサービスに価値を持たせることとなる。そのため、運営において、事故やトラブルをあまり恐れない（富坂、2016、17 頁）という志向は親和的でない。制度的な視点からの考察にはなるが、このように簡易宿所営業においては、不動産業のスタンスで事業を行い続けるのは、限界が生じるのではないかと考える。

　民泊事業を不動産事業と考えれば、市場の需要が高まれば参入は増え、冷えれば撤退が増える。ここでの市場は観光者の宿泊需要と考える。これは、ホスピタリティ産業においても同様であるが、人的な接客サービスが求められるホスピタリティ産業では、人材養成や雇用に対する投資が必要で、その進退の判断には、一定の期間が求められる。一方、物件のみで判断するなら相対的に短期的な対応が可能である。

　2020 年から 2022 年にかけては、コロナウイルスの蔓延により、大幅に観光需要が減退した。図 9-4 は観光者の宿泊需要の影響を受けやすい京都市の住宅宿泊事業、旅館業数を示したものである。この図からは、住宅宿泊事業と簡易宿所営業は、2020 年から 2021 年にかけて撤退が参入を上回っているが、旅館・ホテル営業においてはそうではないことがわかる。上述の文脈に沿えば、住宅宿泊事業と簡易宿所営業は、より不動産事業的な捉え方をされ、旅館・ホテル営業は、相対的に不動産事業的な捉え方がそれほどされていないといえる。

　住宅宿泊事業と簡易宿所営業は、より不動産事業的な捉え方がされていると述べたが、これは、実態をみた傾向である。不動産事業的に物件を投資対象としての価値を基準に参入・撤退をすることについては、それはひとつの業態と捉えることができる。それについてのビジネスのあり方や手法につい

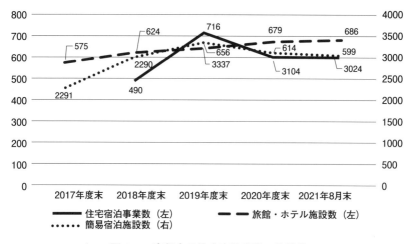

図 9-4 京都市の住宅宿泊事業、旅館業
出典：京都市民泊ポータルサイトより作成
https://minpakuportal.city.kyoto.lg.jp/wp-content/uploads/2021/09/d422ebb7549c7b
5b8d4a9c394558b99e.pdf
https://minpakuportal.city.kyoto.lg.jp/wp-content/uploads/2021/09/283de5de417e1d
84c3501efe731afabb.pdf（2021 年 9 月 26 日閲覧）

ては、本書の範囲ではないので、これ以上言及しない。ただ、観光立国の一翼を担うための持続可能なビジネスとの観点からは、住宅宿泊事業と簡易宿所営業においてもホスピタリティ産業の要素を加えたあるべき民泊の形を模索しなければならない。

　民泊が、特に、地域住民において否定的に捉えられるのは、民泊宿泊者の出す騒音、ゴミ出し問題などの近隣住民への迷惑行為、無責任な民泊事業者による運営への不安（阿部、2020、158 頁）があるためである。民泊宿泊者の出す問題は、同じことを住民が行っても迷惑行為になるので、これは、宿泊者に帰責する。暮らすように旅するのであれば、宿泊者も住民と同じようにふるまうことが期待される。制度的にも住宅とされているために、宿泊者は旅人ではないのであるが、現実問題としては、やはり旅人で住民と同じようなふるまいは難しいというところに、ギャップがある。また、簡易宿所においては、制度的にも宿泊者は旅人であるため、そこに住民としてのメンタリティを期待することには、より大きい無理がある。

　そのようなギャップの存在は認識したうえで、民泊のあるべき形を考える。制度や宿泊者が土地の生活体験を求めるという点を考慮すれば、民泊は、その事業者、そして宿泊者も含めたうえで、住人のひとりである、ということになる。すなわち、民泊の関係者には、その街の住人としてのモラル、メンタリティが求められ、それを実践できるのが、あるべき民泊の形と考える。

　その街の住人であるなら、その街の発展と振興を願うだろうし、程度の差こそあれ地域コミュニティへのかかわりも持つことになる。民泊の事業者、宿泊者も、住民としてその前提でふるまうことが、理想となる。一方、そうであるなら既存の住民も、民泊の関係者という理由のみで、排除すべきでない。宿泊者に対しては、新規居住の住民と同じようなかかわり方のスタンスが求められる。

　農家民泊の先例を見ると、飯田市では、地域の人がインストラクター・受入農家として関わり、普段行っていることをそのまま体験させることに価値を持たせている[64]。農家民泊が盛んな、千代地区における農家経営主へのアンケートにおいて、高齢化や後継者不足、耕作放棄地の増加が問題視される中、体験教育旅行やワーキングホリデーなどの交流型農業の受入経験がある農家のほうが、後継者がいる割合が高いということが明らかになった（藤井他、2016、56頁）。また、非農家世帯主へのアンケートでも、8割を超える人が今後も千代地区で住み続けたい意向を示している（藤井他、2016、58頁）。これは、農家・非農家双方に農業・農村の価値に対する共通理解がされているのであるが、交流事業に取り組んできたことを通じて共通の認識が醸成されてきたことが窺える。そして、千代地区では、Uターン・移住受け入れに対して前向きで、Uターン・移住者に対して地域活動への参加も積極的に行ってほしいという意見が多く見られた（藤井他、2016、60-61頁）。

　また、新聞記事によると、京都市東山区の六原学区は空き家が多く、自治連合会内にまちづくり委員会を立ち上げ、対策を講じていた。その結果、ある空き家は、ゲストハウスになり、所有者は歓迎していた[65]。そして、2014年ごろ空き家が急に売れ始める[66]。しかし、無許可を含めた民泊が増

え、不安はあおられる[67)]。住宅宿泊事業法の施行でヤミ民泊は減ったが、許可を得た京町家の宿やホテルは増え、世帯数が半減し、成り立たない町内会も出てきた[68)]。だが、民泊や旅行者を地区から排除するのが目的ではないため、旅行者を一緒にもてなすような関係を目指した[69)]。委員会は当初、民泊などの排除をめざすが、貸家の家賃収入を宿泊料収入が上回る現実に排除を断念し、事業者と「共生」できる道を模索する。そして、町内会は事業者と協定書を交わすようになり、一部の事業者とは地元の喫茶店やカフェを利用できる朝食券を実現させた[70)]。

このように、民泊と地域は当初は、対立関係にあったとしても、共生への道を見出すこともある。これにより空き家問題など、地域の問題の解決の糸口になる可能性がある。民泊が地域の問題の解決に寄与するのは、その街の住人として、地域コミュニティに参画し、地域と WIN-WIN の関係を築ける場合である。この創造は、民泊の意義のひとつである「体験提供」に結び付く。すなわち、民泊事業者において、民泊を観光に寄与する持続可能な事業と捉えるなら、この点に気づく必要がある。

この点を踏まえたうえで、民泊を始めたと考えられるのが、函館市で築80 年以上の元呉服屋をリノベーションした、えびすまち高田屋などの民泊を運営する合同会社コルディスの例である。代表の髙田鮎子は、民泊を始めるにあたっては、周辺住民への丁寧な説明などに努め、信頼を築き、地域の安心につなげたとしている[71)]。

民泊の問題は、家主不在の投機的な民泊の増殖をコントロールできないことや、地域の実情に応じて民泊という新しい機能を地域に埋め込む手続きの不十分さや欠如である（堀田、2020、27 頁）。そのためには、第一段階として近隣住民の了解と協力を得た家主のもとで旅行者と住民が交流をできるような民泊を促進することである（矢ヶ崎、2018、30 頁）。

民泊はただの宿泊の手段ではなく、観光体験の場としても定着しつつある（平林、2018、13 頁）。そして、民泊の醍醐味のひとつとして一般的な日本人が生活する日常を体感できることである。しかし、まちの日常は一般的な外国人にハードルが高い。そういった時に民泊受け入れをしている人が自ら

案内したり、地域の人と組んで連れていくことは十分な観光資源である（木下、2018、33頁）。

　これらは、観光に寄与する民泊の「体験提供」の強化となる。さらに、災害時には帰宅困難者の受け入れや地域の避難施設として地域住民が利用するなどの役割を果たすことも可能である（南、2021、11頁）。いずれも地域社会との協働があってはじめて機能する。この機能が高まってこそ、当該地域の商店街や飲食業等の振興につながり、規制改革会議が目指した民泊を通じた地域活性化が実現できる。

　本節では、民泊の意義に「イベント対応」と「体験提供」を示した。イベントは一過性であるが、ここでは、訪問客上昇期で宿泊施設が整備されていない時期も少し長めなイベント期間ととらえた。この時期は、需要があるため急造の施設が出現することは、道理にかなっている。そして、民泊が増えていくと、その間に競争がおこり、環境の変化や訪問客数が安定により、質の悪い民泊は淘汰される。民泊問題が社会問題化したのは、この上昇期であったため、社会問題は引き起こしたものの「イベント対応」の役割は果たした。これへの対応が、既存の制度では対応しきれなかったので、上昇期をかけて制度の整備がみられた。その意味においては、「イベント対応」の役割を果たしたといえ、また、制度を整備させたことは、それはそれで観光立国としての価値を高めたと考える。一方、本来の短期のイベント時において宿泊施設不足に対応することは、短期間であるゆえにビジネスになりにくい。しかし、これも地域活性化に寄与する。これもイベントの実施関係者と民泊を提供する地域社会との信頼関係の構築が前提となる。そして、既存の民泊に対して日常の「体験提供」を協働できる関係がある地域社会であれば、「イベント対応」の民泊も容易に準備でき、地域が活性化する。民泊のあり方とは、そうした地域社会の環境を創出していく出発点となることである。

注

1)　「広義の民泊」といっても定まった定義があるわけではない。「「民泊サービス」のあり方に関する検討会」で座長を務めた浅見泰司は、「民泊は住宅宿泊事業法で位置

づけられたが、民泊のすべてをこの法律で規定しているのではない。あくまで、住宅とみなせるぎりぎりの範囲を明確にしただけで、それに逸脱したものは簡易宿所となるために、今後の旅館業法で位置づけられる」としたうえで、国家戦略特区制度で位置付けられる民泊もある、としている（浅見、2018、3・12頁）。

2) 京都市「旅館業法に基づく許可施設及び施設外玄関帳場一覧（令和3年7月末現在）」https://data.city.kyoto.lg.jp/node/110088（2021年9月3日閲覧）

3) 観光庁観光産業課及び厚生労働省医薬・生活衛生局生活衛生・食品安全部生活衛生課は、平成28年4月1日付事務連絡により、「イベント民泊ガイドライン」を発出したが、厚生労働省医薬・生活衛生局生活衛生課令和元年12月25日付事務連絡「イベント開催時の旅館業法上の取扱いについて」で、同ガイドラインにおける表記を「イベント民泊」を「イベントホームステイ（イベント民泊）」に修正している。

4) 厚生労働省健康局生活衛生課平成27年7月1日付事務連絡「規制改革実施計画への対応について」

5) 観光庁観光産業課、厚生労働省医薬・生活衛生局生活衛生課「イベント民泊ガイドライン（イベントホームステイガイドライン）」一部改訂 令和 元年12月25日版、2頁では、実施期間中、宿泊者の入れ替わりがない態様で宿泊させる場合は、反復継続性が否定される、としている。https://www.mlit.go.jp/common/001264322.pdf（2021年9月3日閲覧）

6) 2021年9月時点での登録実施機関は、「一般財団法人都市農山漁村交流活性化機構」及び「株式会社百戦錬磨」である。https://www.maff.go.jp/j/nousin/kouryu/nou-hakusuishin/yoka_law.html（2021年9月3日閲覧）

7) 消防庁予防課長平成29年3月23日付消防予第17号「一般住宅を宿泊施設や飲食店等に活用する場合における消防用設備等に係る消防法令の技術上の基準の特例の適用について」

8) 自動車交通局長平成23年3月31日付国自旅第239号「宿泊施設及びエコツアー等の事業者が宿泊者及びツアー参加者を対象に行う送迎のための輸送について」

9) 内閣府国家戦略特区HP「旅館業法の特例について」https://www.chisou.go.jp/tiiki/kokusentoc/pdf/gaiyou_ryokan.pdf（2021年9月8日閲覧）

10) 内閣府国家戦略特区HP「旅館業法の特例について」http://www.chisou.go.jp/tiiki/kokusentoc/pdf/shiryou_tocminpaku_jisseki.pdf（2021年9月8日閲覧）

11) 国土交通省土地・建設産業局不動産業課長 平成26年12月5日 国土動第87号「国家戦略特別区域法における国家戦略特別区域外国人滞在施設経営事業と宅地建物取引業法の関係について」

12) 第1回「民泊サービス」のあり方に関する検討会 資料2 https://www.mhlw.go.jp/file/05-Shingikai-11121000-Iyakushokuhinkyoku-Soumuka/0000105309.pdf（2021年9月8日閲覧）

13) もっとも、昭和20年代においては無許可民泊も続出していたようで旅館が保健所に抗議と抑制を要請した例もある（白澤、1980、112頁）。

14) 第1回「民泊サービス」のあり方に関する検討会 資料6https://www.mhlw.go.jp/file/05-Shingikai-11121000-Iyakushokuhinkyoku-Soumuka/0000105317.pdf（2021年9月8日閲覧）、同 資料2。

15) 同 資料2。

16) 民宿の定義は統一されていないゆえ、（白澤、1979、153-157頁）は、民宿の発展過程は、ガイドブックを引用し「歴史的には、いろいろな説があってはっきりしな

い」としている。また、白馬村細野の民宿が明治時代からあったことを示す文献を示したうえで、県に「登録した年月日からみると、白馬村より真田町にある菅平民宿のほうが 1 年早く昭和 11 年である」としている。

17)　国民宿舎 2019 年度：施設数 69、宿泊利用者数 787,029、最大年度：施設数 343（1981 年度）、宿泊利用者数 5,130,290（1974 年度）。（環境省　日本の国立公園・法令・各種資料・自然保護各種データ「国民宿舎利用者数（参考）」http://www.env.go.jp/park/doc/data/natural/data/naturalpark_10.pdf（2021 年 9 月 10 日閲覧））

　　ユースホステル 2019 年度：施設数 178、宿泊利用者数 322,235 人、最大年度：施設数 587（1974 年度）、宿泊利用者数 3,409,833 人（1973 年度）。（一般財団法人日本ユースホステル協会「令和 2 年度事業報告」35-36 頁。http://www.jyh.or.jp/koukai/02houkoku.pdf（2021 年 9 月 10 日閲覧））

18)　日本経済新聞　1998 年 8 月 3 日朝刊 43 面。

19)　総務省「令和元年度地方公営企業年鑑」221 頁。https://www.soumu.go.jp/main_content/000741478.pdf（2021 年 9 月 11 日閲覧）

20)　休暇村 2019 年度：施設数 37、宿泊利用者数 1,335,760、最大年度：施設数 37（2013 年度以降）、宿泊利用者数 1,533,056（2001 年度）。（環境省　日本の国立公園・法令・各種資料・自然保護各種データ「休暇村利用者数（参考）」http://www.env.go.jp/park/doc/data/natural/data/naturalpark_10.pdf（2021 年 9 月 10 日閲覧））

21)　朝日新聞「聞蔵 II ビジュアル・フォーライブラリー」、読売新聞「ヨミダス歴史館」、毎日新聞「毎索」、日本経済新聞「日経テレコン」により検索。

22)　読売新聞　1960 年 10 月 26 日朝刊 6 面。なお、公益財団法人日本スポーツ協会 HP、国民体育大会・過去大会の概要・第 13 回（夏・富山）大会では、「民泊で真心のこもった親切な歓迎ぶりは、選手・役員に深い感銘を与えた」とある。https://www.japan-sports.or.jp/kokutai/tabid736.html（（2021 年 9 月 10 日閲覧）

23)　読売新聞　1962 年 8 月 23 日朝刊 11 面。外国人観光客の宿泊施設の不足については、整備計画が作成され、ホテル、旅館、ユースホステルについては運輸省が、改良旅館、船中泊、民泊、プレスハウス等については東京都と神奈川県において、整備が行なわれた（運輸白書、1965、535-536 頁）。

24)　読売新聞　1967 年 8 月 4 日朝刊 13 面。読売新聞　1976 年 4 月 18 日朝刊 21 面。

25)　読売新聞　1980 年 5 月 23 日朝刊 22 面。朝日新聞　1980 年 5 月 23 日朝刊 23 面。なお、本件に関しては、朝日新聞では、団体名を除きここでの宿泊施設は「民宿」と表記している。

26)　例えば、朝日新聞　1991 年 7 月 4 日朝刊大阪面、1994 年 12 月 23 日朝刊福岡 21 面、1997 年 8 月 20 日朝刊岩手面。

27)　朝日新聞 1998 年 2 月 28 日夕刊 7 面。

28)　NPO 法人安心院町グリーンツーリズム研究会 HP「安心院町グリーンツーリズム研究会とは」http://www.ajimu-gt.jp/page0100.html（2021 年 9 月 12 日閲覧）

29)　同 HP。「県独自の許可方針を打ち出した背景について」https://img01.ecgo.jp/usr/ajimu/img/110707094637.pdf（2021 年 9 月 12 日閲覧）

30)　NPO 法人安心院町グリーンツーリズム研究会 HP「グリーンツーリズムにおける農家民泊に係る旅館業法及び食品衛生法の取扱い」https://img01.ecgo.jp/usr/ajimu/img/110707094715.pdf（2021 年 9 月 12 日閲覧）

31)　同 HP「県独自の許可方針を打ち出した背景について」

32)　鈴木義光（2015）「飯田市における体験型観光の取り組みについて」21-31 頁。

https://www.soumu.go.jp/main_content/000361552.pdf（2021 年 9 月 12 日閲覧）

33)　「民泊」「エアービーアンドビー」で検索すると、日経 M J（流通新聞）2011 年 9 月 28 日 16 面「ホテルは我が家、外国人を招く――一般人宅に宿泊「家庭泊」（ブームの予感）」で、インターネット仲介サイト Airbnb（エアービーアンドビー）にも触れる記事がみられるが、一般紙では、朝日新聞　2014 年 10 月 21 日朝刊 6 面「ネット仲介、ひと味違う日本　外国人観光客、ラブホテル宿泊・家庭の味堪能【大阪】」、2015 年 1 月 9 日朝刊 13 面「（記者有論）ネット仲介サービス　規制見直し起業後押しを　溝呂木佐季」、2015 年 4 月 8 日朝刊 9 面「宿泊ネット仲介「100 万人超える」Airbnb・技術責任者に聞く【大阪】」、毎日新聞　2015 年 6 月 24 日朝刊 3 面「水説：論争を呼ぶ「民泊」＝中村秀明」、読売新聞　2015 年 8 月 4 日朝刊大阪 38 面空室宿泊施設に活用　マンションなど　大阪府が条例案、2015 年 8 月 27 日朝刊石川 33 面「空き部屋民泊　9 割無許可　金沢市内　基準など啓発強化へ」あたりが早期に取り上げた記事ではないかと思える。

34)　朝日新聞 2015 年 11 月 27 日朝刊 9 面。

35)　厚生労働省 HP「第 1 回「民泊サービス」のあり方に関する検討会（開催案内）」https://www.mhlw.go.jp/stf/shingi2/0000104719.html（2021 年 9 月 14 日閲覧）

36)　前掲、第 1 回「民泊サービス」のあり方に関する検討会　資料 6

37)　前掲、厚生労働省 HP「第 1 回　「民泊サービス」のあり方に関する検討会（開催案内）」

38)　前掲、第 1 回「民泊サービス」のあり方に関する検討会　資料 2

39)　「「民泊サービス」のあり方に関する検討会」各議事録、http://www.mhlw.go.jp/stf/shingi/other-syokuhin.html?tid=312986（2018 年 3 月 16 日閲覧）。

40)　「「民泊サービス」のあり方に関する検討会」各議事録。

41)　「第 10 回「民泊サービス」のあり方に関する検討会」における公益社団法人全国賃貸住宅経営者協会連合会提出資料　https://www.mhlw.go.jp/file/05-Shingikai-11121000-Iyakushokuhinkyoku-Soumuka/0000124127.pdf（2021 年 9 月 6 日閲覧）は、「年間 180 日（15 日× 12 ヶ月）以下の稼働日数の制限がある場合 ⇒ 経営的観点からビジネスとしての参入は不可能」と総括している。

42)　「「民泊サービス」の制度設計のあり方について（「民泊サービス」のあり方に関する検討会最終報告書）平成 28 年 6 月 20 日」4-6 頁。https://www.mhlw.go.jp/file/05-Shingikai-11121000-Iyakushokuhinkyoku-Soumuka/0000128393.pdf（2021 年 9 月 14 日閲覧）

43)　前掲、「第百八十九回国会における安倍内閣総理大臣施政方針演説」。

44)　首相官邸ホームページ「第百九十回国会における安倍内閣総理大臣施政方針演説」（2016）https://www.kantei.go.jp/jp/97_abe/statement2/20160122siseihousin.html（2019 年 9 月 5 日閲覧）

45)　前掲、「民泊サービス」の制度設計のあり方について（「民泊サービス」のあり方に関する検討会最終報告書）平成 28 年 6 月 20 日」4 頁。

46)　「住宅宿泊事業法施行要領（ガイドライン）」最終改正 平成 31 年 3 月 15 日（平成 31 年 4 月 1 日適用）7 頁。

47)　同上、7-8 頁。

48)　同上、8 頁。

49)　前掲、「民泊サービス」の制度設計のあり方について（「民泊サービス」のあり方に関する検討会最終報告書）平成 28 年 6 月 20 日」6 頁。

50)　前掲、「住宅宿泊事業法施行要領（ガイドライン）」25 頁。

51)　第 6 回「民泊サービス」のあり方に関する検討会　資料 4「一定のタイプの民泊について、旅館業法の許可の枠組みを適用する必要性・妥当性の検討について（主な意見概要）」https://www.mhlw.go.jp/file/05-Shingikai-11121000-Iyakushokuhinkyoku-Soumuka/0000114122.pdf（2021 年 9 月 20 日閲覧）

52)　前掲、「住宅宿泊事業法施行要領（ガイドライン）」、9 頁。

53)　同上、9 頁。

54)　前掲、「住宅宿泊事業法施行要領（ガイドライン）」10 頁。

55)　民泊制度ポータルサイト > 民泊を始める方 > 住宅宿泊管理業者編 > 住宅宿泊管理業者の登録
https://www.mlit.go.jp/kankocho/minpaku/business/acting/registration.html（2021 年 9 月 20 日閲覧）

56)　観光庁観光産業課（2010）「ニューツーリズム旅行商品　創出・流通促進　ポイント集」2 頁、では、「ニューツーリズムについては、厳密な定義づけは出来ないが、従来の物見遊山的な観光旅行に対して、テーマ性が強く、体験型・交流型の要素を取り入れた新しい形態の旅行を指す」としている。https://www.mlit.go.jp/common/000114212.pdf（2021 年 9 月 24 日閲覧）

57)　民泊仲介サイト大手である Airbnb が掲げるコンセプトは「暮らすように旅しよう」で、現地の人や文化と交流するために、個人宅に宿泊してホームステイ気分を味わいたいというニーズに応えている（Aib、2016. 3）。

58)　ピーク時において既存の宿泊施設で収容しきれない宿泊者を、民泊で収容することは経済効果という視点から考えれば、来訪者数を増やせることから、都市にとっても有効である。一方、宿泊施設以外の部分においても都市の許容量を超える結果になるとオーバーツーリズムによる弊害は増長される。

59)　京都市住宅宿泊事業の適正な運営を確保するための措置に関する条例第 10 条

60)　https://jmatsuda-law.com/members/yasuyuki-sato/（2021 年 9 月 26 日閲覧）参照。

61)　前掲、第 1 回「民泊サービス」のあり方に関する検討会　資料 2。

62)　建築基準法の施行の際現に存する木造建築物であるなどの条件を満たすもの（京都市京町家の保全及び継承に関する条例第 2 条 1 号）

63)　注 41 参照。

64)　鈴木義光、前掲、23 頁。

65)　朝日新聞 2013 年 09 月 14 日朝刊京都市内 29 面。

66)　朝日新聞 2019 年 02 月 04 日夕刊 5 面。

67)　朝日新聞 2017 年 01 月 29 日朝刊京都市内 28 面。

68)　朝日新聞 2019 年 02 月 01 日夕刊 9 面。

69)　朝日新聞 2017 年 01 月 29 日朝刊京都市内 28 面。

70)　朝日新聞 2019 年 02 月 04 日夕刊 5 面。

71)　北海道（2020）「北海道民泊事例集」7 頁。
https://www.pref.hokkaido.lg.jp/fs/2/6/3/8/0/4/1/_/case_R0211v.pdf（2021 年 9 月 27 日閲覧）

第10章
宿泊業のインバウンド戦略

1. 近年の日本のインバウンド市場

　日本は世界の中でも言わずと知れた人気の訪問地である。2003年のビジット・ジャパン・キャンペーンによるプロモーションの活動やLCCの参入、ビザ発給の緩和などの受け入れ条件が整ったことで、インバウンド観光は順調に成長した。2003年の訪日インバウンドは521万人であったが、2013年には1,036万人、2018年に3,118万人に達した[1]。それに比例して彼らの消費額も大きく、インバウンド観光は日本の経済を支える重要な位置付けとなっている。

　インバウンドの多くは、韓国、中国、台湾、香港などの近隣アジア諸国からの訪問である。日本政府観光局（2020）の発表によると、2019年には、中国959.4万人、韓国558.5万人、台湾489.1万人、香港229.1万人と、東アジア諸国からのインバウンドが全体の約7割を占めている。また、ベトナム、フィリピン、インドネシア、マレーシア、シンガポールなどの東南アジアとインドからのインバウンドは約12.6%、スペイン、ロシア、イタリア、ドイツ、フランス、イギリス、カナダ、アメリカ、オーストラリアなどの欧米豪からのインバウンドは約13.0%を占める[2]。とりわけ、欧米豪のインバウンド市場は拡大傾向にある。2019年には「ラグビーワールドカップ2019日本大会」の開催を契機に、イギリスを中心とした欧米豪からのインバウンドが日本を訪れたのである。

　インバウンドの訪日目的は、多種多様存在するが、国や地域別で違いが見える。2019年のインバウンドが日本で行った活動として、「日本食を食べる

こと」（96.6%）が最も多く、次いで「ショッピング」（82.8%）、「繁華街の街歩き」（74.6%）、「自然・景勝地観光」（65.9%）である。また、次回の訪日旅行で行いたい活動は、「日本食を食べること」（57.6%）と最も多く、「温泉入浴」（49.2%）、「自然・景勝地観光」（45.0%）、「ショッピング」（42.9%）の順に多い[3]。また、「美術館・博物館等」「日本の酒を飲むこと」「日本の歴史・伝統文化体験」「日本の日條生活体験」「日本のポップカルチャー」に興味があるインバウンドはアジア諸国に比べて欧米豪に多い[4]。とりわけ、訪日経験が豊富なリピーターは地方での体験を求めている。したがって、地方におけるインバウンド戦略は必須となっている。

　さらに、欧米豪のインバウンドは、長期に渡り日本滞在するという特徴がある。訪日外客数の約7割を占める近隣アジア諸国からのインバウンドは、日本での滞在日数は比較的短い。2019年の観光・レジャー目的で日本を訪れた外国人の平均泊数は6.2泊に対し、韓国3.3泊、台湾5.2泊、香港5.6泊、中国5.8泊と、いずれも平均を下回っている。一方で、フランス14.5泊、ドイツ14.0泊、イタリア13.5泊、スペイン12.7泊、イギリス11.5泊、米国9.4泊、オーストラリア12.9泊と、欧米豪を中心としたインバウンドは日本に長く滞在している[5]。特に、彼らは添乗員を伴わない個人旅行（FIT: Foreign Independent Travel）を好む傾向にある。その特徴には、個人の嗜好に沿った旅行スタイルである点に加え、連泊や移動の範囲が広いことが見受けられる。

2. 宿泊業におけるインバウンド受け入れ環境整備

1）他言語対応

　インバウンド戦略に欠かせないのが、言語における対策である。世界で最も多く話されている英語は、約13億5,000万人もの人々が意思疎通の手段として用いる言語である[6]。したがって、インバウンドの言語対策として真っ先に取り組むべきは英語であるといえる。その次に、ターゲットとする顧客や地域性などを考慮し、他の言語に着手し、「他言語」から「多言語」

へと拡大していくことが望ましい。

　日本における他言語および多言語対応は、不十分であることが度々指摘されている。観光庁（2018）によると、インバウンドが日本での旅行中に最も困ったこととして、「施設等のスタッフとのコミュニケーションがとれない」（23.5％）が最も多く、次いで「多言語表示の少なさ・わかりにくさ（観光案内板・地図等）」（13.2％）とされている[7]。とりわけ、宿泊施設における多言語・コミュニケーションで困った場面（複数回答）では、「チェックインの際」（33.5％）、「日本独特のもの（大浴場等）の使用方法を尋ねる際」（32.4％）、「周辺の観光情報を尋ねる際」（29.5％）が挙げられている[8]。これらの解決方法として必要だと考えられる他言語表示ツールには、「他言語案内表示（館内施設案内等）」「日本独特のものの説明書き」「ピクトグラムを用いた表示」があげられている[9]。

　しかしながら、インバウンドとのコミュニケーションに関する問題は軽減傾向にある。観光庁（2020）の調査によると、「施設等のスタッフとのコミュニケーションがとれない」ことで旅行中に困ったと回答したインバウンドは、2019 年には 17.0％に減少している。これは、各施設での他言語対応の強化の現れとも考えられるが、一方でスマートフォンなどのテクノロジーの発達が関係している。コミュニケーションの際に翻訳アプリを使用する場合もあるが、インターネットの情報を調べることでスタッフとのコミュニケーションをとらなくても問題を解決できる場合もある。つまり、インバウンドの他言語対応はある程度テクノロジーの発達により克服が可能になっている。

2）異文化理解

　二つ目のインバウンド戦略は、異文化に配慮した対応である。インバウンドをスムーズに受け入れるためには、各国の文化や価値観を十分に配慮することが重要である。とりわけ、食に関しては、アレルギーの配慮のみならず、宗教上の理由により口にできない食べ物もある。アラブ諸国に加え、インドネシアやマレーシアなど、アジアの地域においても信仰されているイス

ラム教では、豚肉やアルコールが禁止されている。つまり、ラードを使用した揚げ物、豚由来のゼラチンを使用した煮こごり、みりんなどを使用した煮物などにも注意が必要である。インドやネパールを中心としたヒンドゥー教では、「不浄」とされる牛、豚、魚、卵、生もの、ニンニク、ニラ、ラッキョウ、玉ねぎ、アサツキなどを避ける傾向にある。野菜や豆を中心とした食生活を好む「ベジタリアン」が多いが、その程度には個人差がある。例えば、魚を可食とする程度の人もいれば、バターなどの動物性油脂を含む食材は口にしない人もいる。また、イスラエル、アメリカ、ロシアなどで信仰されるユダヤ教では、タコ、イカ、うなぎ、アナゴ、ナマズ、牡蠣などが禁忌とされている。加えて、乳製品と肉の組み合わせも禁忌とされており、チーズハンバーグや鶏肉のシチューなどは避け、食後のデザートやドリンクにも配慮が必要である。

　これらの食材を食卓に並べないだけでなく、周囲の宿泊客の食事の匂いにも気をつけたい。例えば、ヒンドゥー教では、牛は聖なる神の使いとされているため、牛肉を食べるという発想自体が欠如している。ところが、隣のテーブルで牛肉のステーキが焼かれていると、その匂いは部屋中に充満するだろう。訪日旅行の思い出や日本に対する印象も悪転する可能性もある。もちろん、その宿泊施設の評判を落とす可能性もある。個人の嗜好に基づく好き嫌いとは異なり、「食べてはいけない」とされるものの匂いを嗅ぐことで気分が悪くなったりすることも考えられる。したがって、部屋食を希望するかを選択してもらうことも念頭に置き、十分な配慮を検討した上での受け入れ体制が必要である。

　予約時に食事制限に関して事前にヒアリングをしておくとトラブルを未然に防ぐことが可能になるだろう。従来は旅行会社を通じて予約が入ることが多かったが、近年ではOTAなどを利用し、個人で予約をする傾向にある。つまり、宿泊施設から個人客へ直接連絡をとる必要がある。また、チェックイン時には、再度確認することも必要だろう。その際には、ピクトグラムや他言語表記のコミュニケーションツールの活用も視野に入れたい（図10-1参照）。食の制限は宗派や個人によって異なる。顧客から得た情報は、

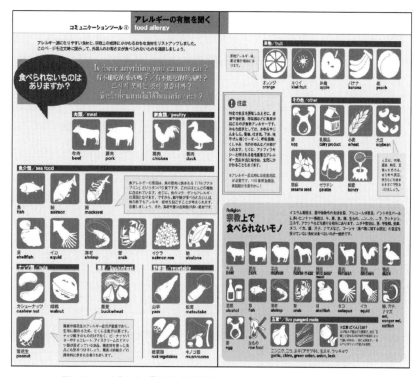

図10-1　ピクトグラムを活用したコミュニケーションツール

出所：農林水産省（2018）「地域で取り組む人たちのためのインバウンド対応ガイドブック」
34-35頁

チェックイン担当者や責任者のみならず、配膳係や厨房スタッフへも共有し
ておくことが重要である。

　また、日本と海外の生活様式の違いにも留意したい。日本では、旅館に着
くと、まず外履きの靴を脱ぎ、スリッパに履き替え、建物の中に入る。畳が
敷かれている客室では、そのスリッパも脱ぎ、トイレでは専用のスリッパに
履き替えるという文化がある。しかしながら、海外では必ずしも同様の文化
があるわけではない。土足のまま家やベッドに上がる文化も存在するのは事
実である。また、食事を終えて部屋に戻ると布団が敷かれている光景も珍し
くない。しかしながら、留守中に勝手に部屋に入られることに不審感を覚え
たり、プライベート空間に立ち入られることに対する嫌悪感を覚えるインバ

ウンドも少なくはない。日本の文化やサービスの内容を事前に説明をすることや、選択肢を与えるなど、コミュニケーションをしっかりとっておくことで、クレームを未然に回避したり、顧客満足度を維持することも可能だろう。

3. ホスピタリティと「おもてなし」の概念の違い

1) ホスピタリティの概念

ホスピタリティ（hospitality）の語源をさかのぼると、ラテン語で「客人の保護者」を意味するホスピス（hospes）や、英語で病院を意味するホスピタル（hospital）から派生したと言われている。Oxford English Dictionary は、ホスピタリティを "friendly and generous reception of guests or strangers"（顧客や見知らぬ人の親切で寛大な受け入れ）と定義している。一方、The Chambers Dictionary は、the friendly welcome and entertainment of guests or strangers, which usually includes offering them food and drink."（通常食事や飲食を含む顧客や見知らぬ人の親切な歓迎と歓待）と定義している。このように、細かなニュアンスが異なるものの、英語のホスピタリティとは「食事や提供を伴う場での親切心」と捉えることができよう。

ホスピタリティには、いくつかの特徴がみられる。King（1995）は、ホスピタリティには1）顧客への食事、飲み物、宿の提供があること、2）社会的立場が異なる人々の相互作用が行われること、3）顧客とサービス提供者の社会的・心理的ニーズを満たしていること、4）礼節や礼儀などの規範があること、が特徴であるとしている。宿泊ビジネスは、客室や飲食を提供する場である。そこでは、顧客とサービス提供者の間で相互作用が行われ、お互いのニーズを満たすための行為が繰り広げられるのである。

宿泊ビジネスでは、顧客満足度を高めるサービスを提供することが求められる。それは、ホストとゲストの関係性（リレーション）を構築するためのものである。しかしながら、ゲストに直接接するスタッフだけが関係を築くことはビジネスにおいては難しく、組織全体の戦略としてゲストとの関係性

作りが必要なのである。その関係性を構築することは、社会的および文化的
背景に大きく左右されることが多い。社会マナーを遵守し、文化的タブーを
避けることにより、ホスピタリティーの概念が成り立つことから、国や文化
によってその方法や程度は多種多様存在するのである。

2）おもてなしの概念

　ホスピタリティーは社会や文化の影響を受けて発展しているように、日本
版ホスピタリティは、いわゆる「おもてなし」と広く認識されている。2020
年東京オリンピック・パラリンピック誘致活動における滝川クリステルの演
説をはじめ、「おもてなし」ということばを耳にする機会が増えただろう。
　「おもてなし」は、「ホスピタリティ」と同等に考えられることも少なくな
い。「おもてなし」とは「御もて成し」とすることができ、「もて成し」とは
デジタル大辞泉によると四つの意味を持つ。（1）客への対応のしかた、待
遇、（2）食事や茶菓のごちそう、饗応、（3）身に備わったものごし、身のこ
なし、（4）とりはからい、処置、取り扱い、である。これを宿泊業に当ては
めると、食事など提供を行い、マナーや礼節をわきまえ、顧客に接する。ま
た、トラブルなどの対応にも適切な処置を施すことも考えられるだろう。
　日本の「おもてなし」は、顧客が求めている以上のことを提供すること
に重点を置くことが一般的だろう。例えば、旅館では配膳係の中居が料理
を一つ一つ部屋に運ぶ。宿泊者が風呂などへ外出している間に布団を敷く。
チェックアウトの際には、従業員が総出で建物の外に列を成し、お辞儀をし
て、お客様を見送る。もし雨が降っていたら、従業員は傘を差し上げ、笑顔
で出発を見送ることもあるだろう。このように、顧客が期待している以上の
サービスを提供することが日本流の「おもてなし」であると認知されること
も多いだろう。
　しかしながら、先述のホスピタリティーの概念が社会や文化の影響を受け
る特性があるように、「おもてなし」も社会や文化の影響を受け、その概念
は変化する。言い換えると、インバウンドが抱くホスピタリティーと日本人
が抱く「おもてなし」の概念は異なることや、日本の当たり前とされている

「おもてなし」がインバウンドにとっては受け入れ難い場合もある。先程の旅館の例では、食事の最中や外出時に従業員が頻繁に客室へ出入りすることに不快感を抱いたり、頭を下げて待っている従業員たちを「過度なパフォーマンス」だと感じたり、傘を差す習慣がない外国人旅行者からすると、「荷物になるだけのものを押し付けられた」と思うかもしれない。

　欧米では、ホスピタリティーは friendly として捉えられることも多く、質問に対して親切丁寧に応答することなどが心遣いであるとして認知されている。「親切」や「丁寧」も国や文化によって概念が異なるが、欧米の場合は言葉を基盤とするコミュニケーションが中心であり、質問した内容に親切丁寧に答えてくれる方がより好意的に捉えられることが多い。したがって、「おもてなし」もホスピタリティー同様、社会的影響や文化背景により異なる概念を持つことから、日本の礼儀や慣習を当たり前のようにインバウンドの対応として行うと、顧客満足度を下げる要因になりかねないことに留意したい。

　このように、インバウンド戦略には言語および非言語の特色を捉えた戦略が必要とされる。以下では、数多くのインバウンドを受け入れる宿泊施設での戦略を事例として紹介する。

4. 長野県上高井郡高山村「旅館わらび野」における インバウンド戦略

　旅館わらび野は、長野県の北東部に位置している高山村にある。高山村は、年間を通して寒暖差が大きく、りんごやぶどうなどを中心とした農業が盛んに行われている。近年、村が力を入れて取り組んでいる6次産業のワインは、国内外から注目を集めており、生産者が誇りとこだわりをもって丹念に育てたぶどうからは、毎年質の高いワインが製造され、国際的な賞も受賞している。その一方で、自然豊かな風景や温泉を楽しむ観光客でも賑わい、インバウンドの注目度も高い。

　高山村で有名な温泉の一つを誇る旅館わらび野は、1989 年に創業し、

2015 年以降インバウンドの集客に力を入れている。近くには、栗や葛飾北斎で有名な小布施や「スノーモンキー」で知られる地獄谷野猿公苑などの人気の観光地があり、インバウンドからの注目が集まる。写真で見るような美しい風景、日常を忘れさせてくれるひと時、四季折々の食材を使った美食、そして笑顔が素敵な女将がインバウンドを温かく迎えてくれる。

　旅館わらび野では、インバウンドの特徴に関する分析に尽力している。集客および予約の状況からトラブル等を未然に防ぐための戦略や、インバウンドと直接接する場面で多様なツールを駆使した「体験」を提供するための戦略など工夫が凝らされている。以下にその詳細を紹介する。

1）インバウンドの特徴に基づいた戦略

　旅館わらび野では、OTA を活用したインバウンド集客を行っている。日本人が多く活用する OTA は、じゃらんや楽天トラベルなどが主流であるが、インバウンドに広く利用される OTA は、booking.com、Airbnb、agoda、Expedia などである。これらの OTA からの予約は、全体の約 3 から 4 割を占める。平日や閑散期の稼働率を上げる要因になるため、インバウンドが経営を支えていることは確かである。

　OTA を活用している背景には、客層と彼らの特徴的な旅行スタイルにある。旅館わらび野を利用するインバウンドは、欧米からの夫婦やカップルなどの二人旅が多い。非日常的な空間で穏やかな時間を求めた旅行スタイルだといえる。彼らの目的は、観光はもちろん、ハイキングや周辺散策である。彼らは忙しなく様々な観光地に移動するのではなく、歩くことを目的として高山村を訪れている。そのため、当該宿泊施設ではパンフレットに掲載する周辺地図を広域化し、40 分から 50 分程度で回れるハイキングコースを作成した。日本人にとって見慣れた日常の風景は、インバウンドにとっては非日常の特別な風景であり、十分観光資源になりうる。そのため、村内の畑や果樹園を歩くコースを推奨しているのがインバウンドに向けた特有の対応であろう。

　また、利用する OTA により、宿泊予約に特徴が表れている。booking.

com では、連泊プランが用意されており、割引が適応される。その影響から、利用客の約半数は連泊者である。

連泊予約のインバウンドで最も工夫が凝らされているのが、食事である。アレルギーや宗教上食べられない食材に配慮するだけでなく、なるべく違う内容の食事を提供するよう工夫している。実のところ、このような取り組みは一般的ではあるが、当該宿泊施設ではその配慮に対するクレームが生じたことがあった。ヨーロッパから来たある夫婦が旅館わらび野に三連泊した。一日目と二日目は、食事の内容を変えて館内で提供していたが、「三日も同じ宿での食事に飽きるのではないか」と考え、周辺の蕎麦屋へ案内した。食事の後、宿に戻ると宿泊者は非常に怒った様子であった。詳しく話を聞くと、宿泊者は宿の料理を楽しみにして連泊の予約をしたのに、わざわざ宿の外へ食事に連れていかれたことに腹を立てていたのだ。

欧米の「バケーション」といえば、観光地や保養地の一ヶ所に長期で留まることが多く、食事は周辺の飲食店や併設されたキッチンなどで自炊をすることもある。毎日豪勢な食事を一泊二食で提供するスタイルは、日本ならではであるが、このスタイルを「非日常」と捉え、それを満喫することを目的としている宿泊客もいる。まさにこの事例が前述した異なるホスピタリティや「おもてなし」の概念を表しているといえる。

一方で、Airbnb からの予約は素泊まり客が多い。Airbnb は、家や部屋を貸したいという人々と家や部屋を借りたいという人々のニーズをマッチングさせるというビジネスモデルである。そこに当該宿泊施設も掲載し、リーズナブルに客室の販売をしている。ただし、宿泊プランを販売しているわけではないため、基本的には素泊まりの予約になる。もちろん、夕食と朝食の案内も掲載していて、希望する場合はメッセージに記載するように注意書きをしている。

しかしながら、それに気づかない人もいれば、土地勘がないインバウンドは周辺の飲食店を利用しようと考え、食事のオプションをつけない人もいる。旅館わらび野の徒歩圏内には、利用できる飲食店はほとんどなく、二次交通が発達していない地域がゆえ、宿に到着してから素泊まりの予約をした

ことに後悔する人もいる。そのため、Airbnb からの宿泊客には事前にメッセージを送り、食事の確認をしている。応答がない場合には、チェックイン時に再度確認をする。このような確認は、宿泊料金計算に関わるだけではない。調理を担当する板場や、配膳を担当する従業員への連携を図るためである。宿泊ビジネスは、様々な部署によるサービスの提供がなされていることから、各部署との連携は欠かせないのである。

2）ツールを駆使したコミュニケーションから高い顧客満足度へ

インバウンドを受け入れるにあたって、様々なトラブルが発生することが見込まれる。それらを未然に防ぐためにはコミュニケーションが重要である。欧米を中心とするインバウンドとのコミュニケーションは英語を介して行われるが、旅館わらび野では英語が堪能なスタッフはわずかしかいない。繁忙期に派遣スタッフなどを一時的に雇用する際には、英語を中心とした語学運用能力が高い人を募集するが、常勤スタッフの中で英語を話せるのは 3 名程度である。この 3 名は、チェックインを主に担当し、説明や会話が必要な場面において起用されている。とりわけ、宿泊予約の内容確認、風呂の案内、食事の案内、館内説明、チェックアウトの時間や精算などについての会話が展開される。これらは、もちろん口頭での説明が基本であるが、旅館わらび野では英語で記載されたブックレットを使用し、説明を行っている。例えば、予約した内容の確認には、食事の提供の有無が視覚資料を使用することによって、より明白になる。この時点で、予約内容を互いに確認することだけでなく、予約内容の間違いや変更に対する要望も可視化することができる。それに加え、貸切露天風呂の予約時間や宿から市街地や駅までの交通の必要性など、宿が提供するサービスについても 1 ページで簡潔に確認ができる仕組みである。このように、サービスを可視化することで、不慣れなインバウンドにも安心を提供するよう工夫がされている。

一方で、英語が堪能でないスタッフもスマートフォンの翻訳アプリなどを活用し、コミュニケーションを図っている。とりわけ、食事の提供の際には必然的に会話が生まれる。配膳係が運んだ食事の内容を説明すると、箸で食

べるのか、手で食べるのか、などの食べ方に関することや、今までに経験し
たことのない食べ物の場合には、どのような食感でどんな味がするのか、な
ど質問されることもある。このような質問を受けた際に、毎回英語が話せる
スタッフを呼んできては状況を説明し、通訳をしてもらうのは非効率的であ
る。まして、稼働率が高い日には他の宿泊客への配膳などが遅れてしまうこ
とも懸念できる。インバウンドだからといって、他の宿泊客を待たせたり、
一人にかかりっきりになることはできない。そこで活用しているのが、ス
マートフォンの翻訳アプリである。日本語から特定の言語へと翻訳するよう
に設定し、伝えたい内容をマイクに向かって話すだけで、自動翻訳してくれ
る。また、宿泊客からの会話も同様に日本語に翻訳される。このようなツー
ルを使用することで、コミュニケーションが可能になる。このアプリを自主
的にインストールし、利用しているのが女将だ。にこやかな笑顔で宿泊客を
もてなす女将は、インバウンドにも分け隔てなく接し、自らが顧客とコミュ
ニケーションをとるよう心がけている。翻訳アプリを使うことで、単なる会
話ではなく、地元の人との交流へと変換され、それが顧客に旅中の「体験」
を提供することにつながる。

　さらに、思い出に残る体験を提供するための取り組みはチェックアウト時
まで行われている。チェックアウトを行うフロントの壁際には、世界地図と

図 10-2　出身国を示す世界地図と記念撮影のボード

出所：筆者撮影

数々の写真が飾られている（図 10-2 参照）。世界地図には、"Which country are you from?"（どの国から来ましたか？）と書かれていて、インバウンドの出身地や居住地に印をつけられる。旅館わらび野には、欧米に加え、オーストラリア、ニュージーランド、中国、タイ、マレーシア、インド、ブラジルなどの世界各国からインバウンドが訪れていることがわかる。写真を一緒に撮り、最後の最後までコミュニケーションを図る姿勢は、インバウンドの記憶に強く残るだろう。このように、体験の提供を通して顧客満足度を高める機会を創出していることがわかる。

インバウンドとのコミュニケーションは、言葉を介したものばかりではない。ツールを活用したコミュニケーションは、インバウンドに体験を提供するのである。この体験が顧客満足度を高める要因の一つであろう。

5. 和歌山県田辺市「蒼空げすとはうす」における インバウンド戦略

蒼空げすとはうすは、和歌山県田辺市に位置する。同市は、熊野古道で知られる「紀伊山地の霊場と参詣道」が 2004 年に世界遺産として登録されて以来、海外からの「巡礼者」が多く集まる。とりわけ、オーストラリア、フランス、アメリカ、イギリスを中心としたインバウンドで賑わう。

蒼空げすとはうすは、2009 年に開業した。欧米豪からのインバウンドを主たるターゲットとしているため、施設や設備は異文化事情を考慮しつつも、日本のスタイルを体験してもらえるような仕組みになっている。宿泊客のほとんどは熊野古道を歩く「巡礼者」であることから、洗濯機や靴の乾燥機の設置は、顧客のニーズを反映させている。また、蒼空げすとはうすでは、朝食は提供するが、夕食は近隣の飲食店もしくは共有スペースにあるキッチンを利用することになっている。

蒼空げすとはうすでは、快適な旅を演出するための情報提供にも注力している。インバウンドにとって重要な交通情報、気象情報、訪日旅行のアドバイス、施設の利用方法等をホームページや SNS を通じたメッセージの配信

に加え、客室の随所にそれらの工夫が見られる。以下には、快適な宿泊を演出するためのハード面である宿泊施設や客室のデザインと、快適な旅を演出するためのソフト面である情報提供の方法に関して紹介する。

1）宿泊施設の設備

　蒼空げすとはうすでは、快適性を考慮し、また同行者との大切な時間を過ごせるように、全ての客室が個室となっている。客室は全4部屋あり、広さは和室7畳半である。客室の扉を開けると、緑豊かな外観と柔らかな陽の光を映し出す大きな窓が宿泊客を迎える。また、照明器具やテーブル等の家具は、「和」の雰囲気を醸し出す。丁寧に手入れされた畳からは、爽やかな匂いが放たれ、旅行者に安らぎの感覚を与える。日本人にとっては「一般的な日本の家屋の一室」かもしれないが、インバウンドにとっては新鮮であり、「非日常空間」を体験することができる（図10-3参照）。

　蒼空げすとはうすでは、宿泊客が自ら畳の上に布団を敷く体験を提供している。インバウンドの宿泊者には、敷布団、掛け布団、シーツなどの収納場所に加え、布団の敷き方をチェックイン時に一通り説明する。なかには、収納している布団の全てを重ねた分厚い「欧米式のマットレス」のようなスタイルになっていることもチェックアウト後の光景としては珍しくない。しか

図10-3　ゲストハウスの客室
出所：蒼空げすとはうすHPより転載 [10]

し、それもまた「布団を自分で敷く文化体験」の提供であると考えている。

　蒼空げすとはうすでは大浴場は備え付けておらず、各客室に日本の家庭と同じようなシャワールームを備えている。日本人にとって温泉は旅の醍醐味の一つであるが、インバウンドからすると、裸で他の宿泊客と同じ湯に浸かるという「異文化」は少々ハードルが高いと感じる人もいるだろう。そこで、各客室にシャワールームを備え付け、プライベートな空間を提供している。シャワールームには、木製の風呂用の椅子と桶を用意している。これもまた、日本の風呂を経験する上での演出である。また、トイレにも異文化の配慮が見られる。トイレは、インバウンドの体格の違いを配慮し、通常の家庭用のものよりも大きいサイズのものを導入したという。

　また、蒼空げすとはうすには、共同で使用可能なランドリーとキッチンが整備されている。乾燥機は有料であるが、洗濯機や洗濯せっけんは無料である。古道歩きの旅行者にとっては、洗濯ができることは非常にありがたい。宿泊客の特徴やニーズを十分に理解した配慮である。当該宿泊施設では、夕食の提供は行っていない。近隣の飲食店の利用も可能だが、遅い時間にチェックインをしたり、日本食や外食に疲れたりした宿泊客は共有スペースのキッチンを利用することが多いという。キッチンには、冷蔵庫と電子レンジが備え付けられており、包丁等の調理器具や食器も自由に使用することができる。このような旅のスタイルは、欧米人が慣れ親しんでいる「バケーション」と類似するだろう。

2）異文化に配慮した情報提供方法

　当該宿泊施設では、欧米豪のインバウンドをターゲットとしているため、英語の対応を行っている。宿泊客の約半数は、自社ホームページからの予約である。したがって、自社ホームページには英語専用のウェブサイトを併設しており、宿泊施設の概要、料金、宿泊施設の利用に関する注意事項はもちろん、交通、温泉、飲食店、古道歩きのアドバイス、天気予報等、さまざまな情報が掲載されている。また、Twitter や Instagram 等の SNS を通して最新の情報を届けるよう工夫されている。この豊富な情報が安心感を与え、

自社ホームページからの予約につながるのだろう。

　宿泊施設の利用方法の案内は、客室のブックレットや張り紙等のツールによって宿泊者に届けられる。Wi-Fi、周辺施設の案内、バスの時刻表や乗り場などの基本的な情報は、ブックレットに集約している。これは、他の宿泊施設でも広く取り入れられていることであるが、当該宿泊施設では、異文化の観点からインバウンドに向けた注意事項は、丁寧にラミネートされた印刷物の貼り紙が施設内の随所に活用されている。例えば、エアコンの使用方法に関する案内は、リモコンの真下に吊るし、ボタンに印字されている日本語の意味や使用に関する注意を促している。また、部屋とトイレのスリッパを使い分ける習慣を持つ日本の文化に対する理解を促すように貼り紙もされている。トイレのスリッパを履いたまま客室の外にいるところを他の宿泊客が目撃すると、どう思うだろうか。特に、それが日本人の宿泊客であれば、不快な思いをする人もいるかもしれない。宿泊者全員が快適な宿泊を経験をするためには、このような対策も必要なのである。

　これらのツールには、日本語の併記もされているが、必ずしも直訳されている訳ではない。とりわけ、日本独自の遠回しの言い方や敬語は、他言語に翻訳しづらく、間違った外国語表記や誤解を産む表現になる可能性がある。このことに注意し、宿泊客にとって理解しやすい英語表現が工夫されている。例えば、先述のトイレスリッパに関する注意事項には、日本語で「ご協力をお願いします。」と表記されている箇所を英語では "Thank you for your cooperation and understanding about Japanese custom."（皆様のご協力と日本文化へのご理解に感謝します。）と書かれている。このように、日本語の直訳だけでなく、このお願いが日本独自の風習に基づいたものであることを示し、異文化理解の側面から注意や理解を促しているのである。

　さらに、インバウンドにとって豊富な情報を提供する工夫として、各客室には Wi-Fi に加えて国際衛星放送が備わったテレビが設置されている（図10-4参照）。国際衛星放送には、アメリカ CNN、イギリス BBC、スペイン tve、フランス France 24、イタリア RAIITALIA、オーストラリア ABC と、主要な欧米豪の国際衛星放送ばかりでなく、シンガポール can、韓国

図 10-4　他言語国際衛生放送サービス
出所：筆者撮影

YTN、中国 CCTV4、中国広東 TVS2 といった、主要な宿泊客向けのサービスを導入している。また、NHK World も視聴可能で、インバウンドにとっては、旅行中の情報収集として重宝している。本国際衛星放送サービスを導入するきっかけとなったのは、地震速報や気象情報を受信するからである。日本は地震大国として知られていることは言うまでもないが、当該宿泊施設が位置する地域では河川の増水による水害が多発する。また、台風シーズンにおいては土砂災害警報や避難指示の速報は、非常に重要である。

　蒼空げすとはうすでは、台風などによる川の氾濫や土砂崩れ等の自然災害が発生した場合に備え、避難経路や避難のタイミング等に関する詳細な情報をまとめた書類を手渡し、誓約書に署名を求めている。ニュース等を確認せず、計画通りに旅行を続けるインバウンドは意外と多く、避難指示が発令されていることに気づかず、宿泊に訪れることもある。その場合、避難の必要性が生じる緊急事態時には、オーナーの指示に従うことを書面にて誓約させている。しかしながら、時にはインバウンドの自己判断から避難を拒否することもあるという。その場合には、宿の主人も避難をせずに宿泊施設に残らざるを得ない。

　蒼空げすとはうすのサービスのコンセプトとしては、間合いや距離感を保ち、顧客との接触を最低限に制限することを重視している。それは、ホスピタリティーの概念が文化背景により異なることや、「おもてなし」がインバウンドにとって違和感を覚えさせる要因であることを認識しているだけでなく、旅行者が旅の疲れを癒したり、同行者との時間を大切に過ごして欲しい

という気遣いからである。そのコンセプトに基づき、宿泊施設の設計や豊富な情報の提供などの工夫がなされている。

6. 和歌山県田辺市（民宿）におけるインバウンド戦略

　熊野古道を歩くことを目的とした欧米豪からのインバウンドは、訪日経験がすでにあるリピーターの旅行者であることが多い。しかしながら、民宿に宿泊するのは初めてで、温泉の利用方法や食事など、日本の文化に関する説明が求められる。家族で経営している当該宿泊施設では、英語に堪能な従業員がおらず、突然のインバウンドブームに戸惑いを隠せずにいた。観光協会やツーリズムビューロー（官民共同の観光プロモーション団体）の助言を得ながらインバウンドの受け入れ体制を整備していったが、接客においては顧客満足度が低いという評価を得ていた背景がある。そこで、宿泊施設の利用方法、英語メニュー、指差し会話シートを導入し、インバウンド戦略を強化した。

1）宿泊施設の利用方法

　宿泊施設の利用方法で最も工夫したのが、風呂場の利用方法である。初めて利用するインバウンドにとっては、日本の風呂のマナーなどを丁寧に説明する必要がある。しかしながら、それを説明することは非常にハードルが高い。そこで、図 10-5 の英語で表記された「お風呂の使い方」の説明書を風呂場に設置した。本説明書には、英語での豊富な情報量、異文化の違いを考慮した説明、写真の活用が特徴的である。日本語も併記されているが、英語での説明量の方が圧倒的に多い。できるだけ理由なども明記し、理解してもらいやすいように工夫がされている。例えば、当該宿泊施設では風呂場は一つしかないため、他の利用者が待っている可能性がある。そのため、入浴時間に対する配慮が必要である。本説明書では、"... please consider many others may be waiting for their turns, so please mind your time."（「他の多くの方が順番をお待ちの可能性があるので、時間にご配慮ください。」）と、理由

How to Use the Onsen at ███████████
██████████のお風呂の使い方

1. We offer a communal bath. Since it is a family bath, please wait for your turn when it is occupied. Leave your slippers in front of the door, and others can easily notice it is occupied. The natural hot spring can melt your tiredness and will make you feel rejuvenated and refreshed. However, please consider many others may be waiting for their turns, so please mind your time.
   混雑時には入浴時間のご配慮をお願い申し上げます。

2. The hot spring has high mineral content. You are advised to take off your jewelry such as rings and watches. They might change color in the bath.
   温泉の成分により、貴金属類が変色する恐れがあります。指輪や時計などは外してご入浴ください。

3. It is important that you wash yourself with soap before you get into the bathtub. Towels must not be dipped into the tub. The natural hot spring mineral water is piped into the communal bath. Therefore, if the water temperature is too high, you can add water by turning the faucet on. When you finish adjusting the water temperature, please turn the faucet off.
   体の汚れを落としてから湯船にお入りください。タオルは湯船につけないようにお願いします。温泉の温度が高い時は蛇口から水を足し、調整してください。

4. Amenities such as shampoo, hair conditioner, soap, hair drier, and towels are available, but do not use them in the bath or take any of them away with you.
   シャンプー、コンディショナー、石鹸、ドライヤー、タオルなどのアメニティはご利用いただけますが、持ち帰らないようにお願いいたします。

5. After use, please leave the water in the bathtub for the people who use the bath after you.
   お風呂の栓は抜かないようにお願いいたします。

Please:
- Adjust onsen temperature by adding water
- Wash yourself with soap before getting into the tub
- Stretch out in the spacious onsen filled with lovely natural spring

Please do NOT:
- Dip towels in the tub
- Take amenities away
- Pull out the plug of the tub
- Take a long bath

図 10-5　インバウンド向けお風呂の利用方法

出所：宿泊施設より提供

を添え、明確に示している。

　次に、異文化の違いから、想定されるトラブルを未然に防ぐための説明文も付け加えた。例えば、体を洗ってから湯船に浸かることや利用後に湯船の栓は抜かないでおくことである。日本人にとっては当たり前のことであるが、入浴に関する風習やマナーが異なるインバウンドにとっては重要な情報である。そして、写真を利用することにより、注意を引き、見やすく、わかりやすくなっている。

2）英語メニュー

　海外では、宿泊と食事は別の部門が管理することを基本とし、宿泊施設の利用客はレストランで食べたいものをメニューから選んで注文するのが一般的である。しかし、日本の旅館や民宿では食事込みの宿泊プランが従来からのスタイルである。もちろん要望をすることはできるが、基本的には宿泊施設が提供する料理を受け入れることになる。当該宿泊施設では、料理が運ばれる度に英語メニューを手渡し、インバウンドが食事に関して抱きやすい疑問を解消している。図10-6はメニューの一例である。ざる蕎麦は、日本人にとっては馴染みのある食べ物であるが、インバウンドにとっては初めて見

図10-6　インバウンド向け英語メニュー（ざる蕎麦）

出所：宿泊施設より提供

る麺料理に過ぎない。ある時、つゆをそばの上にかけて、わさびはそのまま食べているインバウンドを目の当たりにしたことから、英語メニューの導入を決めたという。

　英語メニューには、メニュー名、写真、食材、説明、食べ方、アレルギー表示の特徴が見られる。メニュー名には、食材や調理方法などを記載し、写真はできる限り提供するものと相違ないようにしている。食材には、使用されている食材名を調味料も含めて明確に記載している。説明には、その料理にまつわるエピソードやストーリーを記載し、より日本文化に対する知識が深まったり、興味関心を引き立てさせたり、エンターテイメント性を認知してくれることを期待している。また、どの調味料で食べると良いのか、どのように食べるのが「日本流」なのか、などの説明も施されている。この英語メニューを導入後、食材の廃棄が減ったことに加え、日本食に対する理解が深まったことや、「日本流」の食べ方を知れたことから顧客満足度が向上したという。

3）指差し会話シート

　指差し会話シートは、従業員とインバウンドの会話を補助するコミュニケーションツールのことである。使い方は、従業員が質問を指で差し、インバウンドはその答えを指で指す。このツールを介して双方がコミュニケーションを図るのである。当該宿泊施設では、朝食時にコーヒーもしくは紅茶の提供がある。どちらを好むのか、温かいものか冷たいものか、いつのタイミングで提供すれば良いのか、などを聞くときに指差し会話シートを活用している。

　指差し会話シートの一つ目の特徴は、質問が選択式であることである。そして二つ目の特徴は、日本語と英語が併記されていることである。質問も全て英語で表記されていると、従業員は何を質問しているのか、何の答えが指さされたのかがわからず、コミュニケーションが成り立たないことが容易に予想される。指差し会話シートは、答えが選択式であることと、母語を含む複数の言語が表記されていないとその目的を果たすことは難しい。本指差し

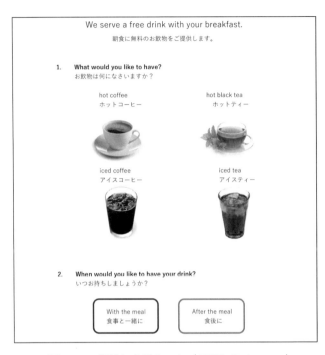

図 10-7　指差し会話シート（ドリンクメニュー）
出所：宿泊施設より提供

会話シートを導入したことにより、従業員のストレスが軽減され、朝の忙し
い時間帯の業務の効率性が改善されたという。

　以上のように、本章では宿泊業のインバウンド戦略について事例を交えて
紹介した。国内の顧客獲得における戦略とインバウンド向けの戦略には、言
語面および異文化面に関する違いに留意したい。多様なインバウンドを受け
入れるにあたって、宿泊施設が様々な工夫を凝らしていることがわかる。先
述の通り、インバウンドは平日や閑散期の稼働率を高める要因となり、宿泊
ビジネスにおいては重要な存在である。また、インターネットや SNS の発
展によるクチコミ情報が重要視されていることから、高付加価値化に向けた
インバウンド戦略は今後も課題となるだろう。

注

1)　日本政府観光局「国籍 / 月別訪日外客数（2003 年〜 2021 年）」
　　https://www.jnto.go.jp/jpn/statistics/since2003_visitor_arrivals.pdf.
2)　日本政府観光局（2020）「訪日外客数（2019 年 12 月および年間推計値）」
　　https://www.jnto.go.jp/jpn/news/press_releases/pdf/200117_monthly.pdf.
3)　観光庁（2020a）「訪日外国人の消費動向　訪日外国人消費動向調査結果及び分析
　　2019 年 年次報告書」25 頁
　　https://www.mlit.go.jp/kankocho/siryou/toukei/content/001345781.pdf.
4)　観光庁（2020b）「訪日外国人旅行者（観光・レジャー目的）の訪日回数と消費度
　　高の関係について」6-7 頁
　　https://www.mlit.go.jp/kankocho/siryou/toukei/content/001350782.pdf.
5)　観光庁（2020a）「訪日外国人の消費動向　訪日外国人消費動向調査結果及び分析
　　2019 年 年次報告書」7 頁
　　https://www.mlit.go.jp/kankocho/siryou/toukei/content/001345781.pdf.
6)　Babbel Magagine. (2021). "The Most Spoken Language in the World".
　　https://www.babbel.com/en/magazine/the-10-most-spoken-languages-in-the-world.
7)　観光庁（2018）「『訪日外国人旅行者の受入環境整備における　国内の多言語対応に
　　関するアンケート』結果」4 頁　https://www.mlit.go.jp/common/001171594.pdf.
8)　観光庁（2018）「『訪日外国人旅行者の受入環境整備における　国内の多言語対応に
　　関するアンケート』結果」7 頁　https://www.mlit.go.jp/common/001171594.pdf.
9)　観光庁（2018）「『訪日外国人旅行者の受入環境整備における　国内の多言語対応に
　　関するアンケート』結果」9 頁　https://www.mlit.go.jp/common/001171594.pdf
10)　旅人の宿　蒼空げすとはうす Blue Sky Guesthouse「しつらい〜お部屋の設備・共
　　用設備など」　https://www.kumano-guesthouse.com/shitsurai.html.

参考文献

＊原則、本文中で引用のもの。本文中では、筆頭著者姓、発行年を示す。
　姓以外の場合は適宜省略（大幅な省略は、下記に〔　〕で記載）。

浅見泰司「民泊の現状と展望」浅見泰司・樋野公宏（2018）『民泊を考える』プログレス社

足羽洋保（1993）「「国際観光ホテル整備法」の変遷について」『神戸国際大学紀要』45号

足羽洋保（1994）「国際観光ホテル整備法の変遷について -2-「国際観光ホテル整備法」大改正後の新旧比較」『神戸国際大学紀要』46号

阿部大輔（2020）『ポスト・オーバーツーリズム』学芸出版社

安念潤司「旅館業法と民泊」浅見泰司・樋野公宏（2018）『民泊を考える』プログレス社

幾代通・平田春二「ホテル・旅館宿泊契約」加藤一郎・鈴木禄弥編（1969）『注釈民法（17）』有斐閣

石井英也（1970）「わが国における民宿地域形成についての予察的考察」『地理学評論』

石﨑祥之（2000）「転換期の旅館経営」『森下財団紀要』5号

石森秀三監修、坂上英彦編著（2000）『ビジター産業に進路をとれ』日刊工業新聞社

宇佐美ミサ子（2005）『宿場の日本史：街道に生きる』吉川弘文館

運輸省編（1965）『運輸白書（昭和40年度）』大蔵省印刷局

運輸省編（1988）『運輸白書（昭和62年版）』大蔵省印刷局

Airbnb総合研究会（2016）『インターネット民泊仲介サービスAirbnb入門ガイド』ソシム

大久保あかね（2013）「近代旅館の発展か知恵における接遇（もてなし）文化の変遷」『観光文化』

大野正人（2019）『ホテル・旅館のビジネスモデル：その動向と将来』現代図書

大野正人（2020）「古代から近世における宿泊業と宿泊施設の発展過程の研究」『横浜商大論集』53巻2号

小澤英明「住宅宿泊仲介業の法的位置づけ」浅見泰司・樋野公宏（2018）『民泊を考える』プログレス社

小沢道紀（2016）「ホスピタリティ再考」『立命館経営学』第54巻第4号

加治隆（2009）『自然公園における休暇村成立の意義と公園利用への効果に関する研究』学校法人東京環境工科学園出版部

環境庁編（1973）『環境白書（昭和48年版）』大蔵省印刷局

木下斉（2018）「新たな動線をイメージできるか」『週刊トラベルジャーナル』
　　　2018.1.1・8号、33頁。

木村吾郎（2006）『日本のホテル産業100年史』明石書店

木村吾郎（2010）『旅館業の変遷史論考』福村出版

King, C, A.（1995）What is hospitality? International Journal of Hospitality, 14.

グレッグ・デントン、ロリ・E. ローリー、A. J. シン、丸山裕、庄司貴行監訳
　　　（2014）『ホテルアセットマネジメント：原理と実践』立教大学出版会

公益財団法人日本交通公社〔JTBF〕（2021）『観光文化』第249号（2021. 5. 21）、
　　　公益財団法人日本交通公社

公益財団法人日本生産性本部（2021）『レジャー白書』生産性出版

児玉幸多編（1999）『日本史小百科〈宿場〉』東京堂出版

近藤隆雄（2010）『サービス・マーケティング［第2版］』生産性出版

佐藤康之「不動産業から見た民泊の法的問題」浅見泰司・樋野公宏（2018）『民泊
　　　を考える』プログレス社

塩野七生（1994）『イタリア遺聞』新潮文庫

重松敦雄（1977）『旅と宿：日本旅館史』国際観光旅館連盟

清水一郎（2018）「国民宿舎〜地域観光の先駆者としての歩みとこれから〜」『国
　　　立公園』766号

清水久仁子（2014）「宿泊予約の流通変化から見る宿泊業とOTA」『日本国際観光
　　　学会論文集』第21号

週刊ダイヤモンド編（1997）『日本ホテル白書』ダイヤモンド社

白澤恵一（1979）「民宿研究の意義と方法」『広島女学院大学論集』29号

白澤恵一（1980）「民宿の史的展開と経営政策」『広島女学院大学論集』30号第2
　　　部

新城常三（1982）『新稿社寺参詣の社会経済史的研究』塙書房

新城常三（1995）『鎌倉時代の交通』吉川弘文館

杉山直治郎著、北條浩、上村正名、宮平真弥編（2005）『温泉権概論』御茶の水書
　　　房

須永醇「ホテル・旅館宿泊契約」契約法大系刊行委員会編（1963）『契約法大系Ⅵ』
　　　有斐閣

社団法人全国旅行業協会（2004）『平成16年版旅行業務マニュアル』社団法人全
　　　国旅行業協会

曽宇良（2010）「安心院町におけるグリーンツーリズムの展開とその地域の意義に
　　　関する研究」『観光研究』22巻1号

種村直樹（1977）『旅のABC』実業之日本社

辻静雄（1989）『エスコフィエ＝偉大なる料理長の生涯』同朋舎出版

寺前秀一（2007）『観光政策学』イプシロン出版企画

寺前秀一「旅館業法の問題点」、村上実、ＴＭＩ総合法律事務所（2019）『法律か

ら見えてくる「ホテル業界」』クロスメディア・パブリッシング

鳥羽欣一郎（1971）『世界の大企業5　ヒルトン・ホテル』東洋経済

富坂聰（2016）「日本で Airbnb を猛追する中国民泊」『Wedge』28 巻 4 号

富田昭次（1996）『東京ヒルトンホテル物語』オータパブリケーションズ

富田昭次（2003）『ホテルと日本近代』青弓社

富田昭次（2012）『ホテル博物誌』青弓社

内閣総理大臣官房審議室編（1964）『観光便覧〈昭和 39 年版〉』国民生活研究所

仲谷秀一、テイラー雅子、中村 光信（2016）『ホテル・ビジネス・ブック』中央経
　　済社

西原寛一（1960）『商行為法』有斐閣

日本旅館協会（2018）『営業状況等統計統計調査（平成 29 年度財務諸表等より）〈解
　　説編〉』日本旅館協会

長谷政弘編（1997）『観光学辞典』同文舘

バート・ヴァン・ローイ、ポール・ゲンメル、ローランド・ヴァン・ディードン
　　ク編、白井義男監修、平林祥訳（2004）『サービスマネジメント・統合的
　　アプローチ（第 2 版）』ピアソン・エデュケーション

原勉「宿泊業」鈴木忠義編（1984）『〔新版〕現代観光論』有斐閣

原勉、岡本伸之（1976）『ホテル・旅館業界』教育社

原勉、岡本伸之、稲垣勉（1985）『ホテル産業界』教育社

平出裕子（2009）「旅館の茶代廃止にみる近代の慣行の変化『万朝報』、ジャパン・
　　ツーリスト・ビューロー、生活改善同盟会の取り組み」『生活文化史』56
　　号

平林潤（2018）「競争相手が変化体験観光の基盤に」『週刊トラベルジャーナル』
　　2018.7.30 号

廣岡裕一（2017）「宿泊サービスと宿泊契約」『政策科学』24 巻 4 号

廣岡裕一（2018）「民泊条例の波紋～観光立国にふさわしい制度構築に向けて」『月
　　刊自治研』704 号

廣岡裕一（2020）「2018 年に施行された観光事業にかかわる法制改正の背景の考察」
　　『COSMICA 地域研究』49 号

深澤雅貴（1997）「旅館業法の一部を改正する法律」『法令解説資料総覧』182 号

藤井至、今井寿樹、坂口未紗、貫田理紗、藤田武弘（2016）「持続的地域づくりの
　　ための都市農村交流活動の到達点と課題」『学輪』第 2 号

細谷亮夫「銀行（債権者）からみた温泉旅館の特徴と経営上の問題」経済法令研
　　究会（2003）『銀行法務 21 別冊　事業再生シリーズ：旅館・ホテル経営の
　　再生と実務』経済法令研究会

堀田祐三子（2020）「民泊法制度の現状と課題―地方自治体の独自規制に着目して
　　―」『住民と自治』685 号

本城靖久（1983）『グランド・ツアー　良き時代の良き旅』中公新書

本多藤男（2012）『旅館・ホテルの法律相談』創英社

丸山雍成（1973）「近世旅宿の成立過程に関する一試論」『駒澤大学文学部研究紀要』
　　31号

南邦彦（2021）「さまざまな角度から時間をかけて」『週刊トラベルジャーナル』
　　2021.7.19号

宮本常一（2006）『日本の宿』八坂書房

村岡實（1981）『日本のホテル小史』中公新書

森居種吉（1888）『宿屋営業取締規則書』森居種吉

盛山正仁（2012）『観光政策と観光立国推進基本法第3版』ぎょうせい、2012、48
　　頁。

矢ヶ崎紀子「観光振興と民泊」浅見泰司・樋野公宏（2018）『民泊を考える』プロ
　　グレス社

山口規子（2007）『メイキング・オブ・ザ・ペニンシュラ東京』文藝春秋

山口由美（2013）『アマン伝説　創業者エイドリアン・ゼッカとリゾート革命』文
　　藝春秋

山口由美（2018）『日本旅館進化論』光文社

横田真一朗、佐伯優仁、野村祐美子（2018）『これ1冊でわかる住宅宿泊事業法』
　　第一法規

吉岡雅博（2003）「事業としてみた旅館・ホテル経営の特徴とその違い」『銀行法
　　務21別冊事業再生シリーズ：旅館・ホテル経営の再生と実務』経済法令
　　研究会

リクルート（2021）「じゃらん宿泊旅行調査2021」

著者紹介 （執筆順）

石﨑　祥之 （いしざき　よしゆき）　　　　　　（編集、第2章、第5章担当）

　1961年生　立命館大学経営学部卒業、経営学研究科博士前期課程、経営学研究科博士後期課程修了、博士（経営学）。立命館大学経営学部教授。主著：『グローバル　エアライン』（共著）成山堂（1997）、『観光入門』（共著）新曜社（2011）、『旅行業の扉　JTBの歴史にみる旅行会社の機能と役割』（共著）碩学社（2013）。

廣岡　裕一 （ひろおか　ゆういち）　　　　　　（編集、第4章、第9章担当）

　1962年生　立命館大学法学部卒業、経営学研究科博士前期課程、政策科学研究科博士後期課程修了、博士（政策科学）。旅行会社、（学）森谷学園、和歌山大学観光学部教授等を経て、現在、京都外国語大学国際貢献学部グローバル観光学科教授。主著：『旅行取引論』晃洋書房（2007）、『旅行業務取扱管理者試験の分析』文理閣（2020）、『改訂版　変化する旅行ビジネス』（共著）文理閣（2021）。

大島　知典 （おおしま　とものり）　　　　　　（編集、第1章、第3章担当）

　1990年生　立命館大学文学部、経営学研究科博士前期課程、経営学研究科博士後期課程修了、博士（経営学）。神戸山手大学現代社会学部講師等を経て、現在、阪南大学流通学部准教授。また、和歌山県田辺市本宮町で起業し、古民家の再生、観光人材育成、観光サービスの高付加価値化に取り組む。

横山　健一郎 （よこやま　けんいちろう）　　　　（第6章担当）

　1961年生　明治学院大学文学部卒業、同志社大学大学院ビジネス研究科修了、経営学修士（MBA）。インターナショナルホテルで要職を歴任。パークハイアット東京宿泊部長、パークハイアットシドニー副総支配人in charge of rooms、ハイアット・リージェンシー大阪総支配人、ハイアット・リージェンシー京都総支配人、日本ハイアット（株）取締役　日本・ミクロネシア地区オペレーション担当ヴァイスプレジデントを経て、現在、日本ハイアット（株）アドバイザー。

井村　日登美 （いむら　ひとみ）　　　　　　　（第7章担当）

　関西学院大学法学部卒業、関西大学大学院社会学研究科専攻博士課程修了。大手流通業、ビルメンテナンス会社に勤務後、1990年にホスピタリティ研究所「エイチ・ワン」設立し、代表に就任。著書は、北川宗忠編著『観光・旅行用語辞典』ミネルヴァ書房（2008）、同『現代の観光事業』ミネルヴァ書房（2009）、『改訂版　ホテルルームメンテナンスマニュアル』関西環境開発センター（2016）など。

宮口　直人（みやぐち　なおと）　　　　　　　（第 8 章担当）

1977 年生　Australian Catholic University 経営学修士（MBA）会計学専攻。株式会社ジェイティービー（JTB）、日本精工株式会社を経て経営コンサルタントとして独立。現在、宿泊施設の再生、地域活性化、観光人材育成に携わる。また、長野県高山村において旅館わらび野を経営。和歌山大学国際観光学研究センター客員特別研究員、神田外語大学、東京国際大学非常勤講師。

村上　彩実（むらかみ　あやみ）　　　　　　　（第 10 章担当）

米国 Minnesota State University, Mankato（MA in English: TESL）修了。京都産業大学共通教育センター実学英語講師を経て、現在、追手門学院大学国際教養学部講師。主著：『Listening Explorer for the TOEIC Test - TOEIC テストリス ニングスキルアップ演習 -』（共著）株式会社成美堂（2016）。インバウンド観光に携わり、宿泊施設等で多言語対応ツールの開発・導入に取り組む。

変化する宿泊ビジネス

2022 年 5 月 15 日　第 1 刷発行

編　者	石﨑祥之・廣岡裕一・大島知典
発行者	黒川美富子
発行所	図書出版　文理閣
	京都市下京区七条河原町西南角　〒 600-8146
	TEL（075）351 - 7553　FAX（075）351 - 7560
	http://www.bunrikaku.com
印刷所	㈱吉川印刷工業所

ISBN978 - 4 - 89259 - 910 - 1

改訂版 変化する旅行ビジネス
個性化時代の観光をになうハブ産業

小林弘二・廣岡裕一編著 A5 判並製 定価 2750 円

ICT の発展や国の観光政策によるインバウンドの
急増から一転、新型コロナウイルス蔓延による旅
行需要の激減など、近年の旅行ビジネスをめぐる
環境は著しく変化している。2009 年の新版を大
幅に改訂。困難を克服し旅行ビジネスのイノベー
ションをするための 1 冊。

旅行業務取扱管理者試験の分析

廣岡裕一著　　A5 判並製　　定価 2200 円

2010 年から 2019 年までの試験問題を詳細に分析
し、どのような問題がどの程度の割合・頻度で出
されているか、また、その問題がなぜ出題された
かを解説。試験問題や旅行業務のみならず旅行業
に対する政策を深く理解するための必読書。